中国博物馆协会资助项目

博物馆伦理研究译丛

中国博物馆协会区域博物馆专业委员会
陕西历史博物馆 编

实践中的博物馆伦理
MUSEUM ETHICS in PRACTICE

［美］加里·埃德森 著
Gary Edson

尹凯 译

上海古籍出版社

《实践中的博物馆伦理》编委会

主　　任：　侯宁彬

副 主 任：　王奇志

委　　员：　侯宁彬　王奇志　庞雅妮　谭前学
　　　　　　杨　瑾　梁　敏　于　悦　孟繁宁
　　　　　　马根伟　赵化锋　池　林

主　　编：　侯宁彬

副 主 编：　庞雅妮　杨　瑾

执行主编：　梁　敏

译　　者：　尹　凯

审　　校：　宋向光

编　　辑：　邓蕊婷　么嘉琪　汪子菡

"博物馆伦理研究译丛"总序

在过去十余年间，中国博物馆进入大繁荣大发展的快车道。在 2024 年国际博物馆日中国主会场活动开幕式上，国家文物局发布 2023 年我国博物馆事业发展最新数据，全年新增备案博物馆 268 家，全国备案博物馆达到 6833 家，举办陈列展览 4 万余个、教育活动 38 万余场，接待观众 12.9 亿人次。虽然中国博物馆在短时间内取得了举世瞩目的成就，但是却与高质量、可持续的理想型博物馆还有一定的距离，博物馆事业发展与人民群众对美好生活的向往之间的矛盾依然存在。

因此，中国博物馆的未来发展不仅要立足本土，而且还需放眼国际，更要紧跟时代的步伐，做到与时俱进、融会贯通。2022 年，博物馆伦理首次被写进最新出台的博物馆新定义中，获得了与博物馆专业化几乎同等重要的地位。与此同时，国际博物馆协会伦理常设委员会（ICOM Standing Committee on Ethics）也在积极推进《国际博物馆协会博物馆伦理准则》（ICOM Code of Ethics for Museums）的最新修订。这些国际博物馆界的最新动态与国内博物馆的发展现状为当前国内博物馆界提出了一个新命题，即急需加强博物馆伦理建设。

博物馆伦理看似是一个无足轻重、抽象晦涩的规则，实际上却渗透到机构组织的方方面面。试举几例，作为公共机构，博物馆需要考虑如何平衡不同利益相关者之间的权益，如藏品提供者、捐赠者、展览策展人、观众等。作为人类遗产的守护者，博物馆需要关注如何确保藏品的真实性、完整性和可持续性，以及如何处理非法贩运、盗窃和损坏等问题。数字化技术的应用使得博物馆的收藏和展览变得更加便捷和多样化，但同时也带来了数据安全、知识产权等方面的伦理问题。在市场化

实践中的博物馆伦理

的背景下，博物馆面临着商业化的压力，需要在追求经济效益和维护公共利益之间找到平衡。博物馆作为公共文化机构，应该为所有人提供平等的文化参与机会，因此，博物馆需要努力消除各种形式的歧视和排斥。博物馆作为公共文化机构，需要关注与所在社区的关系，积极参与社区事务，承担起社会责任。博物馆需要关注如何建立有效的管理制度和激励机制，提高员工的专业素质和道德水平。随着全球化进程的加速，博物馆越来越多地参与到国际间的文化交流和合作中，这使得博物馆关注跨国界的伦理挑战。随着人类对地球资源的过度开发和环境污染问题的日益严重，博物馆还需要关注环境伦理和可持续发展……

从国际博物馆发展趋势来看，20世纪70年代以来，随着博物馆在文化和社会中的角色不断扩展，其伦理问题也日益受到重视。1986年，国际博物馆协会发布《国际博物馆协会专业伦理准则》（The ICOM Code of Professional Ethics）。2001年，国际博物馆协会对此进行了更新。这次修订不仅包括了文本格式的调整，还全面考虑了现代博物馆的实际需求和挑战。2004年再次对该准则进行修订，并最终以《国际博物馆协会博物馆伦理准则》发布。与此同时，不同国家根据自身的文化语境和博物馆需求制定了相应的伦理准则，而且伦理准则出现了日益细化的趋势，比如收藏准则、研究员准则等。

相较之下，在过去三十年间，国内博物馆界陆续制定了一系列与博物馆伦理有关的标准规范：1997年的《国家文物局机关工作人员守则》和《中国文物、博物馆工作人员职业道德准则》，2010年的《关于加强和改进文物、博物馆行业作风建设的意见》，2012年新修订的《中国文物、博物馆工作者职业道德准则》等。虽然这些守则、意见和准则略显粗糙，但还是在一定程度上为国内博物馆从业者确立了行动的底线。

需要注意的是，博物馆伦理研究不仅包括这些正式的、成文的伦理准则，而且还包括对艺术、文化遗产和环境方面的道德和政治议题的探讨。换句话说，博物馆伦理需要讨论相对稳定的博物馆专业行为与变动不居的外部环境间的不适应状况甚或矛盾事件所涉及的价值标准。在这一方面，以加里·埃德森（Gary Edson）、马思甜（Janet Marstine）为代表的博物馆伦理研究被忽视了。他们用丰富的实践案例和个案研究为我们揭示，博物馆伦理研究是一个复杂而重要的领域，它涉及博物馆在文化和社会中的角色和责任，以及如何在面对各种伦理挑战时做出明智的决策。通过对这些研究的译介，可以为博物馆的发展提供有益的指导和支持，促进其在文化传承和社会发展中发挥更大的作用。

总之，博物馆伦理研究是一个不断发展和变化的领域，它需要博物馆从业者、学者和社会各界共同关注和参与。只有这样，博物馆才能在应对各种伦理挑战的过程中不断成长和完善，为人类文明的发展和进步作出更大的贡献。

尽管国内博物馆伦理发展相对滞后，但这并不意味着中国缺乏对伦理思想的研究和传承。实际上，在中国的历史上，伦理思想一直是一个重要的组成部分。儒家思想是中国古代最重要的伦理思想之一，它强调仁爱、忠诚、孝顺等道德品质的重要性。儒家经典《论语》《孟子》等书籍中都包含了丰富的伦理思想。此外，道家思想也对中国的伦理观念产生了深远的影响，它主张顺应自然、无为而治等原则。立足博物馆领域，20世纪90年代，以马砚祥、苏东海为代表的老一辈学者已经开始将中国优秀的伦理思想与博物馆发展相结合，进行开创性思考。

基于此，我们开展"博物馆伦理研究译丛"项目的目的就相当明确：第一，系统了解国际博物馆界对博物馆伦理的分析与研究，紧跟时代发展的脉搏，助力中国博物馆事业的高质量、可持续发展。第二，积极推进国内博物馆人深挖中华文明的伦理思想与传统，在比较研究的基础上建设中国特色博物馆伦理体系。

是为序。

侯宁彬

2024年11月

中文版序

　　理解伦理原本是一件很简单的事情，但却因为人的介入而变得复杂。伦理准则只是一些只言片语，这在无形中也增加了理解伦理的难度。简单来说，伦理旨在提醒人们不要忘记做正确的事情。无论涉及哪些人、何种藏品，伦理对所有博物馆都是一视同仁的。伦理关乎对与错，伦理准则更侧重于解释如何去做正确的事情。例如，尊重每个人是对的，不尊重则是错的；妥善照料藏品是对的，不妥善照料则是错的。你看，伦理如此简单，但是人们在实际活动中却往往无法理解对与错的区别。

　　人们对伦理的本质缺乏理解。这会导致人们迷失在混乱的伦理观念中。人们更习惯将对伦理的关注视为当代议题，似乎这是一个新概念。实则不然，伦理是一个已经存在了几个世纪的古老概念。从历史上来看，伦理有不同的叫法和称谓。起初，人们将伦理视为个人伦理，而非社会或专业伦理。据此，伦理是从家庭或学校中自然而然所习得的某种东西。换句话说，伦理是一种从小就会习得的东西。当然，除了个人伦理外还存在专业伦理，不过，它们往往仅局限于人们所熟知的医生和律师群体。

　　作为一个旧概念，伦理由来已久。最初的著作可以被视为"伦理教材"（ethics textbook），指的是一份供埃及统治阶级的男孩子学习的戒律清单。这本写于距今约3 000年的伦理指南包括关于幸福生活、避免麻烦、获得上级青睐等建议。伦理也在早期印度文献中占据重要地位。成书于公元前1500年到公元前1200年间的《吠陀经》（*Vedas*）通常被认为是第一本关于哲学伦理的著作，其中包含着关于现实主

实践中的博物馆伦理

义完整性的理论和精神概念。

伦理准则有利于机构的发展和专业的伦理水准的保持，但是仅靠伦理准则是不够的。一个合乎伦理的机构不仅要求每个人都要理解重要的伦理原则，而且还必须将这些原则置于机构的义务框架内予以讨论。博物馆的责任涉及行为的伦理正确性和促成公众理解的专业行为。伦理责任通过博物馆内外的行为表现出来。

人们经常将博物馆伦理和道德混为一谈。道德（有时也称为社会伦理）和博物馆伦理在某些方面大同小异：比如它们都涉及对与错的问题。不过，它们之间的区别也很明显：道德专注于社会议题，博物馆伦理则着眼于专业议题。一般来说，道德更像是前人传承下来的习俗。

我写作本书的目的在于建构博物馆伦理的基础。一个显而易见的事实是，人们对伦理所知甚少。譬如说，很多人都将伦理误认为是规则，实际上，伦理是旨在为机构内外的活动提供指导的指南。由于人们在对与错上的狡黠，伦理在今天比以往任何时候都更加重要。我想说的是，如果他们真的知道何为对错，那么这种知识就必然会体现在他们的行动之中。

专业伦理被认为与某一特定专业的个人有关。与博物馆伦理相同，其他专业的伦理也仅限于与之相关的特定活动。这些差异很明显地区分了不同的价值。然而，博物馆伦理与许多其他的专业伦理是非常相似的。作为社会现实的组成部分，博物馆伦理有其特殊的意义。具有特殊来源的伦理可能具有多种表现形式，比如博物馆伦理在其使用方式上时有变化。

与博物馆伦理不同，个人伦理与人有关。言必信，行必果，这就是伦理的意义。有人认为以正确或错误的方式行事是个人选择的结果，不会受到外部观念的影响。有人则认为，伦理的必要性源自人们失去了对他人能否辨别是非能力的信任。还有人认为，伦理的基础是平等地关照到每一个人。

本书认为，伦理将在指导当代博物馆应对当前挑战方面扮演重要角色。伦理不仅会影响决策，而且也是阐释博物馆活动和决策的知识源泉。随着社会、文化和经济挑战的日益严峻，伦理必将在博物馆界中发挥重要作用。博物馆必须与当地公众互动，保护所在社区的遗产，适应人们不断变化的社会和文化需求，提供非正式学习的机会，通过伦理、专业和透明的行动来激励公众的信任。与此同时，博物馆还必须保证展览的诚信，严禁接收非法所得的物件，确保藏品记录的安全，保持与其他组织的交流，遵守所有相关的国家和国际法律。博物馆如何应对当前挑战在很大程度上取决于博物馆工作人员理解伦理的心态和博物馆的机构程序。

作为旨在为过上美好生活而提供方法的哲学，伦理的传统根植于对与错的基本原则。自古以来，所有的文化都意识到有必要制定一种超越人们法律之上的行为"规则"。早在公元前5—公元前4世纪，希腊早期的诡辩家（sophists）就提出了有关伦理的思想。

伦理是"哲学"思维的一部分，对伦理原则的感知有助于产生合乎伦理的行为和实践。价值的确定通常与伦理的功能无关，这是因为伦理是一种自专业（博物馆）价值中生成出来的态度指南。虽然伦理是公共生活的组成部分，但是它的意义却非常简单。由于伦理的应用和阐释方式发生了变化，伦理的特殊性可能具有不同的表现形式。

伦理的最大价值在于指导，不仅指导人们履行义务，而且保护人们免受低劣服务之害。在此，指导既是基本标准也是一般标准，因此，它对特定情形下应该采取何种行动语焉不详。伦理通常会要求博物馆工作人员具备一种不偏不倚的动机，以免影响群体行为和思维的标准。伦理的目的有所不同，这是因为伦理的理想是为正确的行为提供指导，实际上公众的安全才是优先考虑的事项。

在其他活动中，伦理关乎价值。价值是诸多议题的共同基础，具有某种善意的品质。价值可以被解释为个人对某一事件或物件的评价。因此，我们可以假定价值决定具有某种理性地位，换句话说，价值决定是基于逻辑思维而做出的。价值驱动的博物馆（value-motivated-museum）必须关注机构服务的接受者而非提供者，而且这种认识应该渗入博物馆事业的总体发展中。价值的集中体现是嵌入到博物馆中的伦理，即促成机构的"善"，其最终目的是造福人类。

毋庸置疑，博物馆几乎每天都在发生伦理上正确和错误的行为。一般而言，

实践中的博物馆伦理

了解涉及对与错情形的分歧，并据此采取行动并不难。当然，这并不意味着所有人都因为明白是非对错而去做合乎伦理的事情。对于个人行动而言，知晓其他工作人员在特定情形下如何行事是非常必要的。然而，如果在知晓了正确行动的前提下却得出了错误结论，那么这不仅意味着推理过程的混乱，而且还会助长不合乎伦理的行为。

人们可以被迫在短时间内遵守一套规则，但是这种遵守通常被认为是有局限性的，或者说没有完全委身于规则。如果把伦理行为视为一种外部强加的实践，那么以一种与该伦理相反的方式行事就意味着规避标准。当存在强制性诱导时，遵守伦理系统就会变得毫无意义，相应的，伦理也不会对活动产生影响。一种确定的态度（伦理思维）是无法通过强制手段来激发的。伦理信念（ethical belief）的倡导与其说来自逻辑上的倡导，不如说是源自对日常生活中实际状况的理解。因此，伦理思考不应该仅存在于特定条件下，而是应该贯穿于个人生活的方方面面。

伦理不止是一种哲学观念，因为这种智慧仅在生命——个人的存在感——中占据很小的比重。作为逻辑过程，伦理可以就应该做什么进行评估，以此来决定正确和错误的行为。获得认可的伦理行为亘古不变，但却日新月异。具体而言，伦理原则始终保持不变（虽然可能是会重新确认或定义，但是基本上保持不变），但是应用伦理标准的理由和设想的结果却在不断变化，甚至会以前所未有的速度继续变化。博物馆目前的局面与前几代博物馆工作人员所面临的状况并无二致，只是解决方案可能有所不同。因为当代博物馆的议题更加复杂、应用更加明智、考虑更加周全。

无论最初的博物馆出现于何时，也不管最早的收藏形成于何地，它们的诞生绝非偶然。通常来说，早期博物馆被视为过去时代的一部分，并最终孕育了当代博物馆。然而，有关早期博物馆的思考也包括教育和社会尊重，即伦理。

加里·埃德森
德克萨斯理工大学博物馆名誉教授

英文版序

对于国际博物馆界来说，伦理扮演着关键角色。伦理将博物馆工作人员聚集起来，并通过引导个人更好地理解各自角色和责任的方式来提升专业素养。伦理对参与博物馆活动的正式员工和志愿者的行为标准进行验证。通过认识到博物馆作为文化和自然遗产的守护者和保护者的特殊角色，伦理不仅确认了博物馆行业的独特性，而且在博物馆工作人员中唤起了一种自豪感。

我于1997年出版了第一本博物馆伦理主题的书，这不仅提升了伦理之于国际博物馆界的指导价值，而且还让我们更好地理解伦理在博物馆专业化中所起的作用。20年后的今天，博物馆界试图回应不断变化的社会、经济和文化环境，且机遇和挑战共存，其中，最艰巨的挑战当属维持一个遵从伦理操守的机构。

目前，博物馆厕身其间的功能范畴日益拓展和外延，正变得更加包容、更多诉求、更令人难以置信。照料藏品是一项持续性的责任，服务公众已经获得了同等的地位。此外，市场营销和信息传播也已经上升到一个前所未有的高度，与此同时，教育规划和公共服务也为致力于社会包容的博物馆打造了一个全新的平台。

博物馆数量激增的部分原因在于其对公共服务的态度。围绕藏品而建立的博物馆旨在反映其所在社区的兴趣、信念和精神。虽然这些藏品是博物馆的核心所在，但是收藏及其过程已经被重新定位。在这种不断变化的环境下，研究、服务与教育的传统态度已经找到了新的表达方式。

为了应对新期望、吸引和激励观众，过去的很多做法正在被创新性的活动所弃置。尽管博物馆的社会角色依然在变，但是关心和尊重始终是在整个国际博物馆界

实践中的博物馆伦理

持续引发共鸣的理想。伦理理想是专业行为的基本要素。伦理事关博物馆工作人员如何看待他们的专业现实，为何会将"价值"与某个观点联系起来，以及如何履行自己的责任。

一直以来，博物馆伦理的要旨从未改变过，这种连续性保证了伦理在国际博物馆界的重要地位。伦理不仅确定了公众对博物馆的期望，而且还将这些期望与超越普遍道德的规范联系起来。

本书表达了专业伦理的理想。唯有依靠个体努力，这些文字方能转化为行为。很显然，伦理是一个指导博物馆工作人员为公众、藏品和行业谋求最大利益的实践过程。这是一个世纪之前为博物馆工作人员制定第一部伦理准则的动机，今天依然如此。

目录

"博物馆伦理研究译丛"总序 1

中文版序 1

英文版序 1

前言：实践中的博物馆伦理 1

第一章　伦理与博物馆 7

　　伦理与服务 / 9

　　伦理规律 / 13

　　实践倾向 / 17

　　可供讨论的博物馆案例 1：新员工 / 21

第二章　伦理观点 24

　　伦理的东、西方之别 / 26

　　伦理与道德 / 28

　　可供讨论的博物馆案例 2：登记员的抉择 / 36

第三章　伦理与社会责任 41

　　伦理价值 / 43

伦理行为 / 47
　　伦理义务 / 50
　　伦理概念 / 52
　　伦理行动 / 54
　　伦理正当性 / 55
　　可供讨论的博物馆案例 3：出售藏品 / 57
　　可供讨论的博物馆案例 4：荒谬的董事会 / 60

第四章　伦理实践 …… 65
　　伦理与法律 / 66
　　博物馆伦理 / 68
　　专业伦理 / 70
　　作为美德的伦理 / 74
　　可供讨论的博物馆案例 5：企业赞助 / 79

第五章　伦理与一致性 …… 84
　　伦理与专业行为 / 88
　　伦理与专业化 / 90
　　伦理与博物馆卓越 / 93
　　伦理与博物馆学的责任 / 96
　　可供讨论的博物馆案例 6：被盗物件的归还 / 99
　　可供讨论的博物馆案例 7：有问题的收藏 / 101

第六章　伦理与真实 …… 104
　　伦理与知识 / 111
　　伦理、指导与保护 / 114

作为普遍价值的伦理 / 115

可供讨论的博物馆案例 8：未经批准的获益 / 119

可供讨论的博物馆案例 9：裸体审查 / 121

第七章　作为个人标准的伦理 …… 125

伦理与义务 / 128

伦理与利益冲突 / 129

伦理与态度 / 132

伦理与义务 / 135

可供讨论的博物馆案例 10：悬挂在墙上的画作 / 139

可供讨论的博物馆案例 11：粗心大意的信息 / 145

第八章　伦理与专业主义 …… 149

伦理的善意 / 152

伦理的承诺 / 156

伦理的连续性 / 159

伦理与"自我" / 163

伦理与经验 / 168

伦理与社会 / 171

伦理与社会交流 / 175

可供讨论的博物馆案例 12：博物馆礼品店引发的冲突 / 177

可供讨论的博物馆案例 13：发掘的困境 / 181

第九章　伦理与可预测性 …… 185

作为动态概念的伦理 / 190

伦理与正确的思考 / 194

可供讨论的博物馆案例 14：公园里的强降雨 / 197

第十章　作为一项准则的伦理 …… 203
　　　　可供讨论的博物馆案例 15：神圣仪式 / 212

后记 …… 217

附录　《国际博物馆协会博物馆伦理准则》…… 219

参考文献 …… 240

Foreword 前言（1）

实践中的博物馆伦理

像其他哲学研究一样，伦理学在历史发展过程中充满困难和分歧，这主要源自一个非常简单的原因：即在试图回答问题前，并没有确切地发现你想要回答的问题是什么。[1]

本书主要关注四个核心问题：第一，什么是博物馆伦理？第二，社会伦理（道德）与专业伦理（在此特指博物馆伦理）之间有何不同？第三，与博物馆行业相关的伦理有何价值？第四，专业伦理为何对博物馆行业如此重要？这些都是需要实际答案的实践问题。

作为一本博物馆实践伦理的指南，本书不是一本操作或指导手册，而是一本关于伦理思考和行动的指南。与此同时，本书不涉及"新""旧"伦理之别，而是将伦理置于博物馆专业实践的中心位置予以思考。

当人们的行为符合理性，且以最好的方式实现了专业伦理所阐明的诸如照料遗产、服务人类的目标时，这就意味着一种负责任的行动。

即使人类的行为尚未涉及相关活动，伦理仍会倡导将"善"（good）作为一种

---

[1] Moore, G. E. Principia Ethica (Buffalo, NY: Prometheus Books, 1988 [1902]), p.vii。此处埃德森的引文和原作内容有出入，译著根据原文翻译。

理想。这意味着"善"是一个哲思和包容的过程，而非个人的目标。从这个意义上来说，"善"是一个确定包容性、有意义的过程及其结果的伦理概念。

有人认为伦理是一个与当前普遍做法不相符的过时概念。据此，他们提倡这样一种路径，即根据实际需要编造伦理问题的解决方案，并无视它们的不一致性对博物馆界和公众造成的负面影响。人们通过宣称"我知道什么是最好的"或"它对我来说是有用的"来佐证"自我优先"（me first）的伦理态度。这种想法遵循的理念是将"善"等同于"想要"（want）。

（2）　正确和错误行为的概念已经存在了几个世纪，即便如此，人们还是尚未习惯将"善"的理想作为一种包容性的思维方式来理解。最容易理解"善"或"好"这个词的定义的方法，是用其来描述一个物体或动作，比如："这是一个好主意。"作为伦理思维的一部分，诸如"善行""价值""真理"等术语应作为包容性的理想而非个人评价来理解。对"灰色地带"（the gray area）的依赖增加了理解好与坏、正确与错误等相关概念的难度，因为"灰色地带"占据了好与坏这两个极端才智的中间地带。通常来说，这个概念是虚幻的，其意图在于为主观决策辩护。

21世纪或许不再是一个讲求非黑即白的时代，正确与错误（白与黑）被模糊成一个自证价值判断的概念。博物馆界的一些人可能会认为，当代议题需要当代（时髦）或专门的伦理解决方案，即情境伦理（situational ethics）。在这种情况下，个人的关注点或价值观经常被作为专业范围内的思维来推广，以证明情境伦理的必要性。事实上，个人情形投射到更大领域的事情很少发生。如上所述，认为当代价值观不同于历史（传统）价值观的观点是不正确的，这种认识为伦理实践增添了不必要的麻烦，使其变得复杂。如果认为真理和信任是过时的，那么与过去的握手言和就会被冰冷的法律合同所取代。需要指出的是，真理和信任的价值并没有改变，改变的是我们自己。

犹如处于变迁之中的社会，博物馆实践显然也发生了变化。其中，技术构成了博物馆活动中不断演变的组成部分。实际上，大多数的变化都是方法和过程，而不是目标，譬如说买一辆新车并不意味着车主要改变道路规则；从事电脑工作的人也不需要发明一个新的字母表。那些倡导"新"伦理的人对作为成熟的博物馆实践指南的现存伦理缺乏深入的理解。

在评估其伦理基础时，情境伦理更为强调的是特定情形，而非传统意义上的包容性伦理原则。从哲学层面上来看，情境伦理因循的是"无条件去爱"（unconditional love in）的法则，即以关心自己的标准来做出关心他人的行为或决定。这种"大爱"是一个好概念，但是对于博物馆专业人员来说，情境伦理的棘手之处在于：（1）任何决定都是任意的、主观的；（2）如果一个不同的决定被认为会产生"大爱"的结果，那么其他的决定可能会被忽视或更改。

情境伦理是一种效果论导向的形式，某个决定的结果或效果就会生产最大数量的爱。据此，情境伦理是主观的、反复无常的、不可预测的、任意武断的。伦理症状往往被认为是一种缺陷，这就变相宣告了作为解决方案的新伦理的价值。当我们着眼于情境实践得以合理化的症状时，问题的根源就被忽视了。这种专业伦理的路径不考虑病症的原因所在，与头痛医头脚痛医脚的做法无异。

情境评估（situation evaluation）需要由内而外而非自外向内地作出，其关键在于找出问题的原因，而不是简单的识别症状。与情境伦理的解决方案不同，专业伦理和社会道德从最初确立尊重和责任的理想以来就几乎没有发生过改变。人与情境会发生变化，但是伦理却始终保持不变。对伦理实践来说，尊重和责任是最基本的态度。伦理为负责任的行动指明了道路，人们必须拥抱这个充满责任的过程，并沿着由诸多原则标记的航道继续前行。

专业伦理对博物馆工作人员的活动具有特殊的约束力。为了阐明这一点，本书旨在提供一种清晰可辨的博物馆伦理，同时，将专业伦理置于博物馆、博物馆工作人员和公众的实践领域予以审视。

包括学生、博物馆正式员工和志愿者在内的很多人可能会质疑博物馆伦理的必要性。还有一些人认为法律完全能够保护遗产，道德（社会伦理）会指导个人行为。因此，另外一套单独的规则（实际上，伦理并不是规则）不仅是多余的，而且会使专业实践更加复杂化。"我们都是合乎伦理的"的说法是对博物馆伦理概念的挑战。尽管如此，专业伦理简化了实践，并为作为社会独特组成部分的博物馆工作

实践中的博物馆伦理

人员提供指导。

从学术角度来看,伦理学是哲学的一部分,涉及与个人和专业行为有关的价值。与此同时,伦理也是一个基于尊重和责任的基本概念,旨在做出与个人和活动有关的正确决定。在这种情况下,个人或人类是一个兼顾过去和未来数代人的包容性概念,当然也包括当代的公众。专业伦理将规范性的伦理理论应用于实践议题上,如此一来,伦理在一定程度上确保了一致性、促进了永续性、加强了公众的信任。

伦理原则有时会被忽视,有时会被合理化,但是,任何一种情境的真实本质最终都会浮出水面。一家报纸最近报道,一家博物馆将获赠的有着4 000年历史的埃及雕像出售给一位私人收藏家。虽然埃及大使馆在得知此消息后马上要求归还这尊雕像,但是交易还是不顾这一请求而如期进行了。据报道,此次博物馆的出售原因是为了扩建博物馆。[1]博物馆董事会很可能会将此次出售活动合理化为合乎伦理且负责的行动。博物馆扩建为雕像的除藏和拍卖提供了合乎逻辑的辩护,因为未来的新空间将更大限度地提升藏品的可及性。然而,博物馆认证机构认为此次出售是不合乎伦理的,随之便撤销了博物馆的官方认证。

几年前,一所大学计划出售主要艺术品,其收益用于:(1)支付一座科学大楼的建设费用;(2)在商业、科学和数字领域授予学术职位;(3)充实博物馆的捐赠资金;(4)对博物馆收藏中选定的艺术品进行保护。在将部分收益用于博物馆藏品的保管与照料上,该校的做法是合理的,而且也符合出售艺术品的标准。[2]由此可见,逻辑是可以被操纵的,不仅可以是为争议问题进行辩护的法律理由,而且还巧妙地规避了伦理责任。许多不合乎伦理的行为通过声称"不违法"来论证自身的正当性,这显然是有问题的。迫于公众的压力,该大学最终改变了其出售计划。

其他的报纸文章和评论揭示了如下事实:一家大型博物馆的研究员因密谋进口

---

[1] 北安普顿博物馆的塞克赫姆卡雕像是私人所有的。详见:http://www.bbc.com/news/uk-england-northamptonshire-28428637。

[2] Arroyo, L. Fisk U. to Sell Paintings, Primarily for Operating Expenses (Washington, DC: AAM Adviso, 2005).

非法发掘的古物而受审；一家博物馆的收藏中保存着掠夺而来的物件；一家博物馆收藏着从受害人那里偷来的纳粹时代的画作。博物馆界不仅强烈谴责这些行为，而且还试图援引伦理准则来强化这种指责。然而，很多人认为这些议题是大都市的博物馆所面临的挑战，与他们的博物馆无关。

上述案例佐证了频繁出现在报纸和网络平台上的问题，很显然，这些问题不是博物馆界的个别现象。这些案例记录了发生在博物馆内部的系列问题，与此同时，博物馆之外的悲剧（破坏、损毁和盗窃）对遗产的伤害更大。不过，掠夺者和战争行为（无论战争和侵害行为如何定义）引发的遗产破坏是由国际法和国际公约而非专业伦理来评判的。

博物馆界的大多数活动都可以因其有益于博物馆、公众或特定目标而被合理化。然而，每种情境都可能超出社会或专业责任的范畴，每种情境都可能不合乎伦理，并在某种程度上与国家或国际层面上的法律或公约相冲突。

与被盗物件有关的伦理和法律议题看起来更加清晰明了，因为这些概念有很明显的对错之分。《国际博物馆协会博物馆伦理准则》（*ICOM Code of Ethics for Museums*）和联合国教科文组织不仅谴责盗窃和破坏文化财产的行为，而且还谴责文化财产的非法进口、出口和所有权转让。这种不合乎伦理和非法的事件经常出现在报纸的头版头条上，然而，在博物馆之外，与所有博物馆日常活动相关的伦理议题却鲜为人知。

作为原则的伦理

如果伦理事关个人观点且仅与直接情境有关，那么正确或错误的思维就是情境性的，因而不受包容性思维的支配。在这种情况下，我们应当首先考虑伦理原则而非具体情境。与一个特定议题相关的伦理原则究竟是什么？该原则的正确与错误的内容分别又是什么？虽然说伦理没有对错之分，但是却存在正确和错误的行为。这

实践中的博物馆伦理

关乎态度问题,即一种在倡导行动之前先考虑选择的思维方式。

博物馆伦理概念非常简单,但因其被视为强加于实践活动的理论意识形态而变得难以理解。虽然伦理为博物馆行业明确了某些行为的正确与否,但是如果没有适当的指导,伦理原则能发挥的作用似乎非常有限。本书不仅论述伦理理论,而且还将解释伦理思维的实践本质。在这个过程中,伦理原则会通过案例研究得到进一步强化,以此来例证发生在博物馆环境中的情况。这些研究案例揭示了过去几年发生的实际情况,为了避免歧视,机构的真实名字已被隐去。

本书为专业伦理提供了一个结构化的路径,这将对个人、博物馆界、博物馆行业和公众大有裨益。读者在读完后会领悟到,专业伦理是一种后天习得的能力,即确保人类共同财富——博物馆及其藏品——能够得到恰当的照料与使用,并最终造福人们。不理解伦理的博物馆工作人员无权声称自己是专业人员。

没有人能够强迫其他人以合乎伦理的方式行事,也没有任何书面文字能够为合乎伦理的行为提供确切的指导。文字旨在引导人们审视自己的思维方式,其更为关注的是伦理态度。如果一个人读完一本书就相信自己知道并理解了何为伦理,那么就大错特错了。恪守伦理是一项个人责任,也是一种态度和思维方式。直到内部成员以个人身份选择认可伦理理想时,博物馆专业人员才能以合乎伦理的方式行动。

需要指出的是,本书的一些案例研究可能看起来过于简单,而另外一些则过于戏剧化或言过其实。然而,所有的案例研究都反映了发生在博物馆中的实际情况,其想传递的信息也不仅限于博物馆伦理范畴。譬如案例 10——悬挂在墙上的画作(Paintings on the Wall)对博物馆来说可能显得牵强,但是,这说明了很多博物馆馆长很少或根本没有这方面的实际经验。此外,大学、企业、宗教和私人博物馆都没有义务雇佣经验丰富的博物馆学家。就此而言,伦理问题涉及的不仅仅是误解和无能。

专业伦理培养的是负责任的态度,至今,这种现实依然没有改变。

第一章

伦理与博物馆

如果冲突没有得到解决，那么就会存在混乱，秩序和组织是避免混乱的必要条件。伦理意味着秩序，是每个专业组织必不可少的一部分。"伦理之所以是职业生涯的基础，是因为它是我们普遍人性的基础，也是个人发展的奋斗目的。伦理态度预设了我们选择承担的具体责任"。[1]

任何机构都不希望拥有一个由反复无常的实践所主导的破坏性环境。当缺乏解决利益冲突、误解或伦理问题的指导方针时，思维的任意性就会导致混乱。如上所述，秩序和组织是避免混乱的必要条件，因此，伦理准则应当成为每个专业组织必不可少的一部分。伦理意识并不是附加在博物馆工作人员其他责任之外的独立要素，而应当整合到所有的博物馆活动之中。

"合乎伦理的博物馆指的是所有参与者都要承认其核心价值，而且将这些价值置于博物馆使命的框架中予以讨论"。[2] 尊重是伦理实践的核心，其不仅是"善"的关键，而且也包括了"真实"的态度。"善"是博物馆欣然接纳的概念，其形式是服务人类，真实则是与人类进行交流的一个要素。伦理定义了博物馆实践活动所确认的一系列原则。（见图1-1）

博物馆界正处于不断变化的态势之中，其与所在的社会、文化、经济和政治环境之间相互影响、彼此形塑。此外，博物馆表达了地方和世界的历史、价值、态度

---

[1] Soloman, Hester McFarland. "Origins of the Ethical Attitude," Journal of Analytical Psychology, Vol.46, No.3, 443-454, July 2001.
[2] Edson, G., ed. Museum Ethics (London and New York: Routledge, 1997), p.8.

(7)

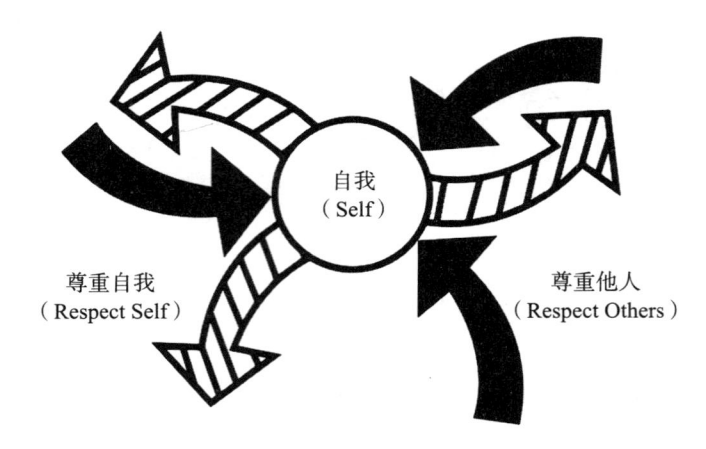

图 1-1 尊重是伦理实践的核心。要想成为一名专业人员，自我尊重是首要的。如果缺乏自我尊重，那么就不可能去尊重他人，成为一名博物馆专业人员也就无从谈起。

和政治。在保护自然和文化连续性方面，每个人、每个文明都发挥了重要的作用，因此，我们必须从这个角度来理解博物馆的当代价值和意义。

全人类的共同遗产很容易受到不断变化的社会、政治和经济环境的影响。其中，物件最容易受到那些拥有行动和反应权力的权威之人的影响。受此影响，物件要么被毁坏，要么被忽视，要么被保存。因此，博物馆专业人员有责任（义务）通过调动积极的社会态度、激活服务社会的博物馆、倡导伦理包容和正确的标准等努力来保护遗产。

博物馆所面临的极具挑战性的情形不仅反映了当前的经济、社会和政治策略，而且还与需要联合国际博物馆界而非单方寻求解决方案的环境问题密切相关。理想和需求的契合为博物馆界带来了一个关于伦理实践（信任）的基本议题，即博物馆必须在维持现状、不求改变的传统和完全支持 21 世纪的企业意识形态的当代冲突之间寻找到一种识别、保存和传承遗产的有效方法。这些议题质疑了博物馆的角色，即如何在保护和促进社区的文化身份的同时，又不能过度威胁社区的文化身份、贬低流行神话、破坏人类价值观。

随着在社会、文化和环境方面的角色升级，博物馆面临的挑战也越来越多。具体而言，博物馆必须顾及当地居民，保护其所在社区的遗产，满足公众多样的社会和文化需求，提供包容性的教育机会，通过体面、专业和诚实的行动激发公众的信任。此外，博物馆还必须维护展览的完整性，防止获取非法所得的物件，保护藏品记录，维系与其他机构的专业关系，遵守所有适用的国家和国际法规。

上述议题的解决之道取决于博物馆工作人员的伦理态度和实践。每位博物馆工作人员都有义务遵守和推广那些符合既定伦理且服务于博物馆行业的做法。

伦 理 与 服 务

作为公共机构，博物馆是为公众利益而存在的。为了履行这一职责，博物馆的各项工作都应该围绕为公众服务的义务而开展。就像更可见的或以公众为导向的展览和教育项目一样，收藏、保存和研究的工作也必须具备公众意识。[1]一切围绕公众利益而运作的组织都必须妥善管理其具体事务，博物馆也不例外。作为民族、地区或国家的文化和自然遗产的守护者，博物馆必须竭尽全力、责无旁贷地行动起来。

如前所述，博物馆是保护文化和自然遗产的主力军，因此，博物馆代表着普遍经历的社会存在的未来。与此同时，博物馆也是变革与转型的能动者。随着世界格局的变化，博物馆作为社会、文化和政治认同机构的重要性也发生了变化。政府和作为国家身份投射工具的博物馆都意识到了这种变革与转型的重要性。

"为了保护自然、文化和科学遗产，博物馆有责任收藏、保存和传播它们的藏品"。[2]这一责任至今未变。不过，随着世界价值观和思维方式的改变，这种责任

---

[1] Lewis, G. "Introduction to Museum Administration and Management," in: John Hodge (ed.) Proceedings of the Annual Meeting of ICOM International Committee for the Training of Museum Personnel (Leiden: Reinwardt Académie, 1981), p.1.

[2] ICOM Code of Ethics for Museums (Paris: International Council of Museums, 2004), p.1.

实践中的博物馆伦理

变得更具包容性。博物馆面临的核心挑战是在不摒弃伦理和社会义务的前提下，加强与所在社区的合作。博物馆价值体系的专业标准将一个博物馆与其他博物馆的工作区分开来，并最终阐明了类似努力在方法上的显著差异。

无论是在社区、国家还是国际层面，博物馆专业人员必须关注"为社会及其发展服务的博物馆"[1]的基本角色和伦理责任。虽然博物馆的责任是为人类服务，但工作人员可能会根据地方、时间和环境的不同而从政治、经济或文化维度来界定其角色。需要指出的是，义务和责任是始终不变的，相关的伦理体系也是一以贯之的。

伦理明确了正确行为的原则，这可以作为个人和组织的行动指南。伦理和价值有关，并有助于在专业的博物馆界建立方法，以巩固正确的态度和行动。为了支持这一倡议，博物馆工作人员已经接受和认可了公认的实践（伦理）标准。

（9）博物馆中收藏的人类物件和自然标本具有独特的品质，比如具备情感和智识的吸引力。作为科学、历史、艺术成就的见证物，博物馆的藏品成功地唤起了某种威望感和自豪感。它们打造了一个舞台，在这里，一个社区或国家的人们可以获得对人类创造力的理解，瞥见他们钦佩和欣赏的过去，并将自身的努力结果投射到未来。

博物馆有责任成为人类实现和巩固价值、发现和认可过去成就、展望光辉未来的场所。博物馆中收藏、照料和展示的物件（遗产）是具有特殊价值的人类成就的见证物。遗产是人性的本质，博物馆的伦理责任就是守护人类遗产，并使其代代相传。

某些伦理原则构成了博物馆的基础，比如诚实、尊重和责任，而且这些原则适用于展览、项目、研究和收藏的各个环节。与之相关联的价值不仅是相对有限的，而且很可能会为了满足特定的社会需求而改变。博物馆的价值倡导自我实现、宽容和为社会利益而进行的批判性推理，与合乎伦理的博物馆实践相关的价值内在于接受和维系公众信任的过程之中。

---

[1] ICOM Statutes, "Definitions" (Paris: International Council of Museums, 1996), p.3.

第一章　伦理与博物馆

伦理思维应当坚持尊重和社会责任的态度。博物馆理应将文化和自然遗产视为高质量生活中不可或缺的要素。[1]同样，伦理实践应当承认所有人都有权在一个具有文化表达和尊重的包容环境中分享人类遗产带来的愉悦。"当代博物馆努力正成为一个时代天才和人民精神均可自由表达的论坛。"[2]然而，无论其意义如何，人类的表达都可能在一定程度上改变传统和实践。这些变化会在文化和情感上重新定义一个民族，从而生成其身份认同的新表达。政权更迭之后纪念碑、雕像和相关图像的破坏就属于这种情况。对于公众来说，这些因素可能事关过去的负面记忆，但是它们作为国家遗产的一部分却理应得到保存。

那些影响一个民族遗产状况的变化因素给博物馆平添了保护过去的额外责任，与此同时，这也让博物馆意识到当前和经常发生冲突的理想。作为具有广泛社会认可度的机构，博物馆不仅是全球社会文化活动的重要组成部分，而且还将在未来占据更重要的地位。博物馆可以对人类和社会文化环境产生积极的影响，履行该责任的方式完全取决于博物馆工作人员的伦理态度和实践。每位博物馆人都有可能参与博物馆标准的制定，从而为国际博物馆界奠定基础。

通过培养伦理实践的理想来激励博物馆工作人员对伦理价值的认可是可行的。当伦理原则在整个博物馆界蔓延时，对伦理的理解就会增进，相关的伦理实践也会得到提升。如果最终不能对博物馆及其所服务的公众产生益处，那么培养伦理理想的过程就变得毫无意义。（10）

在许多实际情况下，"好"可能是与某些个人信念相一致的，而"坏"则可能是与这些人的信念不一致。[3]相反，伦理思维则关乎为何、何时、如何、在何种程度上以及以何种方式必须考虑某一特定问题。"合乎伦理的决策是一个识别问题、

---

[1] Okita, S. "Ethics and Cultural Identity," in: Gary Edson (ed.) Museum Ethics (New York and London: Routledge, 1997), pp.129-140.
[2] Solana, F. "Inaugural Address by the Minister of Public Education of Mexico" pp.17-21 in: A. Bochi and S. de Valence (eds.) Proceedings of the 12th General Conference and 13th General Assembly of the International Council of Museums, Mexico City (Paris: International Council of Museums, 1981), p.19.
[3] James, W. The Meaning of Truth (Amherst, NY: Prometheus Books, 1997[1911]), p.ix.

实践中的博物馆伦理

寻求替代性方案,并从中做出选择的过程。如此这般,所选择的替代性方案才能最大限度地发挥伦理价值的重要作用,同时也可以实现预期的目标"。[1]

任何专业都需要伦理来反映保证其成员履行重要服务之责的不断变化的环境。伦理是由指导个人和群体行为的理想和价值组成的,因此,我们可以用这两个群体来定义伦理。具体而言,个人伦理是一种"价值声明"(value statement),比如义务,角色和包含好与坏、对与错等观点的推论。[2]群体伦理包括为群体利益而要求个人遵守的习俗和规范。伦理理论涉及人们如何看待现实、为何将"价值"与愿景联系起来,以及如何回应现实等问题。[3]

对于负责任的文化和自然遗产管理者来说,承认和强调博物馆必须与之抗衡的社会和知识特性是非常必要的。博物馆是理想的社会、科学和文化交流的实验室,因此,它们负有挑战、启发和影响观众的伦理责任。

> 从最广泛的意义上来说,博物馆是一个为当下和未来人类福祉而照管遗产的机构。因此,博物馆的价值与其对人们情感和知识生活的服务成正比。从本质上来说,博物馆工作人员的生活……就是一种服务。[4]

博物馆的伦理原则不仅描述了符合行业指导方针的既定规范或行为标准,而且还确定了一个定义正确行为和态度的原则。伦理责任的概念建立在职责和尊重的基础之上,而且允许正确的措施来保证可接受的工作原则。博物馆行业主张用伦理来定义这些理想。当博物馆工作人员出于对伦理原则的尊重而有所行动时,他们正是

---

[1] Guy, M. E. Ethical Decision Making in Everyday Work Situations (New York and London: Quorum Books, 1990), p.39.

[2] Winter, J. C. "The Way to Somewhere: Ethics in American Archaeology," in: Ernestene L. Green (ed.) Ethics and Values in Archaeology, pp.36–47 (New York: The Free Press, 1984), p.37.

[3] Brody, C. Unprovienienced Archaeological Collections in Museums: A Case Study of the Baumgardner Collection. Unpublished thesis, Museum Science Program (Texas Tech University, Lubbock, 2002).

[4] AAM Board of Directors. Code of Ethics for Museum Workers (Washington, DC: American Association of Museums, 1925), p.2.

以专业的方式履行其责任。

作为一种社会和专业责任，职责的概念在世界上的大多数地方都在使用。职责在社会秩序中的位置及其具体应用会根据情境的不同而有所不同，但是"典范之人"（尽职尽责的个人）的理想具有普世意味，象征着一种适用于不同情形的全面且卓越的伦理状态。尽管"伦理生活"（ethical life）的责任持续存在于许多活动中，但是与博物馆议题相关的伦理原则是博物馆行业及其工作人员所特有的。

伦理强调行为哲学的理论和实践要素，它们与批判性的当代议题和价值密切相关。伦理所强调的要素包括人工制品的收藏、当代社区的权利、藏品出售的规定、展示的政治学、物件的保护、教育的角色和机构的日常管理等。无论是保管员、研究员还是受托人，这些活跃于博物馆事务中的人都对博物馆行业和公众负有伦理义务。

博物馆界有很多为人所熟知的涉及伦理态度变化的案例。在本书中，我们主要考虑如下案例：普遍关注神圣物件的返还和照料，避免对民族、国家或信仰的误解。这些议题的重要性可能受到社会偏见的影响，但是其相关性是普遍存在的。伦理行动的正确性源自既有的原则，但是不断变化的敏感性会影响其在具体情境中的应用。

伦 理 规 律

虽然伦理原则尚未改变或模棱两可，但是博物馆界越来越意识到自身所肩负的责任，以及博物馆在社区和国家的社会文化构成中发挥的必要作用。由此可见，我们的伦理视角已经变得更具包容性。

密西西比大学教授、哲学系主任路易斯·博伊曼（Louis Pojman, 1935—2005）指出："伦理评估有四个领域：第一是行动（行为）领域，涉及的评估术语是正确的、错误的、许可的；第二是结果领域，涉及的评估术语是好的、坏的、漠不关心的;第三是性格领域,涉及的评估术语是善良的、邪恶的;第四是动机领域,涉及的评估术语是有益的意愿、有害的意愿。"[1]

领域(Domain)	评估术语(Evaluative Terms)
1. 行动或行为(Action, the act)	正确的、错误的、许可的(Right, wrong, permissible)
2. 结果(Consequences)	好的、坏的、漠不关心的(Good, bad, indifferent)
3. 性格(Character)	善良的、邪恶的(Virtuous, vicious)
4. 动机(Motive)	有意的意愿、有害的意愿(Good will, evil will)

虽然可以从不同的角度或领域来评估伦理,但是伦理绝不仅是一个关于态度和理想主义假设的理论,而是一个面向机构和个人的实践指南。伦理必须被视为是一种达成目的的手段而非目的本身。虽然态度是伦理实践的一个重要要素,但是信奉伦理态度与以合乎伦理的方式行事是不一样的。

态度是个人思维过程中的抽象方面。因此,态度指的并不是个人的某个特定行为或行动,而是许多相关活动的衡量尺度。当个人对博物馆伦理的态度不那么积极时,较之其他人,这个人的言行肯定会偏离伦理实践。换句话说,一个对博物馆伦理态度不佳的人倾向于以不合乎伦理的方式行事。

伦理不仅解释了既有的专业实践,而且还以自己的方式验证了专业经验的有效性。因此,伦理和专业之间是相互强化、彼此支持的关系。得益于此,对专业领域内伦理标准的解释与理解就应该以支持公认的伦理准则的原则为前提。

对于所有的专业活动来说,伦理是一个正强化的要素(positive reinforcing elements)。伦理的研究不仅可以使个人思维过程更加清晰、连贯,而且还有助于拓展个人对专业决策的理解。伦理"能够为我们应该做什么或不应该做什么提供明确且合乎情理的理由"。[2]

---

[1] Pojman, L. P. Ethics: Discovering Right and Wrong (Belmont, CA: Wadsworth Publishing Company, 1990), pp.7-8.
[2] Beabout, G. and D. Wennemann. Applied Professional Ethics: A Developmental Approach for Use with Case Studies (Lanham, New York, and London: University Press of America, 1994), p.1.

第一章 伦理与博物馆

虽然博物馆行业的规范是由伦理准则确立的，但是认为该准则的存在就意味着完整而全面地接受其所述原则的假设是幼稚的。将准则内化为行动者的价值是不可避免的（参见第八章），但是这可能会使原则的意义偏离最初的目的。因此，准则不应该用来定义那些在内涵、应用和期望上受到意识形态限制的实践，而是应该根据特定博物馆的需求、以具体应用的方式予以解释。

将行为的伦理本质置于责任感的核心位置的做法确定了以正确方式行事的原则，一系列行动均源于对伦理核心的理解，其目的在于满足博物馆专业人员的期望。换句话说，上述原则可能包含对某个特定情境的多个正确反应。当行动从中心向外拓展时，外部的影响范围就会扩大，但这并不意味着责任成比例地减少。

要想成为博物馆实践不可分割的一部分，伦理就必须不断提醒人们应该以正确方式行事，即使在现实层面无法完全做到。一位博物馆馆长在访谈中说到，他既是国际博物馆协会的成员，也完全支持《国际博物馆协会博物馆伦理准则》，但是他的博物馆却无法遵从该准则。具体来说，博物馆没有安保系统，没有恒温恒湿的暖通空调系统，甚至没有计算机。对此，他解释道，博物馆在大部分时间里都没有电，通往博物馆的道路在雨季也无法通行。他能做的就是保证博物馆在大部分时间向公众开放，并竭尽全力保护藏品。虽然积极的意图可能会受到现有手段的限制，但是伦理概念却是公认的。

伦理定义了专业所倡导的价值，并以一种可以传达给会员和公众的方式确定了原则。伦理鼓励专业人员采取高标准的行动，并帮助其做出决策。伦理还通过明确可接受的实践，增加了公众对该专业的信心。

伦理原则决定博物馆实践。伦理是始终如一的，因此，原则也是不变的。然而，这些原则在具体应用过程中可能会逐渐更新，以适应当代博物馆不断变化的需求。清晰明确地阐明伦理准则是专业议程首要考虑的，其次是由个别博物馆和整个博物馆界所倡导的学习态度，再次是尊重。某些不可接受的伦理实践不仅会导致机构的平庸，而且还会侵蚀公众的信任。这些活动对如此行事的博物馆和整个博物馆界都是有害的。

（13）

实践中的博物馆伦理

"在不确定的时代,博物馆代表着某种'确定性'。随着非个人化气质在当代生活的蔓延,参观博物馆的观众追求的是超越个人或代际之上的人类存在的连续性。"[1] 从这个角度来看,连续性和永久性的概念是所有博物馆都应当考虑的伦理议题。

如果缺乏伦理根基,博物馆很容易迷失在这个不确定的时代中。如果没有明确的伦理思维,博物馆就不能以真正专业且负责任的方式运作。因此,只有在博物馆实践能够产生有益的行为时,理解与应用伦理原则的逻辑才是合理的。这一基本概念对博物馆的未来至关重要。博物馆伦理与博物馆功能必须相互认可、彼此支持。

> 虽然在任何领域,专业人员往往依据管理人际关系的道德(伦理)行为的基本规则而行事,但是每个专业都涉及具体的标准、职责、责任和机会,这有时就需要单独创建一个指导原则的声明。[2]

作为博物馆实践的实用方法,伦理并无绝对的规则可言。伦理不是死板的规定,恰恰相反,它是旨在建立一套"共同术语"(common vocabulary)的指导原则,以促进专业原则的实际应用。伦理是一个思维指南,而不是一本由"剪切和粘贴"的答案而拼凑成的基础性名录。伦理事关人们每天如何对待彼此,具体关乎的是诚实、问责、追求卓越、忠诚、正直和负责任的公民身份。博物馆伦理同样涉及价值判断和决策过程。当博物馆内部成员以个人身份选择以一种合乎伦理和尊重的方式行事时,博物馆行业才能被视为是合乎伦理的。当博物馆工作人员以合乎伦理的方式行事时,他们才能共同打造一个对专业负责、以服务为导向的行动团队。

博物馆的专业理想与博物馆工作人员的伦理职责有关,其中就包括应对当代破坏或损毁遗产的危机。保存遗产的功能使得博物馆工作人员有责任"在考虑现有的

---

[1] Bedekar, V. H. New Museology for India (New Delhi: National Museum Institute of History of Art, Conservation and Museology, 1995), p.6.
[2] Code of Professional Ethics (Paris: International Council of Museums, 2001), p.10.

知识和资源的情况下,将藏品以尽可能完好和安全的状态"[1]传递给子孙后代。

尽管传统实践满足了传统需要,但是,当代社会不仅深刻影响了博物馆的活动,而且还重新定义了它们的角色和责任。在这种情况下,博物馆就无法再对社会需求、法律和伦理义务采取漠不关心的态度,这最终会不利于博物馆学发展和社会进步。据此,当代博物馆应该不断地提醒人们,他们(人类)不仅是整体社会的关键要素,而且对人类的未来负有集体责任。

实 践 倾 向

众所周知,博物馆是保存和保护遗产的主要机构。博物馆的这种责任已被普遍接受,然而,博物馆如何履行这一职责、保护谁的遗产、如何保护等问题仍然悬而未决。在这种情况下,博物馆将其自身定位为诚实、客观和负责的倡导者。也就是说,博物馆不仅是藏品和遗址的管理者,而且是与之相关的思想和人的管理者,即人类有形和无形遗产的守护者。

作为文化和科学成就的见证,博物馆的收藏具有特殊的吸引力。这些藏品唤起了某种成就感和自豪感。得益于这些藏品,博物馆成为一个可以让人们获得作为启蒙资源的文化和自然遗产连续性信息的场所。在此,人们可以了解过去、体验当下的天才创造,并将其努力的成果投射到未来。

当代博物馆是已经达到博物馆学现实水平的人类活动的产物。博物馆专业人员具有共同的使命,它对个人具有强烈的感召力。围绕博物馆行业而形成的共同态度和信念以及专业人员之间的紧密关系为博物馆学的理论和实践提供了基础,这些共同的品质构成了这个行业的基础。从态度、信念、规范、价值和最佳实践中获得的理解是博物馆专业人员知识库的组成部分。

---

[1] ICOM Code of Ethics for Museums, Principle 2, section 2.18, p.5.

实践中的博物馆伦理

　　伦理评估同样适用于博物馆。作为一种惰性结构，博物馆是由个人组成，因此，不合乎伦理的个人会导致不合乎伦理的机构。个人和机构之间的关系不能分离，伦理正确性也不是个人或机构的专属角色。如果不了解其组成部分（人），那么我们就无法对博物馆进行深入的伦理评估。因此，就像每个部分都能反映机构意图一样，整个机构也是各部分的总和。

　　对于个人和机构而言，伦理代表着一系列正确的行为，它们是尊重和价值的核心。因此，伦理应该是行业所期望的个人意义和机构价值的组成要素。然而，当代社会却存在着一种趋势，即倾向于将"坏的"，尤其是"不合乎伦理的实践"算在机构或行业的头上，而非个人身上。

（15）　　我们可能会问，伦理理解的基础是否发生了变化。如果说伦理是一个评估个人和博物馆应该做些什么，并以对与错的标准来识别、确认博物馆行动的系统过程，那么伦理原则在过去几个世纪始终保持不变。从概念上来说，伦理原则始终保持不变，但是实施这些原则的理由和预期的结果通常会发生变化，并将继续发生变化。

　　除伦理外，博物馆的专业人员有义务按照机构的政策和程序开展日常活动。他们还应该对同事和博物馆保持忠诚和尊重。这些重要的专业责任必须建立在忠于博物馆行业的基本伦理原则的基础之上。

　　伦理原则是基于实践知识和经验教训而建立的。然而，随着博物馆及其运营的日益复杂化，对伦理实践的期待正变得更加包容。与此同时，既有的职责很可能已经无法满足当代博物馆界的伦理要求。许多博物馆工作人员逐渐意识到，完成某一特定工作的正确方式可能与他们之前所学习或实践的方式判然有别。本能或直觉的做法已经让位于博物馆专业人员定义和认可的伦理实践的原则。

　　每一个与博物馆行业有关的行为都有一个相应的伦理模板。处理日常工作的方式不仅定义了个人的诚信和性格，而且还展示了机构的伦理本质。博物馆工作人员的专业活动的伦理维度越来越重要。要想让专业伦理的原则发挥有效的作用，那么着力点就不能仅限于纠正消极或不可接受的行为。相反，博物馆的最终目标必须是提升专业诚信，即做得更好。

第一章 伦理与博物馆

虽然博物馆一直处于不断变化的过程之中,但是伦理贯穿其日常活动的始终。当博物馆保持一成不变或相对僵化的状态时,它们就会失去与公众的联系,充其量就是一个满足好奇心的宝库。博物馆藏品理应包括或涉及其来源社区的文化和自然、有形和无形的遗产。因此,博物馆具有一种超越普遍机构的特质,并且经常与国家、地区、地方、政治和民族产生密切的联系,涉及的议题包括民主、包容、宽容、尊重和诚实。

除了地方和国家专业组织外,世界各地的许多博物馆及其工作人员都抱持着相似的价值、愿望和实践。这些共同的理想超越了政治、经济和文化的界限,从而在普世意义上强化了伦理规范。没有任何迹象表明,博物馆在追求统一理想的同时丧失了自我身份或独特性格。

随着博物馆面临的挑战越来越多,不合乎伦理的做法有可能会增加,譬如重要艺术品的除藏和出售、生物学标本的淘汰和销毁。公众需求增加了对特殊展览的需求,这促使机构资金从学术研究和照料藏品转向展览领域。展览信息可能会被修饰或自由编辑,以牺牲真相为代价来增加公众的兴趣。博物馆的免税特权不仅能够吸引企业的资金,而且还可以安抚潜在的捐赠者,甚至有利于寻求政治支持。由此可以看出,博物馆在追求物质利益的同时,有可能会忽视伦理原则。(16)

无效的和不合乎伦理的决策已经危及了许多博物馆。就伦理标准和实践而言,制度完整性及响应能力的缺失在博物馆正式员工和志愿者中造成了一种无能为力的感觉。很显然,这种状况是有害的,其后果之一就是个人(博物馆工作人员)以不合乎伦理和非法的方式行事,比如不诚实、盗窃或自私自利。

理解伦理原则是学习过程和保持伦理态度的基础。个人和专业人员需要对伦理原则进行定期评估,以确保其正确且恰当地使用。有时候,伦理可能会被忽视、滥用和操纵,但是做正确的事情始终是没错的,且始终不会改变。社会生活有时可能会将某种不诚实的态度施加给某些人(通常被合理化为白人的谎言),然而,此种行径并不会改变真理和诚实的伦理价值。换句话说,背离伦理理想的例外情况无法对伦理原则构成威胁。

实践中的博物馆伦理

博物馆专业人员受到两个重要原则的指导：其一，作为公共信托机构，博物馆对社区的价值应与其提供的服务成比例；其二，对于博物馆行业而言，仅有知识能力和专业知识本身是不够的，高标准的伦理行为的激励是非常必要的。[1]

虽然伦理关注的是对与错的议题，但是坚持正确的原则是个人的责任。在正确的博物馆学活动（museological activities）行为中，几乎不存在作为实践指南的处罚。然而，大部分博物馆工作人员都有兴趣知道什么是正确的，即哪些行为或活动代表着照料与使用有形、无形和虚拟藏品的最佳实践，同时又能够满足社会的需求、获得公众的信任。

任何书本、准则、讲座或学说都无法使一个人成为合乎伦理的人。个人必须决定能否以一种合乎伦理的方式行事。为了使伦理成为任何行业的专业实践的一部分，伦理原则必须被整合到行业的所有活动和工作人员的态度与思想中。

与许多伦理议题一样，博物馆伦理本质的变化取决于对与错之间界限的划分。关注的焦点是原则还是结果？是态度还是应用？一个情境无论多么引人注目，也不会让错误的行为变得正确。一个关键的决定可以证明某个错误的行为是正当的，但是却无法使伦理原则丧失有效性。

每个专业都会派生出一种伦理准则，以回应实际问题，但是伦理实践是个人的责任。与保管藏品、保守机密或敏感信息、机构安保、展览阐释、文化财产的归还等实际的博物馆事务有关的伦理议题必须兼具理论与实践两个层面。

延伸思考

为什么会存在博物馆伦理？

博物馆伦理之于博物馆行业的重要性体现在哪些方面？

为什么博物馆伦理应该以实践知识和行业实践为基础？

---

[1] Code of Professional Ethics, p.10.

第一章 伦理与博物馆

伦理是如何成为所有博物馆活动的正强化指南的?

哪些伦理原则是博物馆行业的基础?

可供讨论的博物馆案例 1：新员工

一名新员工正在与博物馆的工作人员共进午餐，她对其藏品管理助理（assistant collection manager）的职位非常满意。虽然这个博物馆规模不大，但却收藏了许多非凡的当代物件，包括陶瓷、织物、玻璃和珠宝。作为三名藏品管理助理之一，这名新员工参观了博物馆，并查看了藏品库房（collection storage rooms）。

在吃饭过程中，这名新员工对餐厅里的人说，她用手机记录了她的参观过程，并拍摄了一些藏品的照片。她打算把这些东西上传到脸书，这样的话，她的朋友和家人就会知道她的工作是多么美妙。她告诉其他博物馆工作人员，她看到了作为博物馆特殊收藏的黄金珠宝。她拍了其中一件藏品的照片，并准备将其发给她的朋友，这肯定会给他们留下深刻的印象。此外，她还拍摄了存放黄金珠宝的金库大门的照片。在她看来，这是难以置信的，就像银行里的保险大门一样，金库大门中间也有一个大轮子。她的朋友看到这些后都要发疯了。如果能够得到许可，她想让她的朋友来现场看看这些黄金珠宝。

她继续谈了几分钟，并详细介绍了她在博物馆禁区内的参观经历。几分钟后，一名研究员问她是否阅读了入职培训期间发放的有关博物馆政策的材料。这名新员工说，她本来打算看的，但是这几天很忙就忘记了。她随后表示如果有时间的话，会在下周末阅读这些材料。

当天晚些时候，这名新员工被叫到人力资源办公室（Human Resource Office），并被告知她在参观过程中的所作所为是不可接受的。她至少会收到一封惩戒信，而且馆长很可能会以不合乎伦理的做法和无视博物馆政策的理由解雇她。由于她入职博物馆不足一个月，因此，博物馆有理由将其立即解雇。馆长表示会咨询博物馆的　（18）

实践中的博物馆伦理

律师,并在两三天内通知她具体结果,在此期间,她将不能再次进入博物馆。

在离开人力资源办公室后,这名新员工不知道自己究竟做错了什么,最后导致了如此严重的结果。在她看来,这是难以置信的。她将如何面对家人和朋友?她还能对大家说什么呢?就在这一刻,她的手机收到了一条信息。

相关思考

本案例涉及什么伦理议题?
新员工在哪些方面没有为专业工作做好准备?
这名新员工做错了什么?
研究员或餐厅里的人向人力资源办公室举报新员工的做法正确吗?
这个新员工是否只是因为不知情而受到了不公平的待遇?
博物馆期望新员工了解机构政策的做法是错误的吗?
博物馆是否应该期望新员工以合乎伦理的方式行事?
伦理实践应该是所有博物馆员工的一个重要议题吗?
伦理态度是专业人员必须具备的吗?
新员工应该怎么做?

案例评论

在《国际博物馆协会博物馆伦理准则》中,没有具体的章节谈及新员工应该或不应该做些什么。专业主义的概念内在于准则的各个方面,负责任的行动概念应该是所有博物馆工作人员最为关心的。博物馆有权期望一个在博物馆研究项目取得研究生学位的人具备一定程度的专业精神。如果有人以不专业的方式行事,那么这会损害教育机构和博物馆的信任和实践。

博物馆的新、老员工和志愿者都应该获得博物馆分发的书面材料,其内容包括博物馆伦理准则、组织机构、与机构内活动有关的政策、适用于博物馆场所之外的个人行为(比如个人收藏、外部任职等)的限制要求等。博物馆的正式员工和志愿者有责任阅读这些材料,从而熟悉机构的政策和程序。

私下拍摄照片并立即进行传播的做法很可能会危及藏品安全。博物馆的首要任务是保护观众、工作人员和藏品。控制无关人员进入博物馆禁区是安保过程的必要环节。此外,还应当避免传播未经许可的保险库、安全通道和储藏室的照片。

"博物馆工作人员必须保守在工作中获得的机密信息。此外,被带到博物馆以确定身份的物件的信息也是保密的,未经所有者的特别授权,任何人不得公布或传播给任何其他机构或个人。"[1]

---

[1] ICOM Code of Ethics for Museums, Principle 8, section 8.6, p.12.

第二章

伦理观点

博物馆收藏、保存和阐释有生命和无生命、有形和无形的遗产,以此来滋养人类的精神。[1]在意识到了这一重要使命后,各国博物馆的数量越来越多,吸引的观众数量也越来越多。例如,中国在2013年增加了451座博物馆。为了限制观众总量,故宫博物院不得不限定每小时进入的观众数量。

很少有人会否认,在世界上大部分地区,博物馆是社区和国家的文化和经济结构的一部分。博物馆的扩建使其陷于外部和经济困境之中,此外,涉及藏品照料、公众信任的伦理议题也变得越来越重要。无论其规模、经济状况、使命、定位如何,当代博物馆正面临着伦理问题的挑战。

伦理的早期思考主要集中在"善意"或"做好事"上,伦理体系正是建立在这一基本原则的基础之上。在过去3 000年间,尽管以澄清"好与坏"为旨趣的理论不断增加,但是这个原始概念(伦理)的本质并没有改变。每一个伦理观念的倡导者都有一个何为"善",以及如何将其融入社会和文化生活、专业实践中的想法。现在,"善"的概念依然是伦理思维的核心组成部分,但是某些特定类型的"善"也在决定相关的伦理理论。"善"的理想内在于尊重的观念之中。

伦理通常被描述为一种价值体系或对价值的关注。从理论上讲,"善"是这些价值之一。有些人认为伦理与宗教有关,其他人则认为不然。大多数研究过伦理理论的人都赞同,伦理与尊重之间存在着密切的关系。作为一种原则,尊重适用于社

---

[1] AAM Board of Directors, *Code of Ethics for Museums* (Washington, DC: American Association of Museums, 2008).

第二章 伦理观点

会道德和专业伦理,即尊重所有的人和事物。"尊重"不等同"我尊重她的聪明才智"或"我尊重他对生活的看法"等表述。这种尊重指的是"承认",意味着一个人对另一个人的尊重,因而是理性的。

在讨论专业伦理或角色伦理(role ethics)的理论和实践时,尊重原则是最基本的。诚实、关心、忠诚、公平、正直、信任和问责是尊重的要素。尊重人类应该是博物馆专业人员收藏、保存、研究、展示、保护文化和自然遗产的主要动机。伦理哲学关乎生命。"伦理概念是如此宽泛……以至于我们有时很难知道它是如何应用于特定情形的。因此,从尊重原则中得出不那么基本的其他原则是有帮助的。"[1]

伦理体系是博物馆所肩负的社会和专业责任的一部分,同时也是尊重原则的一部分。因此,伦理体系不仅必须包含尊严的概念,而且还要提升人类价值的理念、增进伦理思考(尊重)的权利。

> 使用当代社区藏品的博物馆应当尊重人类的尊严、藏品承载的传统和文化。通过倡导多元社会、多元文化和多元语言的表达,博物馆利用藏品来促进人类福祉、社会发展、容忍和尊重。[2]

随着观众和社区期望的改变,博物馆的实践也日益发生变化。得益于科技的力量,今天的人们已经可以很好地了解世界,与此同时,公众正变得更加复杂和苛刻。作为博物馆的主要使命,获取、收藏物件和材料的实践在机构中的重要性日益下降,相应的,从整体视角关注民族或社会的有形和无形遗产的做法正逐渐得到重视。

"虽然有形遗产有其固有的优势,但正是无形遗产才使其有用。"[3]博物馆的服

---

[1] Beabout, G. R. and D. J. Wennemann. Applied Professional Ethics: A Developmental Approach for Use with Case Studies (Lanham, New York, and London: University Press of America, 1994), p.50.
[2] ICOM Code of Ethics for Museums, Principle 6, section 6.7, p.10.
[3] Lao-Tzu. Tao Teh Ching, translated by John C. H. Wu (Boston and London: Shambhala, 2003 [late 4th century BC]), p.23.

务导向很有可能会扩大观众基础。如果诚实不是作为目的，而只是作为实现先前所确定的目标的手段，那么社会真实就会失去很多意义。社会诚信隐含着一种关乎尊重和公平声誉的公众视角，这能够促使博物馆正确履行其公共服务的职责。对于博物馆来说，服务公众是一种责任；在包容的博物馆学角色（inclusive museological role）中，服务公众应落实到博物馆行业内每个合乎伦理的工作人员身上。

当代博物馆面临的现实议题包括社会包容、财政责任、审慎调查、问责制、社区参与、遗产意识、资金筹措和领导力。很显然，这些议题都以尊重为基础。一些关注这些棘手议题的博物馆工作人员正在呼吁制定更严格的"规则"，而另一些人则建议取消伦理原则，以允许更大的灵活性。伦理准则并不能始终保证以合乎伦理的方式行事。犹如尊重，准则只对那些遵守它的人有意义。

（22）　　在应对博物馆议题时，专业人员应该这么去思考："什么是合乎伦理的（好的/尊重人的）事情？"，而不是"这对我或博物馆来说意味着什么？"。

伦理的东、西方之别

从一开始，博物馆在社会中发挥的作用就比文化材料、珍奇物和其他古怪物件的存储场所更大。不管第一座博物馆诞生于何时、第一批收藏形成于何处，博物馆自始至终都不是一种孤立的自我满足的现象。早期的博物馆通常被视为历史的一部分，其早期实践是后来现代宝库和遗产故居的雏形。即便如此，早期的博物馆议程还是为我们提供了一种包含知识、情感和社会尊重的视角。

在中国、韩国和日本，这些物件通常保存于山顶的寺庙之中，并接受世人的祭拜。这种现象与埃及、美索不达米亚、希腊、波斯等地的实践如出一辙。这些被保护的物件具有一种远超书面或口头描述的独特价值。无论是唯心论者、学者还是美学家，他们都热衷于看到"实物"（real things），并从中感受人类的独创性和大自然的神奇造化。

第二章 伦理观点

与今天的标准相比，早期的藏品照料、展览技术和记录维护方法显得相形见绌，不过，保存人类与自然见证物的理想却是一致的。否则，今天博物馆的许多藏品就早已消失不见了。正是在这种情形下，尊重作为遗产责任的首要观念不仅得到了全方位发展，而且还成为当代博物馆伦理准则的基础。

（社会）伦理并不是一个新概念，而是由来已久。第一批或最早的著作很可能是"埃及统治阶级的男孩子要学习的戒律清单"。[1]这些类似于指南或准则的伦理教材写于距今 3 000 年之前，其中包括幸福生活、避免麻烦、获得上级青睐等建议。[2]

伦理也是早期印度文献中的要素。《吠陀经》（*Vedas*）包括一系列关于现实特征的哲学和宗教理论。通常情况下，成书于公元前 1500 年到公元前 1200 年间的《吠陀经》被认为是第一本关于哲学伦理的著作。"《吠陀经》由三个部分组成：咒语或赞美诗；婆罗门、戒律和宗教职责；讨论哲学的《奥义书》（*Upanishads*）。"[3]

《吠陀经》是由从波斯进入印度的印欧民族创作的神圣赞美诗（咒语）。《吠陀经》崇拜的神不是拟人化的神祇，而是真实和现实的表达。宇宙的基本原理是"虔敬"（ritam）的概念，这也是宇宙存在的基本现实。在西方，"权利"（right）的概念源自梵语单词"虔敬"（ritam）。《吠陀经》认为，正确的道德秩序是内在于宇宙本身的。"因此，在吠陀哲学中，真实和正确是密切相关的，通过幻觉洞悉和理解人类存在的终极真理就是为了理解何为正确。"[4]

作为一种始于公元前 7 世纪至公元前 5 世纪的印度宗教，耆那教的道德原则的基础是精神解放和非暴力，这是理解作为真理的"正确"手段。耆那教没有就该做什么和不该做什么的伦理责任进行区分。在耆那教看来，说谎能够造成精神伤害，

---

[1] "Ethics" Encyclopaedia Britannica, Encyclopaedia Britannica Deluxe Edition 2005 CD. Copyright ©1994-2004 Encyclopaedia Britannica, Inc. May 30, 2004 (accessed March 6, 2012).
[2] "Ethics" Encyclopaedia Britannica, Encyclopaedia Britannica Deluxe Edition 2005 CD. Copyright ©1994-2004 Encyclopaedia Britannica, Inc. May 30, 2004 (accessed March 6, 2012).
[3] Beck, L. A. The Story of Oriental Philosophy (New York: Cosmopolitan Book Corporation, 1928), p.15.
[4] "Ethics" Encyclopaedia Britannica (accessed March 6, 2012).

积累财富是一种剥夺穷人和饥饿者生存需求的行为。[1]所有这些态度都可以被描述为尊重。

佛教也是一种自印度发展起来的伦理体系，其教义的核心是普遍的同情心。有志向的信徒从渴望中获得解脱，并通过同情（尊重）的生活获得一种安宁感。涅槃重生（从转世轮回中解脱出来）被认为实现了个体自我与万物发生的普遍自我之间的统一。

佛教教义的基础是著名的四圣谛（Four Noble Truths）：（1）存在即苦难，（2）苦难是有原因的，（3）苦难是可以抑制的，（4）抑制苦难的方法是拥抱八正道（Eightfold Path）。八正道指的是正见、正思惟、正语、正业、正命、正勤、正念、正定。作为佛教道德哲学的基础，八正道包含着尊重的态度。我们可以从大多数道德准则中发现上述概念，比如，类似的原则或戒律也是《基督教十诫》(*Christian Ten Commandments*)和《古兰经》(*Qur'an*)的基础。

伦 理 与 道 德

有些人认为伦理和道德是一回事，这或许与宗教教义中两者混用的情况有关，但实际上它们是不同的。道德通常指的是从童年时代就开始灌输给个人的态度和实践，一般而言，它们与父母或牧师所践行或认可的宗教形式紧密相关。相较之下，作为一种可接受的实践准则，伦理的普遍应用通常与专业活动有关。相关的伦理议题可能会受道德哲学的影响，但是主要的专业准则还是来自那些活跃的专业人员。

很久之前，东西方的学者就倡导与传扬伦理概念。老子和孔子被认为是中国古代的道德哲学家。老子生活在公元前6世纪，孔子出生于公元前551年。儒家学说的四大主张是"对人类同胞的爱、忠诚和可靠、互惠、举止得体"。[2]老子和孔子

---

[1] "Ethics" Encyclopaedia Britannica (accessed March 6, 2012).
[2] Van Wyk, R. Introduction to Ethics (New York: St. Martin's Press, 1990), p.44.

第二章 伦理观点

这两位哲学家在中国道德问题上留下了不可磨灭的印记。老子宣扬"道",这是一个基于传统中国朴素与笃实之美德的概念。"道"没有关于职责或禁令的既定准则,相反,它所宣扬的是以朴素且真诚的方式活着、忠于自己、避免日常生活的干扰。作为中国的经典之作,老子的《道德经》(*Tao Te Ching*)代表着"对生命和自然的一系列见解"。[1]简单来说,《道德经》是一篇由81条戒律组成的哲学文集,它为人们的道德生活(社会伦理)创建了一套伦理准则。

孔子认为,孝道(尊重父母、长辈和祖先的美德)是迈向道德风范的第一步。然而,孝道的目的并不是"无条件地屈从于父母权威,而是承认和尊重生命之源"。[2]虽然这一道德格言在今天经常被误解或遗忘,但这并不意味着它已经改变或过时了。具有角色伦理性质的孝道仍然存在,只不过它可能不再像过去那样被严格践行了。生活在21世纪的人更为关心的是态度的具体应用,而不是规定性的道德主张。只要有益于社会、专业或个人,伦理和道德就必须得到应用和尊重。我们甚至可以说,不道德或不合乎伦理的行为的增长与社会和专业价值的衰败有脱不开的干系。

孔子主要靠轶事来传达道德信息,这与使用案例来讨论当代伦理议题的做法非常类似。孔子所宣扬的道德教化与追求立德、立功、立言的"君子"(superior man)形象有关。据说,曾经有一位学生(可能是曾申)向孔子提出一个问题:"有一言而可以终身行之者乎?"孔子回答说:"其恕乎!己所不欲,勿施于人。"[3]在过去2 500年间,各种宗教和社会团体都在重复这一关于道德行为的说法。

当代哲学家因其自私自利的性质而挑战了互惠的概念。从哲学层面来看,互惠包含这样一种观念:"如果你不揭发我,我也不会揭发你,无论你是一个骗子、小偷还是其他身份。"很显然,这助长了恶而非"善"。尽管面临挑战,但是互惠始终

---

[1] Lao-Tzu. Tao Teh Ching, p.ix.
[2] "Confucianism" Encyclopaedia Britannica (accessed February 21, 2012).
[3] "Ethics" Encyclopaedia Britannica (accessed March 7, 2012)。孔子的原文出自《论语·卫灵公第十五》,原文为:"子贡问曰:'有一言而可以终身行之者乎?'子曰:'其恕乎?己所不欲,勿施于人。'"——译者注。

是东西方伦理的基本要素。

西方世界的道德哲学是围绕着传统思想发展而来的，前面提到的十诫就是这方面的例证。作为指导，这些规定性的原则来自基督教上帝的权威。然而，需要指出的是，西方宗教在公元1世纪所宣扬的黄金法则（就像你想让他们对待你一样来对待别人）实际上早已存在于其他宗教教义中，比如公元前6世纪的儒家，公元前5世纪的佛教、耆那教和琐罗亚斯德教，公元前4世纪的古典异教。

黄金法则（互惠伦理）的特殊性在于它不为行为的对错提供指导，它更为关注的是一致性，用孔子的话来说就是"互惠"。道教也提出了一个类似的概念，即主张一个人的行为应该与其欲望相契合。道德哲学的这一基本方面是为了将行动和欲望规则化，以符合社会规范，即文化相对主义。道德准则提供了"行为应当被禁止、允许或需要的规则"。[1]

> 作为儒家思想的"四书"之一，《大学》（*Great Learning*）正式提出了儒家原则："君子"的教育是基于这样一种观点，即人的先天品质能够在后天发展中引导其实现个人和社会伦理。[2]

从传统意义上来说，作为道德哲学的伦理建立在对与错的基本原则的基础之上，旨在为美好生活提供知识手段。道德命题是社会互动的重要组成部分。早期社会的种种迹象表明，建立一套超越于法律之上的行动指南是非常必要的。古希腊的诡辩家发展出了关于伦理的诸多概念，他们向世人传授成功所必需的文化和知识品质。与此同时，他们相信"通常被称为好与坏、对与错的行为并不是自然的客观事实的真实写照，而更可能是源于社会惯例"。[3]

---

[1] Sarup, M. Identity, Culture, and the Postmodern World, edited by Tasneem Raja (Athens: University of Georgia Press, 1996), p.87.
[2] Fu Hsi. I Ching or Book of Changes, translated by Richard Wilhelm (London and Henley: Routledge & Kegan Paul, 1951), p.lix.
[3] "Ethics" Encyclopaedia Britannica (accessed March 8, 2012).

第二章　伦理观点

诡辩家主张与正义、虔诚、节制和法律有关的原则，他们对这些价值的评价非常严格。一些诡辩家宣扬权威决定是非，因此，人们必须服从规则。很显然，这一观念与"强权即公理"的格言如出一辙。

诡辩家理解道德哲学的方式符合伦理相对主义所提出的理论，该理论认为，世界上没有普遍适用的道德（伦理）原则，所有的道德（伦理）原则只有在涉及具体的文化或个人选择时才是有效的。罗伯特·范·维克（Robert N. Van Wyk）在1990年出版的《伦理学导论》（*Introduction to Ethics*）一书中曾提及道德相对主义（*moral relativism*）。他说道："判断某人行为对错的标准很可能取决于具体的情境，情境之一就是个人和社会的道德信念。"[1]

对此，范·维克断言："所谓的对与错在某种程度上取决于个人和特定社会的道德信念。"[2]虽然这一观点很有感染力，但是仔细考虑的话就会发现其内在的局限性。如果将该观点应用到博物馆伦理研究中，那么这就意味着每个博物馆都应该根据其所在的社会来确定某个行为的对与错。如此这般，照料藏品的标准就会丧失意义，出借协议也可能不被遵守，博物馆界内部相互信任、彼此尊重的理念也将不复存在。

作为西方世界最伟大的哲学家之一，苏格拉底（公元前470年—公元前399年）对伦理议题有着不同的看法。他没有提出如何生活的公式，相反，他讲授了探究的方法。他认为道德价值是"一种朴素的生活行为，是智慧、知识和美德的统一"。[3]另一位博学的希腊人伊壁鸠鲁（公元前341年—公元前270年）将其主要的哲学思考投入到伦理上。"他认为，愉悦是幸福生活的起点和终点，因此，智慧与文化都应当以此为己任。"[4]伊壁鸠鲁指出，唯一的真正愉悦是消除痛苦和苦难。这一信条与早期以消除苦难为基础的佛教学说有关。

（26）

---

[1] Van Wyk, R. N. Introduction to Ethics (New York: St. Martin's Press, 1990), p.15.
[2] Van Wyk, R. N. Introduction to Ethics (New York: St. Martin's Press, 1990), p.15.
[3] Runes, D. D. Pictorial History of Philosophy (New York: Philosophical Library, Inc., 1959), p.78.
[4] Runes, D. D. Pictorial History of Philosophy (New York: Philosophical Library, Inc., 1959), p.101.

实践中的博物馆伦理

"善"的定义可能因地点而异，也可能因人而异，希腊人所定义的道德（社会伦理）则取决于对"善"的武断定义。建立在"法律"基础之上的道德无法让"立法者"受益。[1] 相反，专业伦理则将"善"确定为伦理原则的目标，专业定义的原则就包括职责、义务和正确性等。

道德通常归属于道德哲学范畴，是一种适用于所有理性人的非正式制度。道德（希腊语为 mores）与习俗观念密切相关；伦理（希腊语为 ethos）指的是像专业伦理一样对实践进行系统审查。道德的初衷是管理影响他人的公共行为，尽量减少有害或邪恶的活动。作为一种公共管理过程，道德着重处理善与恶的命题，而专业伦理则涉及决策的对与错。

道德是处理社会学家眼中规范活动的标准方法。"规范"（norms）指的是关于适当行为的共同愿望。专业伦理准则建立了一套高于一般道德规范的标准。专业伦理适用于自愿形成的群体行为，而道德则与每个人相关。（见图 2-1）

在应用层面，道德是垂直的；而专业伦理在世代和应用层面始终是水平的。[2] 一个更高的权威（上帝、教会、宗教、信仰等）是道德的最终仲裁者，而专业

神圣权威社会道德
（Divine Authority Social Morals）

专业权威　　　　专业伦理　　　　专业人员
（Professional Authority）（Professional Ethics）（Persons in the Profession）

人类
（Humanity）

图 2-1　无论是从来源还是目的来说，社会伦理都不同于专业伦理。

---

[1] Rachels, J. The Elements of Moral Philosophy, 2nd ed. (New York, London, and Toronto: McGraw-Hill Inc., 1993), p.161.
[2] Pojman, L. P. Ethics: Discovering Right and Wrong (Belmont, CA: Wadsworth Publishing Company, 1990), p.3.

第二章　伦理观点

伦理则是由专业人员构建的。据此，道德受制于"上帝意志"或超自然主义[1]（supernaturalism），而专业伦理则遵从专业的规范。道德具有公共性，适用于所有理性人而无关乎人、地点和时间。此外，道德涉及伦理的管理，比如"你不得做这个或那个"。

道德和专业伦理是两个截然不同的行动指南。作为社会伦理，道德关注由宗教或共同信仰所定义的个人价值。然而，同样的方法并不适用于专业实践。道德通常被视为宗教价值，其规则是为了指导文明环境中的社会行为，使其能够被世人接受。

从与众生互动的那一刻开始，人们的身上就背负着社会伦理或道德。道德在家庭、学校、社会和宗教活动中被传授。道德的概念通常指的是"不应该做什么"而非"应该做什么"。道德的最终旨趣是养成一种符合社会需要的习惯，这些习惯是靠日常行事而非思考来维持。作为习惯，它们完全可以在不考虑后果的情况下被抛弃掉。

犹如一个行业不是一份工作一样，社会道德也不等同于专业伦理。我们可以说工作存在于行业内部，比如研究员（curator）、登记员（registrar）、教育人员（educator）和展览设计师（exhibits designer）所从事的这些活动仅是博物馆行业的要素而已。犹如专业伦理在专业中扮演的角色，我们也可以说，道德是一种社会伦理，但是道德以完全不同于伦理的方式运作，且依据的标准也有所不同。从根本上来说，道德属于哲学范畴，专业伦理则属于知识范畴。

专业伦理是一个生成于特定专业的概念，因此需要对该专业负责。博物馆的专业伦理与那些在博物馆领域从事工作与研究的人密切相关。因此，博物馆伦理实践不适用于专业领域之外的人，除非他们自愿将自己置于专业的博物馆环境之中（比如董事会成员、导览员和服务提供者）。像博物馆专业领域的《国际博物馆协会博物馆伦理准则》一样，医生、律师、教师、建筑师等从业人员也有各自的伦理准则。

---

[1] Gensler, H. J. Ethics: A Contemporary Introduction, 2nd ed. (New York and London: Routledge, 1998), p.26.

实践中的博物馆伦理

大多数组织的伦理都关注相关人员和机构如何行动。这种思维是以人为导向的,是实用的而不是推测性或理论性的,因而是由理性决定的。道德的观念很容易被识别,而且往往与"善"的概念联系在一起,相反,不道德的观念则被认为是坏的。当提及"伦理"一词时,人们立刻就会想到道德。道德观念一旦扎根于人的头脑之中,思维通常会迅速转化为社会行动。从哲学层面关注行动的对与错固然重要,但这却不是本书的主要内容。本书的首要任务是要识别作为一般术语的社会伦理(道德)和作为具体术语的专业伦理,后者与在某个确定领域内从事工作的特定人群及其行动有关。

与博物馆专业相关的专业伦理(角色伦理)所起的作用是非常有限的。相较之下,社会道德因其包容性而没有任何限制。社会是价值、实践和信念的综合体,社会的组成部分通常被认为代表着一个民族或国家的道德态度。相应的,个人或机构的行为也被认为代表了博物馆专业的价值和实践。就此而言,每个专业人员都应该在伦理意识方面以身作则。

(28) 接下来的案例可能有助于解释道德与专业伦理的区别:一个在博物馆内从事历史研究的研究员反对战争和杀戮。这是一种与其个人信念有关的道德信念,并得到个人哲学认知的强化。有一天,她所在的博物馆收到大量与第二次世界大战相关的捐赠藏品,其中包括不同类型的武器。基于自身理念,该研究员感到这些藏品令人反感。然而,作为一名博物馆专业人员,她有义务以对待其他历史收藏的态度来处理这些藏品,并给予它们照料与关注。[1] 保管这些藏品并不要求研究员以不道德的方式行事,比如对他人造成伤害;然而,不按照专业标准来照料这些藏品则被认为是不合乎伦理的。

上述关于专业伦理和道德之间差异的论述似乎有些武断,但是它们之间的确存在一个基本的区别:社会道德定义个人性格,专业伦理则强调伦理应用的专业体系。同样,对于伦理研究的人来说,区分作为一般术语的道德和作为具体术语的专

---

[1] ICOM Code of Ethics for Museums, Principle 2, p.3.

业伦理往往也非常棘手。乍一看，伦理与道德似乎是一样的，有时候，它们似乎在回应相同或相似的议题。

道德定义个人性格，专业伦理与伦理应用的体系有关。专业伦理事关个人所属专业群体所期望的标准，伦理原则能够激发可接受的实践，就此，博物馆工作人员可以更好地理解与指引其专业行动。

道德哲学的发展反映了当前对有意义的社会互动价值的关注。在宗教、政治、经济和跨社会化（trans-socialization）的影响下，当代社会正处于变动之中，东西方对于道德价值的依赖也随之发生变化。在过去 2 000 年间，人们一直关注如何定义与完善社会和专业生活的意义和价值。这些努力在很大程度上都集中在作为道德价值评估标准的善与恶上，以及作为专业价值标准的对与错的决策上。这些不同之处在某种程度上阐明了作为社会哲学的道德和与专业实践有关的伦理之间的差别。

"既然我们已经拥有了基于宗教或社会的基本信仰的道德，为什么还需要一个专业的伦理准则呢？"这个问题的答案是，专业有其特殊的要求，一些问题必须在相关伦理准则内部予以解决。相较之下，正常的社会活动则不需要这些原则。此外，并非所有的人和社会都有相同的价值观，因此，对道德的依赖会导致一种与专业期望不一致的伦理相对主义。

从这个意义上来说，专业伦理超越了普遍接受的社会伦理。许多道德或社会伦理从本质上来说是个人的，因此它们无法直接应用于专业活动。譬如，基督教的诫命和孔子的著述都包含了与尊重父母有关的箴言，尽管事关尊重，但这显然属于个人而非专业范畴。换句话说，箴言和诫命可能与实践者的个人生活有关，但却无法应用于专业活动。

社会道德不仅是个人的、主观的、后天习得的，而且还折射了其所在的社会。社会道德不仅是由社会建构的，而且会在社会的影响下发生变化。相较之下，博物馆的专业伦理是客观的，其原则是为博物馆所展示的物证和遗产以及所服务的公众的利益而制定的。因此，专业伦理着眼于专业范畴内，较少受到社会波动的直接影响。这并不是说社会态度无关紧要，而是说这些影响会以一种缓慢且微妙的方式影

（29）

响专业实践。

比如，审查制度（censorship）是一个会影响博物馆行业的社会议题。在世界的许多地区，将包括人类遗骸和具有神圣意义的物件在内的藏品从展览中移除在道德、文化和社会方面引发了持续讨论。来源社区要求博物馆移除文化敏感物件，这已经成为博物馆界普遍接受的实践标准。

博物馆界可能会就博物馆应该或不应该展示什么这一问题产生分歧。《国际博物馆协会博物馆伦理准则》中并没有关于审查制度的具体声明，也就是说，国际博物馆协会将展览的决策权交予博物馆（或社会），因此，博物馆应该出台一个明确的审查政策。人们可能认为，言论自由不应该被侵犯，尤其是在作为民主理想主义中心的博物馆中。假设一件艺术品含有可能对观众有害的有毒物质，那么在这种情况下，移除可能是必要的。移除这些艺术品可以更好地保护博物馆工作人员和观众。

延伸思考

博物馆专业人员为什么应该关注伦理？

专业伦理应该总是取代个人伦理吗？如果有例外，它什么时候会发生？

博物馆的工作人员是否应该允许他们对工作任命的感受影响其对伦理行为的认可？为什么？

自私自利是合乎伦理的吗？如果是的话，那么"自我"将以何种方式得到满足？

在实践层面，伦理对博物馆来说意味着什么？

可供讨论的博物馆案例 2：登记员的抉择

作为某历史博物馆的登记员，她工作时间长，且自认是一个合乎伦理、真诚的人。她经常提醒其他博物馆工作人员应当恪守专业职责。大多数时间，她都是安静

第二章　伦理观点

地坐在办公桌前，检查记录、更新文件、记录博物馆藏品的借用和出借信息。当入藏物件时，她会在接收室（receiving room）工作，检查入藏材料、撰写藏品状况报告、分配登记号码、将信息录入电脑。

这一天，她的主要工作是处理一批捐赠的藏品。该博物馆收到了一份来自当地名门望族的礼物，其中包括大量的个人文件、书籍、其他档案材料以及一些物件。（30）这批捐赠与一位杰出人士有关，报纸报道了他作为政治家、银行家和地方名人的个人生涯。

作为社区的常住居民和业余历史学家，登记员对这份礼物感到非常兴奋。她迫不及待地想要浏览这些文件，从而更好地了解该社区在某个重要时代的政治状况。平时，她听说过很多关于那个时代的故事，特别是关于这位政治家如何操控城市和周边地区的政治关系，其中还涉及腐败和贿赂，甚至谋杀。随着时间的推移，这些故事不断发酵，再也没有人知道实际发生的真相。这就是她对这些档案材料如此感兴趣的原因所在。此外，她还是当地历史俱乐部的长期成员和现任秘书，并极有可能成为该俱乐部的下一任主席。鉴于此，她认为可以在该历史俱乐部做一个相关主题的报告。

她打开箱子，开始在工作室整理文件。她专注于自己的工作，但从一开始就很少关注每一份文件所涉及的主题。在检查每份文件的日期时，她的眼睛会控制不住地向下浏览，有时候会停下来读一两句话再继续工作。她会翻看每份文件，有时候会把几页纸都读完。很显然，这些档案材料非常有趣。她不断地提醒自己，她是严格按照登记员的工作要求来阅读这些文件。

一天结束后，她清空了大部分的箱子，但这离将所有材料按照适当的顺序安排妥当还有一定的距离。或许她花了太多的时间来阅读，但在她看来，知道文件是谁写的或引用了什么书籍、信件、报纸、日记是非常必要的。还有很多工作要做，而且另一批借用藏品将在第二天下午抵达博物馆。当这批借用藏品到馆时，她必须检查每一份材料，并完成相应的记录工作。很显然，这些借用藏品的登记工作必须马上完成，这让她非常失望。虽然文件中的大部分信息已有50年左右的历史，但她

实践中的博物馆伦理

认为读到的内容非常有趣，因为它们对该城市的政治生态做了非常详细的描述。

当该登记员结束一天的工作准备离开时，她在接收室里迟迟不愿离开，并再次开始查看整理好的档案文件。在工作台的尽头有一个装满的箱子，里面有分类账、预约本和个人日记。她拿起这位政治家的一本日记，打开后发现是其对1961年日常生活的个人描述。这些信息非常吸引人，尽管她已经穿上外套并准备离开，但她还是拉过来一把椅子坐下，并继续阅读起来。

很快，一个小时过去了。她意识到时间已经很晚了，而且她还约了朋友一起吃晚饭。也就是说，她必须要把日记本放回箱子，并准备离开。就在她伸手去关灯的一瞬间，一个念头出现了：我为什么不能带走这本日记和一两本书呢？很显然，这种做法违反了博物馆的政策，但她需要按时完成这项工作。她意识到，整理如此规模的藏品需要花费很多时间，她可以在晚上阅读这些文件，并最大限度地利用自己的休息时间来完成这项工作。在她看来，这是为博物馆做了一件好事。因为下班后的时间完全属于她自己，而博物馆正在免费利用这段时间。抱着这些想法，她把箱子里的日记本和另外两本书放进自己的超大提包里，关掉灯，离开了博物馆。

(31)

她知道安保人员可能会询问提包里的东西，但她认为即使他们看到了也不会多想，毕竟就是三本普通的书，他们有可能会认为这三本书是她从家里带来的。此外，她向来以规范的实践而闻名，因此，没有人会质疑她的诚实。况且，她第二天就会归还这些书。

在和朋友吃完一顿愉快的晚餐后，这位登记员开始研究带回来的书籍。午夜时分，她已经读完两本，正准备读第三本，这时候电话响了。考虑到时间太晚的因素，她认为这一定是紧急情况，于是就接了电话。对方介绍自己是一家当地报纸的记者，并问她是不是博物馆的登记员，以及是否知道这位政治家所提供的文件。她坦诚自己确实是博物馆工作人员，但也表达了自己的立场，即不能随便谈论捐赠给博物馆的材料。那位记者并没有善罢甘休，并承认自己对这些文件感兴趣，最后还发话，只要能够阅读几个小时就愿意为此支付一大笔钱。

对此，这位登记员解释道，她无权让外人接触博物馆的任何收藏，而且在文件

第二章 伦理观点

得到妥善处理之前,任何人都不得借阅。那位记者表示理解,但依然希望现在或至少未来 24 小时内能看到这些文件。他继续说,如果能够有两个小时的时间来阅读这些文件,那么报社愿意支付 5 000 美元。登记员说,无论多少钱,她都无法接触到这些文件。她坚持自己对博物馆负有责任。

那位记者并没有气馁,并希望登记员重新考虑她的立场。他表示会联系报社,从老板那里拿到 10 000 美元作为阅读这些文件的报酬,并承诺在一小时后再打电话。很显然,这给了她充足的时间去考虑那位记者的提议:只要让他看一些文件,她就能获得一大笔钱;他会做笔记,但什么都不会拿走;他将支付现金,没人会知道这笔交易。

很显然,10 000 美元打动了这位登记员。她心中盘算着这笔钱的用处,要支付的账单、汽车修理费用、能够买的新东西。另外,她也想知道这些文件为何如此重要,为何报社愿意花这么多钱来阅读一些陈旧的资料。在她看来,已经读过的两本书里并没有什么重要的东西,这些资料对于报社来说有何价值和意义呢?或许她应该接受这个交易,收钱并让他们去看文件。到最后他们会发现花了冤枉钱,因为文件里并没有多少有价值的内容。

也许那位记者愿意花钱读她带回家的三本书。如果他能够出价 5 000 美元,那么这个交易就是可能的。毕竟,没人知道她将书带回家了。还有另外一种可能,如果知道他们在寻找什么,她可以去阅读文件,并复印包含他们想要信息的文件。在这种情况下,5 000 美元还是 10 000 美元的交易金额取决于对方需要的页数。(32)

快凌晨 1 点了,那位记者随时可能打来电话。她要如何回复他?她真的很想要这笔钱。她该怎么办?

相关思考

本案例所涉及的伦理议题是什么?

是否存在与专业伦理相一致或冲突的道德(社会伦理)议题?

本案例涉及怎样的利益冲突?

实践中的博物馆伦理

本案例与诚实和信任的观念有何关系？

互惠的概念是本案例中的一个因素吗？

登记员是否考虑过个人使用藏品的问题？

本案例的这种情形仅关乎个人诚信，还是有更广泛的影响？

既然登记员已经违反了博物馆政策，那么她再让记者阅读这些捐赠文件有何危害？

这种情形让登记员陷入了两难境地，她仅跟随个人意愿行事就可以吗？

登记员是否可以将金钱交易视为与博物馆工作无关的个人事务？

案例评论

许多利益冲突都可以被合理化为无害的。一个友好的姿态、信息的分享、谈论在博物发生的事情、提及一个重要的捐赠……这些做法可能在当时无关紧要，但有可能会危及博物馆和重要的捐赠者。因此，机构应该在保管藏品及其相关信息上出台政策，强化工作人员的责任意识。毕竟，信任是社会伦理和专业伦理的重要组成部分。

"博物馆藏品反映了来源社区的文化和自然遗产。因此，它们具有某种超越普通财产的特性，其中就包括与国家、区域、地方、种族、宗教或政治身份之间强烈的相关性。据此，博物馆政策必须对这种情形有所回应。"[1]

"当使用来自当代社区的藏品时，博物馆需要尊重人类的尊严、来源社区的传统和文化。当使用当代社区藏品时，博物馆应当尊重人类尊严、藏品承载的传统和文化。通过倡导多元社会、多元文化和多元语言的表达，博物馆利用藏品来促进人类福祉、社会发展、容忍和尊重。"[2]

"个人与博物馆之间发生利益冲突时，博物馆的利益是优先考虑的。"[3]

[1] ICOM Code of Ethics for Museums, Principle 6, p.9.
[2] ICOM Code of Ethics for Museums, Principle 6, section 6.7, p.10.
[3] ICOM Code of Ethics for Museums, Principle 8, section 8.18, p.13.

第三章
伦理与社会责任

或许由于媒体和立法者开始指控专业人士的不当行为,"人们对职业道德和社会责任感的关注比过去更加强烈和广泛"。[1] 尽管如此,我们依旧可以将当前时代称为"文化(遗产)无知的时代"[age of cultural (heritage) illiteracy],因为很少有人能够真正欣赏滋养其发展的遗产。人类的传统、东西方的传统通常被当代社会认为是无关紧要的。当道德(伦理)思维和道德(伦理)理论感受到社会阻力时,道德价值和自我分析的实现有可能会受到限制。意识到这种道德哲学衰落趋势的人们通常会将这种无知状况视为"道德底线主义"(moral minimalism),[2] 即以尽可能少的努力来履行道德或伦理义务。伦理研究能够让一个人的思维和行动变得更加明确、清晰和一致,这不仅有助于超越当前普遍存在的冷漠,而且还会丰富一个人的个人和职业生涯。[3]

伦理理论的各种方法——相对主义、主观主义、底线主义、利己主义等——看起来令人却步,实际上也的确如此。大多数人都不希望被一系列道德术语和没有特殊兴趣的话题所困扰,为此他们会相对从容地谈论基本的社会规则,并将常识诉诸日常实践。

"……我们所选择的任何伦理理论、行为的对与错,要么取决于行为本身的性

---

[1] Wueste, D. E., ed. Professional Ethics and Social Responsibility (Lanham and London: Rowman & Littlefield Publishers, Inc., 1994), p.vii.
[2] Van Wyk, R. N. Introduction to Ethics (New York: St. Martin's Press, 1990), p.vii.
[3] Beabout, G. R. and D. J. Wennemann. Applied Professional Ethics: A Developmental Approach for Use with Case Studies (Lanham, New York, and London: University Press of America, 1994), p.1.

质，要么取决于行为带来的后果。"[1]伦理学中遇到的最大难题是如何理解抽象的原则，并将其应用于特定情形之中。[2]

通常情况下，伦理也是一个很难理解的命题。人们可能更喜欢以不合乎伦理的方式行事，或者对其他人的行为是否合乎伦理毫不在意。换句话说，他们通常不知道什么是道德，也不知道道德为何重要。人们很可能会将法律、机构制度和管理指令等同于伦理规范，尽管实则不然。在日常生活中，个人会对某些事情感到困惑，但是随着时间推移，这种困惑会演变成为一种规范。实践标准或"最佳实践"是另一个问题，因为一些专业人员将实践标准等同于伦理规范，这进一步加深了误解。简单来说，伦理应该超越一般和普遍之上，即做正确的事情。

作为一个概念，伦理通常会涉及一系列模糊的术语集合，比如个人价值观、对活动施加的限制、一个人的内在存在。在许多关于伦理的书中，"伦理"和"道德"之间可以自由地切换。当混用时，两者共同指向的是性格和行为的理想。

在字典中，伦理是从宗教和世俗两个方面进行定义的。实践伦理学又可分为逻辑学和伦理学。逻辑学的讨论和评估是一个知识过程，旨在探究获取"真理"的正确方法。因此，逻辑学可以被描述为对正确思维或论证的系统研究，这可以应用于决策。波登·鲍恩（Borden Bowne）在《伦理学原则》（*The Principles of Ethics*，1892）中写道："建设性的真理始终取决于问题本身及其使用的论证。"[3]鲍恩相信，人类行动的最终仲裁者必须是"我们实际的精神洞察力"。[4]

以合乎伦理的方式行事对个人（自我）或机构的利益来说显然是一件好事，与此同时，成为一个始终恪守伦理的人则会使专业或社会受益无穷。个人行为只会对其他人产生影响，相较之下，具备伦理思维（精神洞察力）更加重要，其惠及范围

---

[1] Mill, J. S. Utilitarianism (Indianapolis: Hackett Publishing Company Inc., 1979 [1861]), p.vii.
[2] Beabout, G. R. and D. J. Wennemann. Applied Professional Ethics, p.51.
[3] Bowne, B. P. The Principles of Ethics (New York, Cincinnati, and Chicago: American Book Company, 1892), p.11.
[4] Bowne, B. P. The Principles of Ethics (New York, Cincinnati, and Chicago: American Book Company, 1892), p.11.

第三章 伦理与社会责任

更加广泛。因此，合乎伦理对个人来说不是外部强加的，而是生成于其内部。换句话说，伦理行为是自发的而不是深思熟虑的算计。

伦 理 价 值

伦理关乎价值。价值可以分解为不同的目标，每个目标都指向"善"的某些方面。价值可以被描述为对一个活动或事件的主观评价。因此，价值判断被认为是某种认知状态，也就是说，它代表着一种基于知识考虑的决定。认知动机理论作为一个重要概念包括期望-价值理论、归因理论、认知失调、自我知觉和自我实现。追求积极的社会结果是衡量博物馆活力的标准。价值驱动型博物馆（value-driven museum）必须将重心放在博物馆服务的接受者而非提供者身上，而且这种承诺必须在博物馆使命中予以声明。最有说服力的价值衡量标准应该是将伦理整合进博物馆，并将"善"认可为服务社会的整体机构的标准。

一种看待伦理的方式是将其分为"纯粹伦理"（pure ethics）和"混合或应用伦理"（mixed or applied ethics）。纯粹伦理要解决的问题是"主要的善是什么，行动的目的是什么？"，[1]它保留了对伦理的最终目的、行为准则的作用，以及伦理原则在行为结束前是否合乎逻辑和常理的判断。当行为或行动的结果是导向社会利益时，专业伦理会将伦理行动的目标视为积极的。这个过程强调的是意图。

（36）

受到动物行为学（关注人类性格的知识分支）的启发，应用伦理则侧重于个人性格的养成。简单来说，应用伦理指的是由纯粹的伦理推理所定义的伦理概念的具体应用。因此，我们可以说恪守伦理的人同样也是一个有道德的人，因为他或她通过行动达到了某种道德状态。换句话说，一个人可以同时受到个人伦理和专业伦理的启发（这在第二章有关战争藏品的案例中有所体现）。每个人都同时具有个人伦

---

[1] Barratt, A. Physical Ethics or the Science of Action (Bristol: Thoemmes Antiquarian Books Ltd.; reprint of London: Williams and Norgate, 1991[1869]), p.1.

实践中的博物馆伦理

理和专业伦理，但如前所述，只要相关诉求不是违法的或不道德的，那么专业伦理就应当高于个人信念、优先事项和个人偏好。

在博物馆日常工作中，我们经常会遇到合乎或不合乎伦理的事情。通常情况下，人们很容易区分对与错，并在此基础上采取行动。尽管人们有判断对错的能力，但这并不意味着他们必须以合乎伦理的方式行事。如果将认定对与错的情形考虑在内，那么是与非、对与错的复杂性就可想而知了。相较之下，正确的行动或反应往往很容易辨认。知晓其他博物馆工作人员以特定方式回应特定情形的做法，能够为个人行为提供指导。然而，有些人知道何为正确的行为，但通过主观分析却做出错误的决定。这种情况会将思维过程复杂化，并促成不合乎伦理的行为。

为了免遭外部的控制和影响，专业领域必须进行自我规范。专业伦理是相对于某个特定专业而言的，是专业内部任何负责任之人都必须商酌的话题。专业伦理通常与具体解决方案的选择决策和论证判断有关。人们每天都在做决定，这些决定不仅会影响他们的职业生涯，而且有时还会影响其他人的生活，甚至是切身利益。在某些情况下，做决定属于管理事务，其本身并不涉及伦理议题。然而，该决定的结果可能会影响涉及伦理的活动。也就是说，所有决策都存在固有的风险，因此应当谨慎行事。

当没有令人满意的选择时，决策过程很可能会出现伦理困境。这种困境可能会涉及行为决策（不仅是意见），因为决策会影响其他人和决策制定者。解决特定问题时遇到的困难可能与个人意见、社会或熟悉的义务感、信息不足有关。在当代博物馆环境中，伦理决策需以恪守伦理原则为前提。

当然也会存在这种情况，即不得不在没有正确的或完美答案的情况下做出决定。在某些情况下，博物馆工作人员不得不寻求相对来说没有那么糟糕的解决方案。譬如，一件博物馆里的重要陶器被重新组装后，缺失的部分被填充、着色，以使其外观看起来像一个完整的容器。目前，这种做法不再被认为是可接受的或合乎伦理的。虽然该陶器对即将到来的展览故事情节非常重要，但是人类学研究员认为这样展出不仅是不合乎伦理的，而且是不诚实的。这位研究员想要的是处于发现状

(37)

态的容器,在她看来,填充和着色是不可逆的,这是一种不正确、不合乎伦理的做法。[1]研究员也不愿意在容器旁边设置说明其状况的标签,这可能会让观众们以为是她准许了陶器的修复工作。最后,博物馆决定放置一块信息板,上面显示该陶器发现时的样子,标明了填充的部分,并描述了与填充有关的当前实践。尽管研究员对此非常不满,但是却不得不接受,因为这是将负面影响控制到最小的做法。[2]

决策评价的本质存在于认可个人思想的伦理中,指导个人行为的规范被他或她认为在知识上是可以接受的。由系统化过程所决定的评价旨在创造一种基于既有伦理原则的积极结果,这种情况只有在单一的自我意识中才有可能实现。个人应该接受这样一种观念,即维护专业的伦理标准是值得称赞的,放弃这些标准则会受到谴责。这种态度反映了专业领域内各成员之间相互依赖的关系,共同的利益为专业运作的通用准则提供了基础。

如同其他伦理概念,博物馆伦理的性质取决于正确和错误的行为理想之间的区别。博物馆应当将重点放在原则还是结果上?换句话说,态度还是应用哪个更为重要?这种考虑涉及义务论伦理学(deontological ethics)和目的论伦理学(teleological ethics)之争。博物馆工作人员在决策中的无效做法与不合乎伦理的决策已经危及博物馆。对伦理实践缺乏真诚与敏感会在博物馆正式员工和志愿者中生成了一种普遍的不确定性(不稳定性)。

价值是伦理理想的基础(见图3-1)。[3]伦理准则是专业决策过程中的主要因素,因为其被定义人际关系的重要原则的核心价值所强化。这些核心价值有助于分析和确定最合适的决策选择。其中,相似与对比的概念为伦理应用提供了范例标准。类似的情形可以用类似的方式予以处理的理论,为地方和国际层面的伦理参考提供了依据。相反,不同情形的问题则可能无法依靠某个反应或方案来解决。

价值可以被描述为基于某种需要或状况而渴望或期望得到的东西。价值是人与

---

[1] ICOM Code of Ethics for Museums, Principle 2, section 2.24, p.6.
[2] ICOM Code of Ethics for Museums, Principle 4, sections 4.1 and 4.2, p.8.
[3] Edson, G., ed. Museum Ethics (London and New York: Routledge, 1997), p.109.

实践中的博物馆伦理

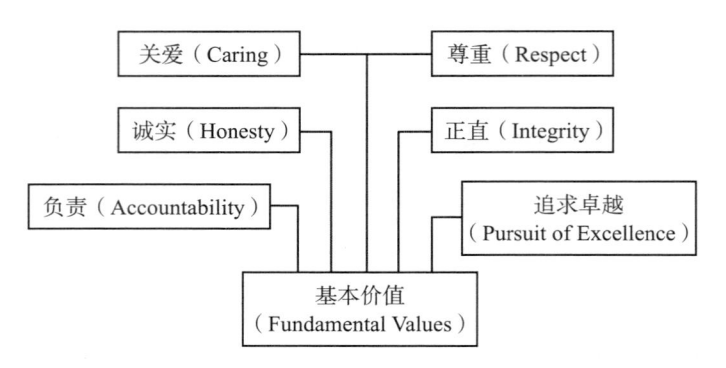

```
关爱（Caring）      尊重（Respect）
诚实（Honesty）     正直（Integrity）
负责（Accountability）  追求卓越（Pursuit of Excellence）
            基本价值
       （Fundamental Values）
```

图 3-1　基本价值是伦理理想的基础。价值关系到正确的行为和对正确理想的追求。人们经常用个人所具备的价值来评判其是"好人"还是"坏人"。价值与作为哲学考量的伦理议题尤为相关。

情境互动的结果，这是一种确定何为真理的尝试。

伦理价值包括善行、真理和尊重的概念。当涉及决策时，通常要根据价值来做决定，即考虑哪种选择能够带来更大的善和好。一个决定可能会因为不同的原因而被认定是正确的："因为它已经被经验证明过或得到了充分支持，或者因为它是最佳解释或折射了最简单、最保守的材料归纳。"[1] 在这种思维中，真实和虚假的观念不仅限于言语，而且必须延伸到行动中来。

与正确行为有关的价值是角色责任（角色伦理）的一部分，并在所做的决策中有所体现。决策涉及在不同价值之间做选择。价值导向的决策通常与具体的情形有关。比如，一个好的博物馆价值决策指的是通过重要的展览、准备充分和有促进作用的项目、干净和安全的环境来服务观众。相比之下，一个"糟糕"的决策会冒犯一部分博物馆观众，比如使用有偏见的术语来描述当地居民。价值的好坏很容易辨别，这在现实决策过程中也是一件很简单的事情。

价值的概念与伦理密切相关。博物馆工作人员面临的挑战与那些不容易辨识对与错的价值有关。日常决策通常都是在看似不错的价值之间做选择，这种情况需要

---

[1] Ellis, B. D. Truth and Objectivity (Cambridge and Oxford: Basil Blackwell, Inc., 1990), p.11.

对伦理原则和实践有所了解。鉴于工具价值和本质价值之别，决策变得更加复杂。工具价值的决策仅对结果的好坏感兴趣，也就是说，该决策往往旨在追求一个好的结果。本质价值的决策则关注好的或可取的行动本身。[1] 很显然，博物馆中的大多数决定都带有工具价值的色彩。比如，展厅的颜色很可能会增加观众的愉悦感。在这里，颜色本身不是价值，但是却可以产生愉悦的效果。

伦 理 行 为

当出于正确的意愿而行事时，无论有何不足之处，我们都倾向于认为该行为在道德或伦理上是正确的。当出于其他动机而行事且在道德上存在缺陷时，那么该行为很可能在道德或伦理上是错误的。[2]

伦理议题会随着博物馆功能的变化而变化，当代博物馆界的状况和价值否弃了孤立主义的可能性。跨文化交流、跨国贸易和无处不在的通信网络需要相互依赖和彼此支持的价值。博物馆专业领域出台的伦理准则为来自不同地区、说不同语言或拥有不同传统的博物馆从业者概述了应该履行的职责。博物馆伦理也向公众阐明了其心目中所期待的博物馆实践究竟是什么。伦理准则的原则折射了博物馆专业人员为追求最大的善和好而决定和开展的具体实践。

那个嘴上说着"只要给我一个伦理准则，我就会照例遵守"的人其实不是认真的。这个人只是想要一个权威声音来告诉他或她如何组织和规范自己混乱无序的行为。如果没有理解且无法承诺遵守伦理准则，那么所谓的"遵守"不过是简单地模仿或复制，而不是真心去做。这种理解博物馆伦理的方法最终会在个人想法和制定

（39）

---

[1] Pojman, L. P. Ethics: Discovering Right from Wrong (Belmont, CA: Wadsworth Publishing Company, 1990), pp.57-58.
[2] Bowne, B. P. The Principles of Ethics, pp.32-33.

准则的权威之间引发冲突。如果一个人仅是因为被告知如此或简单地认为这是正确的做法而遵循某个准则，那么这通常会导致内部的与外部的冲突。任何权威声音都不能规定对与错的概念——是否合乎伦理，也无法期望指导性的原则在实践工作中落到实处。

伦理关乎如何成为一个诚实且负责任的人。世间不存在任何规则或法规能够让人们合乎伦理或正确地思考。作为一种伦理态度，伦理正确性（ethical correctness）是每个人的责任。专业的伦理准则既是对专业人员的提醒，也是规范专业行为的指南，需要指出的是，个体必须确保伦理准则落到实处。任何伦理准则都无法规定"你必须这样做"，伦理的核心是个体及其与他人和专业领域的伦理关系。当对责任的现实了然于胸时，伦理实践的概念就简单了。每个人都应对个体所在的专业环境负责，其他的任何人或事都无法为其代劳。

人们可以被迫在短时间内遵守一套规则，但是这种遵守通常被认为是有局限性的，或者说没有完全认可规则。例如，如果伦理活动是一种强加的实践，那么以一种与该伦理相反的方式行事就可以被视为规避或无视指令。当强制性诱导发生时，遵守伦理实践就会变得毫无意义，因此，这不会对个体或活动产生直接影响。

一种正面的伦理态度、一种合乎伦理的思维方式均不是从强制、说服或惩罚中生成出来的。理智地认可一种伦理意识形态远不如理解日常实践中实际发生的事情来的重要。以合乎伦理的方式思考不应当是某个时刻或某些情况下的选择，而应当是个体得以存在的重要组成部分。因此，人们必须学会清醒地认识其作为人类的完整性。

伦理不仅仅是一个知识概念，因为智力只在个人存在感中占据很小一部分。作为评估应该做什么的系统过程，伦理是以正确行事原则的方式加以确定的。几个世纪以来，积极的伦理行动一直保持不变。

（40）伦理原则可以被重申或重新定义，它们也可能会有不同的用途。预期结果可能更具包容性或更为具体化，但是伦理的基本理想始终保持不变。从所处的环境和状况上来说，当代博物馆的局面与前几代博物馆专业人员所面临的状况并无二

第三章 伦理与社会责任

致,然而,博物馆的应对策略是截然不同的。当代博物馆考虑得更加仔细、动机更加专业。

对既定伦理作出持续回应的国际公认的案例包括旨在重申武装冲突下保护文化财产的普遍性的《海牙公约第二议定书》(*Hague Convention second protocol*, 1999)和国际统一私法协会的《关于被盗或非法出口文物的公约》(*UNIDROIT Convention on Stolen or Illegally Exported Cultural Objects*, 1995)。这些普适性公约激活了基于既定原则的伦理关切,改变了人们对不合乎伦理的实践的态度。

人类的各级意识都必须参与到伦理概念中,唯有如此,方能确保无保留的回应。因此,仅知对错是不够的,正确的行动必须由诚实的思考和认真的执行来保驾护航。不诚实的人同样可以明辨是非,但是他们可能继续选择以不诚实的方式行事,与此同时,诚实的人也有可能故意地以不诚实的方式行事。因此,这不是一件是否"知道"的事情,而是关乎如何将"知道"诉诸实践,这是一门识别个人是否合乎伦理的学问。思想、感受和行动的动机应该是真实且合乎伦理的。这种做法对于身份错综复杂的博物馆工作人员来说尤其重要,他们既是博物馆工作人员,也是家庭成员、朋友、亲属和消费者。每个人都有多重的身份,每个身份都与心灵的某个部分相对应,并共同塑造其与特定生活方式之间的关系。

将专业伦理的概念视为一个包容性的过程,意味着在个体最完整的状态内考虑伦理的所有方面。因此,博物馆伦理不是要把博物馆视为一个具有局限性或孤立性的要素,相反,博物馆伦理应当被视为对个人活动和专业活动的完全回应。

焦点思考(或专注思维)(focused thinking)是保持伦理的必要组成部分。思想创造记忆,与正确或合乎伦理的行为有关的记忆会导致不断地重复,这会形成某种行为模式。在伦理过程中,重复的概念还被认为是一个潜在的陷阱。当工作变得机械化(人们不假思索地工作)时,重复有可能是错误的。在现实世界,几乎没有哪两种情境是相同的,也很少有人会对此做出同样的反应。当重复激活思考过程时,伦理的应用就不再是基于对过去情境的记忆,而是与当前问题发生了关联。记忆是对历史的回溯。虽然历史有助于定义现在、预测未来,但是它也有可能局限个体以创造性或周全的方式回应特定情境的能力。

　　当伦理态度演变成为完全的承诺时，伦理准则就成了一种参考指南。完整的伦理态度旨在为人灌输清晰的目的和行动。如果伦理是一个回顾过去、向后看的过程，那么思维发挥的作用将非常有限。当思维不受记忆或历史的限制和束缚时，它就获得了拓展与创造的空间。当出现挑战或冲突时，人们通常会通过历史或记忆来寻找答案。"上次是如何处理的？"记忆是相对舒适的，它通过夸大成功和贬低失败的方式来修正现实。记忆可能不会成为不该做什么的教训，但是却有可能错误地成为未来行动的榜样。

伦 理 义 务

　　哲学书籍通常会描述两种伦理体系。第一种伦理体系将重点（基本逻辑）放在行为或行为类型上；第二种伦理体系则将价值核心聚焦在行为的结果或后果上。与前者有关的理论在希腊语中被称为"义务论"（deontological），其意思是"职责"；与后者有关的理论在希腊语中被称为"目的论"（teleological），其意思是"目的"或"结果"。[1] 至少从18世纪开始，义务论和目的论的分殊就一直是哲学家们讨论的核心议题。

　　义务论伦理学认为，我们可以根据行为本身的性质来判断其在伦理上是否正确，这不关乎行为结果的好坏。伦理学的义务论视野将责任置于首位，并不断弱化或减少结果所占的比重。义务论理论通常被认为是形式主义的，因为其核心价值在于保持行动符合既定原则。

　　意图或动机是伦理行动的重要组成部分。对于那些竭力追求博物馆专业化且富有义务感的工作人员来说，意图或动机尤为重要。"……意图必须以尊重人的原则

---

[1] Pojman, L. P. Ethics: Discovering Right and Wrong, p.73.

来予以衡量。只要意图符合该原则，那么它就是一个好的意图。"[1]因此，行为或行动应该始于正确的实践原则，并在知识的指导下达成最理想的结果。

与义务论的意图路径相反，目的论理论认为伦理实践的基本标准源于结果，即行动所产生的价值。在该理论中，行为的结果而非意图决定了行为的价值或伦理意义。基于此，目的论伦理学有时被称为"结果主义"（consequentialism），因为它关注的是结果而不是意图。

义务论伦理学和目的论伦理学之间的差异似乎没有我们想象的那么大，两种路径及其相关研究均会对博物馆实践产生重大影响。伦理评估通常都是在出现困境或发生具有挑战性的状况之后才进行，其目的在于寻求一个伦理解释来证明或驳斥某个决定。换句话说，伦理评估会在决策之前开展。本章节案例中的博物馆馆长可以根据目的论的假设——举办的展览是否对博物馆和来源社区有益——来决定是否接受所提供的资金支持。关于行为正确与否的伦理决策可以参考可能被视为行为正确性的结果来进行判断。然而，如果博物馆馆长从义务论视野来理解伦理问题，并优先考虑其专业职责的话，那么，决策通常是基于行为的意图而非结果做出的。很显然，这两种动机有着本质的区别。

伦理议题是由形式定义的。举例来说，某个博物馆正在策划一个特别的活动来庆祝其百年历史。博物馆工作人员正在筹备一个展览作为该活动的一部分，旨在展示该馆杰出的风景画收藏。不幸的是，由于经济的突然衰退，此次展览的资金遇到了问题。为此，馆长联系了博物馆的捐赠者，但是却没人愿意资助展览。随着庆典活动的临近，一家当地的画廊老板联系馆长，并表示可以资助展览。该画廊老板精通风景画，而且她的画廊里也有几件待出售的作品。只要博物馆在所有与展览相关的材料上醒目地写上画廊的名字，画廊老板就承诺资助展览和附带的展览图录。在这种情况下，馆长应该基于意图还是结果做出决定？举办展览（结果）和通过限制营利性机构的参与来保证博物馆的正直品行（意图）孰轻孰重？伦理上的异同显而

（42）

---

[1] Beabout, G. R. and D. J. Wennemann. Applied Professional Ethics, p.68.

实践中的博物馆伦理

易见。

　　仔细考虑某个伦理准则——即对其给予完全的关注——既可以是好事，也可以是坏事。思考需要记忆，因为伦理最容易通过案例研究来进行描述。作为世界各地博物馆最常用的准则，《国际博物馆协会博物馆伦理准则》以一种非常积极的写作风格回应了当前的趋势，同时也参考了过去的经验。该准则因其对来自博物馆领域的诸多问题作出的回应和评论而具有非常明确的历史视角。无论远近，过去的问题均可以成为现在关切的模板。这种方法辨认出了对当代需求有积极或消极参考价值的情形。铭记过去是有益的，但是过度依赖历史经验可能会导致适得其反的效果。

　　缺乏足够的伦理理论是一个问题，这在伦理准则的管理工作中暴露无遗。如何选择指导人类行为的原则、标准或伦理关涉着正确性的终极意义，即做正确的事情。如果无法清晰地理解伦理的理论和专业的本质属性，那么不断变化的局势将左右准则的制定。换句话说，"对流行标准不加批判的接受很容易导致一种危险的相对主义"。[1]

伦 理 概 念

　　对于博物馆来说，伦理的相对主义是有问题的。例如《国际博物馆协会博物馆伦理准则》规定："博物馆从业者、管理者及其家人、密友等人都不得侵占博物馆的收藏，即使是暂时使用也不允许。"[2]这句话似乎说得非常清楚，而且具有普遍适用的性质。然而，博物馆董事会的主席可能会要求使用博物馆藏品来"装饰"在家中举办的筹款活动，并将其视为支持博物馆的举措。该主席对上述伦理声明的阐释是情境性的，而且缺乏专业逻辑或理由的支持。

---

[1] Patterson, C. H. Moral Standards: An Introduction to Ethics (New York: The Ronald Press Company, 1949), p.400.
[2] ICOM Code of Ethics for Museums, Principle 2, section 2.26, p.6.

第三章　伦理与社会责任

伦理的相对主义促成了这样一种观念，即正确或错误（对或错）不是绝对的，而是相对的，这取决于关涉其中的个体、机缘或情境。在当代社会，这种态度被称为"情境伦理"。然而，与大多数情境伦理决策相关的问题几乎都不是情境性的或伦理性的。通常情况下，这些问题是相当主观的，有时是肤浅且自私的（取决于个体、机缘和情境）。情境伦理的决策主要生成于对特定条件的评估，这免不了受到个人偏好或主观主义的影响。这种思维方式在心理学上被称为利己主义，具有典型的自私自利的特征。因循这种思维方式而行事的人通常倾向于将其态度描述为"现实的"或"务实的"。

情境伦理的动机之一可能是担心或困惑。具体而言，担心指的是个人或机构无法达成预期目标，并意识到如果不及时调整伦理立场，那么活动将不会产生预期的效果；困惑指的是不清楚何为正确的前进道路。因此，一种贪婪的社会化形式渗透到情境伦理中，这是操纵伦理思维的强有力的动机来源。此种态度与创造性思维的观念背道而驰，在伦理学领域，创造性旨在创造有价值的新事物。

当代社会往往会忽视创造过程中的价值部分。如果价值被视为一个重要且持久的信念或理想，而且专业领域的成员可以据此判断什么是好的或可取的，那么在情境伦理中所发生的操纵就不能被视为一种创造性的回应。情境性解决方案旨在让参与其中的个体或机构受益，而伦理则关乎更大的善行而非个人的利益。

菲利普·惠赖特（Philip Wheelwright）在半个世纪之前的一份声明中提到了情境伦理："困境是不可避免的。要么按照最初的设想坚定地走下去，要么通过诉诸原则来指导我们的行动方向。"[1]

情境伦理在直接相关的环境之外往往是不合逻辑的。换句话说，只有在特定情境中，情境伦理才是符合逻辑、合乎常规的。伦理决策或判断的依据是某个观点是否可以根据因果关系进行逻辑分析。合乎逻辑的观点涉及行为是否有据可循，也就是说，该行为必须与其所关涉的现实相契合。如果某个观点或实践无法对处理类似

---

[1] Wheelwright, P. A Critical Introduction to Ethics, 3rd ed. (New York: The Odyssey Press, Inc., 1959), p.91.

实践中的博物馆伦理

情境的其他行动进行检验，那么就意味着它脱离了现实，也缺乏伦理根基。另一方面，无论是精神上还是物质上，当行为和结果与公认的实践领域相一致时，伦理就不再是情境性的。

伦 理 行 动

(44)　　将伦理视为社会和专业概念的想法由来已久。伦理或伦理思维的价值有着悠久的历史，并一直延续至今（详见第二章）。成文的伦理准则会不时进行修订，因为人们试图在不断变化的当代环境中重述、阐释与应用这些伦理理想。这并不是说伦理会发生变化，而是说伦理的应用需要具体分析，有时还需要进行重新阐释。换句话说，发生变化的可能仅是伦理的应用或阐释，伦理原则始终保持不变。从社会和专业态度来看，伦理一直努力摆脱陈旧的思维模式，并试图从不同的视角予以考虑。然而，不安全感却往往会阻碍这一进程。不安全感或困惑并非来自伦理观念，而是缺乏知识的伦理实践所固有的。

　　与伦理有关的模糊性从根本上来说是一个知识问题。以错误的方式行事会危及专业或机构的诚信品质，这不免令人担忧。此时，伦理的价值就显现出来了。多年来，伦理议题引发的疑虑继续存在，在某些地方，伦理仍然处于边缘位置。近年来对伦理的关注呈现出明显增长的趋势。随着伦理研究的深入，过去的态度和不可接受的实践被逐渐搁置，与此同时却生成了一种不确定感。承认伦理和伦理思维的重要性是实现伦理理想的第一步。

　　每种情境都可能需要基于个人和专业考虑而做出具体回应，但是伦理原则还应该是首要考虑的重点。通常情况下，伦理倡导采取积极而正确的行动，并努力满足特定的情境需求。但是在某些情况下，专业人员认为，做到极致对未来研究来说未必是件好事。比如，在发掘遗址时，考古学家会主张只发掘一部分，其余部分留待技术进步后再发掘，这样可以最大限度地从未受干扰的出土物中获取重要的信息。

"开展田野收藏的博物馆应制定符合学术标准与国家和国际法律和条约义务的政策。只有尊重和考虑当地社区的意见、环境资源和文化习俗、弘扬文化和自然遗产的愿望,方能开展田野工作。"[1]

伦理正当性

理性思维(rational thinking)描述了这样一个过程,即首先确定解决具体问题的可用方案,其次从中选择与既定专业实践最契合的行动。通常情况下,解决问题的理性方法表明了某种可预测性。然而,从伦理角度来看,理性也意味着责任导向的、可评估的和一致的行为。博物馆伦理可以促进博物馆工作人员的理性思维,该思维建立在对原则进行充分理解的基础之上。对于所有决策来说,理性思维是必不可少的。很明显,理性思维和直觉思维(intuitive thinking)截然不同,当理性知识与公认的专业原则相契合时,理性思维就可以大胆地利用先验知识。

除非故意或智力失常,所有人都能够理解对与错、是与非之间的区别,因此,根据理性思维所做出的恰当决策都维持在一个基本的常识层面上。从理性层面来说,某个行为是正确的,但是在做的过程中却犯了错误,如此一来,矛盾就出现了。实践推理虽然是建立在个人偏好基础之上,但是也具有目标导向和可评估性。因此,推理是可以演绎的,因为理性的个体会充分考虑不同的观点。

实践理性秉持的基本观念是,熟稔博物馆伦理的人将会在做决定前考虑所有选择。由此产生的决定会通盘考虑所有潜在的选择,其中就包括那些在伦理上、法律上或实践上被视为错误的选择。理解这些错误实践的消极结果并不是无用的,其通常会强化理性决定的积极结果。熟稔博物馆伦理的人会根据情境细节、制度政策或伦理原则来做出决策。在现实情境中做决定必须要关注正确的意图,尽量减少间接

---

[1] ICOM Code of Ethics for Museums, Principle 3, section 3.3, p.7.

实践中的博物馆伦理

的或不相关的选择的影响。

推理能力和伦理思维欠佳的博物馆工作人员需要接受专业伦理的指导。伦理原则不是基于一件事情、一个行动而出现的，相反，它们是由各种各样的行为或行动驱动的，旨在实现至善或真理的理想。博物馆工作人员应该始终牢记，作为建筑物的博物馆（museums as buildings）没有所谓的伦理意识，也没有对错的感觉，因为物件无法以有无原则的方式做出回应。人是伦理实践的来源，他们的行动直接指向其他人。比如，保护遗产是造福人类的事情，保护行为是一种工具价值，因为它为人类而非物件提供了积极的服务。博物馆专业人员通过履行保存、阐释和促进自然和文化遗产的伦理责任（义务）来造福人类。[1]

我们不能简单地认为博物馆领域内的所有正确行动都是由伦理决定的，很显然，这种想法是有问题的。并不是说每个问题都需要一个伦理基础，除了伦理原则外，正确的决策还受到许多其他因素的影响。许多活动不仅会受到博物馆政策和程序的影响，而且还会受到社会习俗的约束。正确的伦理思维应该过滤掉那些不一致的矛盾，从而作出正确的决策。

从社会学角度来看，作为响应社会需求的机构，博物馆拥有一系列符合公众期望的职能。每个博物馆都有一个或多个目的，旨在实现在博物馆的使命和议程范围内进行互动的人们所共享的某种或多种价值。社会假设作为机构的博物馆在履行其确定的职能方面是值得信赖的。制定成文的伦理准则是创建和维持伦理机构过程的必要环节，只有这样，机构发展才能符合社会理想。然而，伦理准则仅是必要元素的一部分，一个合乎伦理的博物馆必须拥有一套能够被纳入机构使命中的核心价值。

虽然博物馆是保存与保护遗产的主要机构，但是当涉及博物馆如何履行职责、谁的遗产应当被保存以及如何保存等问题时，疑虑就出现了。在这种情况下，博物馆必须重申其作为诚实、客观和负责任的倡导者的伦理角色。作为人类有形和无形

---

[1] ICOM Code of Ethics for Museums, Principle 1, p.1.

遗产的守护者，博物馆不仅要管理好物件与遗址，而且还要妥善处理好相关的思想和人。使用伦理术语和行动来确定这些责任是一个合乎伦理的博物馆的重要指标。

延伸思考

为什么要把对同事的忠诚视为一项伦理原则？

伦理和法律一样吗？如果不一样，那么它们有何区别？

为什么说伦理理论对理解伦理很重要？

伦理是一种"常识"吗？如果不是的话，那么它是什么？

博物馆伦理如何解决诸如偏见和个人成见等议题？

可供讨论的博物馆案例3：出售藏品

博物馆隶属于不同的管理部门，博物馆处理其与不同管理部门之间关系的方式各不相同。作为管理部门，国家和地方政府机构往往更加重视公共服务的理念。在承认与尊重博物馆作为社会服务机构的特殊性质的基础上，管理部门通常会监督博物馆的预算并为其发展出谋划策。这种态度与其说是控制的或专有的，不如说是开放的或达观的。

负责企业型和学术型博物馆的管理部门在实际运作上更加灵活，尤其是在筹措资金方面。在此过程中，政治议程可能并不明显，但是却充斥着一种基于所有权的控制态度。管理部门可能会要求企业型和学术型博物馆评估其藏品的价值，即为藏品估价。对于那些财务基础参差不齐的博物馆董事会来说，将藏品资本化的做法成为极具吸引力的资金来源。

近日，一所大学的董事会正试图处理因校园突发问题而引发的若干资金问题。几栋建筑物在一场严重的暴风雨中受损，据估算，维修费用超出了目前可用的资金。维修工作刻不容缓：宿舍无法居住，教室无法使用，电力系统处于半瘫痪状

实践中的博物馆伦理

态。董事会讨论了在本年度剩余时间内暂时关闭大学的可能性，但是由此而导致的声誉受损、学生的学分损失和注册费的偿还将对大学的未来产生负面影响。

为此，董事会曾考虑通过借钱的方式来度过这场危机，但是大学的政策不允许这么做。虽然政策可能会做出让步，但是相关的申请程序非常复杂，可能需要几周或几个月的时间。如果董事会私自绕开大学的政策而行事，那么该大学会失去其赖以生存的国家资助。

(47) 就在骑虎难下的关头，一位董事会成员提议可以通过出售该大学艺术博物馆的画作来暂时应对此次经济危机。在他看来，博物馆收藏了大量珍贵的、价值不菲的画作。他查阅了与博物馆藏品出售相关的政策，只要出售所得以"有益于藏品"的方式被使用，那么出售就是符合政策的。他提议，博物馆应该迅速出售五幅或六幅画作，出售所得的一部分用于维修博物馆，其他的部分则可以用来维修其他建筑物。由于暴风雨对博物馆造成的破坏非常轻微，因此维修费用相对来说也不高，但是却足以证明他们遵守了博物馆藏品出售的政策。

董事会同意尽快出售六幅画作的提议，出售所得的资金用于维修博物馆和大学管理部门所负责的其他建筑物。

在大学联系了一家拍卖行并与之达成出售协议之后，博物馆馆长才被告知董事会的上述决定。董事会要求博物馆馆长向拍卖行展示最具代表性的画作，这样才能决定哪些作品能够卖出更高的价格。

对此，博物馆馆长非常不满。她认为，出售博物馆藏品是不合乎伦理的，甚至有可能是非法的。博物馆的支持者捐赠了这些画作，因此，大学有责任保护与保存它们。她提醒校长，大学对博物馆及其藏品负有伦理责任。她坚定地认为，出售画作对博物馆来说非常不利，因为这会破坏公众对博物馆的信任。与此同时，这对大学来说可能会更加糟糕，因为这些画作是了解和热爱这所大学的人们的社会和文化遗产的一部分。如果执意行事，人们将不会原谅校长和董事会这种背信弃义的行为。

校长直截了当地回复说，博物馆馆长要么依照吩咐行事，要么选择辞职。校长说，他已经和大学的律师谈过这个问题，目前尚没有法律规范来限制大学出售博物馆藏品。最后，校长命令博物馆馆长返回博物馆，并为接见当天晚些时候到达的拍卖行代表做准备。一旦得到充分宣传，拍卖就立即进行。

校长表示，他非常理解博物馆馆长的感受，但是出售博物馆藏品是董事会的决定，目前来看已经覆水难收。在他看来，这些画作属于大学而不是博物馆，因此，董事会有权决定是否出售它们。最后，校长态度坚定地表示博物馆需要的是一个服从命令的馆长，如果博物馆馆长无法接受这个事实，那么她可以选择辞职。

然而，博物馆馆长并没有辞职，而是选择在博物馆界公开这项出售交易。为此，她在互联网上发布了一个通知，同时还给几位博物馆同事和那些热衷于向博物馆捐赠艺术品的人士打了电话。随后，她联系并将此事告诉了当地的报纸、电视台和广播电台。当拍卖行的代表到达博物馆时，校长和董事会成员纷纷接到了来自新闻记者和相关人士的电话。

相关思考

（48）

该案例所涉及的伦理问题是什么？

这是一个伦理问题，还是一个属于管理部门职责范围内的财务问题？

这更像是一个法律问题而非伦理问题？

谁有权出售博物馆的藏品？

这种情况是否意味着大学博物馆董事会的管理职责存在问题？

博物馆馆长是否应该对大学校长和董事会的行动采取更强硬的立场？

博物馆馆长是否应该因抗议出售博物馆藏品而辞职？为什么？

可以用任何理由除藏和出售博物馆藏品吗？为何？何时？

公众谴责大学校长和董事会符合博物馆的最大利益吗？

博物馆馆长通过社交媒体向博物馆界散播藏品出售计划，这种行为专业吗？合乎伦理吗？是对雇主的背叛吗？

实践中的博物馆伦理

案例评论

在考虑博物馆藏品的除藏与处置时,《国际博物馆协会博物馆伦理准则》中的相关原则非常值得注意。除藏与处置是两件事情,不能混为一谈。除藏指的是从博物馆收藏中合法的移除某件藏品;处置指的是除藏之后的行为或行动,即出售、销毁、交换等。如果在最初获取藏品时存在限制条款,那么要么遵守条款,要么需要和捐赠者协商解决。在除藏与处置过程中,应该尽量避免损害公众对博物馆的信任。

"将一件物品或标本从博物馆收藏中移除,必须在充分地考量其价值、属性(可再生的还是不可再生的)、法律身份以及任何这项行动可能导致的公共信任的损失后才可以着手进行。"[1]

"除藏的决策是由博物馆管理层、博物馆馆长和相关藏品的研究员共同做出的,在除藏过程中,有些工作性藏品(working collections)需要进行特殊的安排。"[2]

"博物馆收藏是以公共信托的方式而持有的,因此不可被视为可变现的资产。从博物馆收藏的物件和标本的除藏和处置中获得的金钱或补充,应只能用于对博物馆收藏有益的方面,通常是用于获取相同类型的藏品。"[3]

可供讨论的博物馆案例4:荒谬的董事会

某博物馆的董事会主席在月度会议上请秘书宣读上次会议的会议纪要。作为例行之事,会议纪要旨在忠实记录会议内容,但是此次纪要却不包括给四位董事增加补偿和提议向银行贷款这两项内容。博物馆向董事们支付的总费用为 65 000 美元,虽然董事们对此意见不一,但是投票结果却支持进行资金拨付。拟议的银行贷款用

---

[1] ICOM Code of Ethics for Museums, Principle 2, section 2.13, pp.4–5.
[2] ICOM Code of Ethics for Museums, Principle 2, section 2.14, p.5.
[3] ICOM Code of Ethics for Museums, Principle 2, section 2.16, p.5.

第三章　伦理与社会责任

于支付博物馆的运营费用、偿还过去的债务。

在通过会议纪要后，董事会主席要求馆长报告博物馆及其藏品的情况。馆长沉默了几秒钟，似乎在等待董事们在脑海中重新回溯博物馆的历史。与会者都知道，自1937年成立以来，该博物馆聘用了多任馆长。每位馆长都带着愿景而来，并为博物馆服务当地社区做出了突出贡献。

该博物馆位于城市主街道的一座对公众开放的建筑中，其对面是一家银行，博物馆的董事会主席正是该银行的行长。博物馆拥有一批重要的藏品，其中包括质量上乘的中国贸易物品、早期欧洲宗教绘画以及17世纪欧洲的珍贵青铜雕像。当地人非常喜欢参观该博物馆，来自全国各地的人们也慕名前来。之前，学校定期组织学生参观博物馆，博物馆还在周四晚上举办研讨会和节目，这些都是社区活动的重要组成部分。

在汇报过程中，博物馆馆长提到，该博物馆自2012年以来就已经关闭了，藏品也随之被放置在库房里。直至现在，大量的藏品还继续存放在箱子里，只有少数物件可以通过预约的方式供公众使用。此外，公立学校的定期参观也取消了，晚间讲座也已经停止。为了缩减开支，大部分博物馆工作人员已经离职。除了馆长之外，博物馆藏品已无人问津。

最后，馆长从夹克里面的口袋里掏出一张纸。他清了清嗓子开始读纸上的内容。这封信来自代表市长的市政律师，信里写道，市长已经对博物馆及其董事会提起了法律诉讼。市长的诉讼主要包括如下内容：

博物馆长时间未向公众开放，这背离了博物馆的预期目的。

博物馆藏品的存储方式可能会对其造成不可挽回的危害。

由于蓄意和鲁莽的管理不善，该博物馆每年有10万到20万美元的财政赤字。

董事会关于通过出售博物馆藏品来消除财政赤字的提议既不合乎伦理，也不妥当。

作为管理人员，四位董事会成员堂而皇之地将补偿增加至6.5万美元，这是不可接受的。

（50）

实践中的博物馆伦理

与当地银行有关联的董事会主席让博物馆卷入与该银行的贷款交易中，这引发了被禁止的利益冲突。

信中还说道：市长不允许出售藏品，并要求对其进行全面地清点和评估。他还要求解聘现在董事会的所有成员，由能够更好地实现博物馆初衷的人取而代之。此外，市长还要求对博物馆的所有资产进行核算，并对董事会成员不当获取的任何资金或其他资产进行处理，董事会成员应以个人名义对博物馆可能遭受的任何经济损失承担责任。

当馆长发言结束并回到座位上时，房间里一片寂静，没有人提出抗议，没有人提供借口，也没有人表示支持。董事会主席站起来双手作势，该姿势既可以被解释为请求允许发言，又可以被理解为呼吁保持沉默。但在此时，两者都显得没有那么必要。接下来，主席开始了他的发言，平静的语气似乎否认了上述的所有指控。他表示，他已经和律师谈过了，完全没必要担心市长或市政律师的诉讼。目前来看，关于博物馆的法律规定含混不清，唯一的要求是"造福最广泛的公众"。不可否认，博物馆对有足够兴趣申请预约的个人开放。上述事实解除了市长的部分威胁。此外，任何人都有权追回在董事会任职期间损失的资金，因此，补偿及其金额都是合理且合法的。最后，只有该银行愿意借钱给博物馆，而且银行贷款的利率与其他银行一样。董事会主席最后总结道，他将和他的律师一起去见市长，并消除这个误会。

两周后，主席召开了一次董事会特别会议。他在会上讲到，他去会见了市长和市政律师，但是会面并不像他预期的那样顺利。市长态度坚定，要求主席和董事会的其他成员立即辞职，否则将可能面临刑事指控。主席坚持认为，所有这一切都是市长的失误。

董事会主席接着说，他向市长解释了博物馆董事会的行为，并认为所做的一切都是合法且可接受的。主席向市长保证，任何人都会认可董事会为拯救博物馆免于彻底毁灭而采取的行动。目前，博物馆藏品是安全的，不会受到观众的伤害，将藏品存放在黑暗中而远离公众进入博物馆所带来的污染是目前最佳的选择。他希望市

第三章　伦理与社会责任

长能够理解并接受他的解释，以避免不利的舆论宣传。

相关思考

（51）

　　董事会的做法合乎伦理吗？为什么？
　　董事会的做法是否符合博物馆及其所服务的公众的最大利益？
　　市长应该对董事会主席说些什么？
　　在市长关于董事会不当行为的指控中，哪些是言之有理的？
　　保护藏品的理由在伦理上是说得过去的吗？为什么？
　　董事会成员是否应该从博物馆的服务工作中受益？
　　董事会成员尽到管理博物馆藏品的义务了吗？如果没有，那么他们应该怎么做呢？
　　博物馆馆长是以一种负责任的方式行事的吗？
　　当银行行长同时也是博物馆董事会成员时，董事会是否应该与银行开展贷款业务？
　　上述情形是否仅是一个做出了不当决定的自由裁量权的问题？

案例评论

　　董事会有责任采取合乎伦理的行动，这一点至关重要。不正确的行动或看似不当的行为正在损害作为个体的董事会成员和作为机构的博物馆的声誉。不当的行为会削弱公众的信任，侵蚀博物馆的基础。通过在董事会中任职，董事会成员承担了博物馆的受托责任（受托责任是指仅为另一方的利益行事）。他们本应该以合理且审慎的方式参与、组织与博物馆及其服务公众的福祉相关的活动。

　　为不合乎伦理的行为编织一个冠冕堂皇的理由是不可接受的，也是不合适的。该博物馆董事会的行为是不合乎伦理的、非法的，是一种蔑视和不尊重专业博物馆实践的行为。

　　"……管理部门和那些关心博物馆战略方向和监管的组织不仅对保护和促进人

类遗产负有主要责任,而且还应当为实现该目的而提供足够的人力、物力和财力资源。"[1]

"管理部门应确保有足够的资金来实施和开展博物馆的活动。所有资金必须以一种专业的方式进行核算。"[2]

"管理部门应确保博物馆及其收藏在所有的合理时间和正常时间段向所有公众开放,对于那些有特殊需求的人,博物馆应该给予特别的关照。"[3]

---

[1] ICOM Code of Ethics for Museums, Principle 1, p.1.
[2] ICOM Code of Ethics for Museums, Principle 1, section 1.9, p.2.
[3] ICOM Code of Ethics for Museums, Principle 1, section 1.4, p.1.

第四章

伦理实践

……我们发现，很多伦理哲学家乐于接受这样一种说法，即"伦理学"关乎人类行为的善恶，并将其视为一个恰当的定义。[1]

伦理学有时被视为行为科学。也许正因为哲学是建立在推测或假设之上，所以，哲学在不同的时代有多种表现形式。哲学建构的推测或假设总是（或在理论上）以经验为基础，并最终应用于经验。[2] 这个学科建构的逻辑同样适用于专业伦理。

近年来，不合乎伦理的事例频频发生，并引发了公众的关注，人们对伦理和伦理实践的关切也随之增加。政治、宗教、教育、社会服务和经济部门都曾因不合乎伦理、甚至是非法的活动而受到审查。"当今世界尤其重视物质发展，甚至不惜以牺牲道德和精神为代价而追求物质进步。"[3]

另一个引发伦理关切的原因是技术。博物馆正在遭遇几年前不曾有过的局面，比如，社交媒体不仅加快了信息共享的速度，而且还开辟了新的信息交流渠道。社会传播和移动技术为伦理实践增加了新的问题和挑战。

技术为博物馆提供了更多的工具，用于记录、维护、展览、筹款、宣传、深入研究、与社区代表和专业人员的互动。技术提供了许多做"好"的方法，同时也为做

---

[1] Moore, G. E. Principia Ethica (Buffalo, NY: Prometheus Books, 1988 [1902]), p.2.
[2] Jevons, F. B. Philosophy: What Is It? (Cambridge: Cambridge University Press, 1914), p.77.
[3] Bennani, A. "Introduction," in: Jérôme Bindé (ed.) The Future of Values: 21st Century Talks, pp.3-4 (Paris: United Nations Educational, Scientific, and Cultural Organization and Benghahn Books, 2004), p.3.

（54）"坏"提供了同样多的方法，使用社交媒体进行交流的便利性即是如此。博物馆领域的一些人声称，互联网的多种使用形式比传统的信息交流形式更为复杂，相应的，与之有关的伦理议题也更为复杂。

社交媒体在质量、频率、可用性和即时性等许多方面都不同于传统的传播方式。互联网与世界各地的新受众建立了一种新的联系。网络环境的通达性和即时性使其既富有吸引力又分散注意力。许多人认为，社交媒体的积极影响远超其可能包含的潜在危害。然而，无论信息或媒介如何，互联网的可及性都不会改变博物馆及其工作人员关于真理、尊重和专业责任的伦理价值。

要想在未来取得成功且在伦理上得到保障，博物馆就必须意识到要改变其与公众互动的方式。虚拟媒体只是促进与广泛公众进行交流的一种方法而已。为了充分发挥技术的积极影响，博物馆必须将自身转变为具有社会意识、在意识形态和技术上连接通畅的实体，以此来促进博物馆、社区、个体之间的对话。这种转变要求博物馆界更加关注伦理问题及其解决方案，对与错的伦理原则虽然是始终存在的，但是技术的狂热却往往掩盖了它们的存在。

在急于完成项目或赶工期的情况下，伦理方面的考虑往往让位于实际问题，有时甚至会被完全忽视。当传统的信任被忽视且被视为不值得继续坚持时，呼吁人们更加关注伦理实践的声音出现了。在这个混乱的世界，伦理是不可或缺的，伦理责任为正常的社会和文化生活奠定了基础。

伦 理 与 法 律

不合乎伦理的行为经常以法律的可接受性为理由来为自己辩护。虽然伦理与法律密切相关，但是法律不足以规范那些在互联网上或博物馆里有意规避正常规则的人。法律和相关惩罚为社会秩序提供了最基本的要求，这创造了一个可以生存的环境。较之于伦理，法律更加结构化，主要涉及的是社会稳定的规则。伦理不会被刻意改变，法律却可以。法律可以在任何时候通过立法机关的法案进行修改。这种做法不适用于伦理准则，伦理原则不会轻易改变，不过，专业人员会对其进行具体的阐释和应用。[1]

法律涉及被相关社区认为具有约束力的行为规则。虽然法律也号称遵循"公平"的基本原则，但是这里的"公平"指的是根据社区或制度所制定的标准而推行的平等待遇。法律上的公平也被认定为"交换正义"（commutative justice），即一个替代性概念。假设我是被审判者，我难道还会相信待遇的公平性吗？伊斯兰教和犹太教等宗教教派都有专门的律法来规范教派内的活动。"法律与道德的不同之处在于，法律有看得见的实体制裁，道德却只能靠良知和名誉来保证其实际的推行。"[2]

为了回应具体的社会问题，当代社会可以相对灵活地新增、删除或修改法律，然而，不合乎伦理的社会环境却会侵蚀社会或专业体系的基础。随着技术的进步，规范骑车速度的法律发生了变化；随着民主原则的普及，规范投票权、政治激进主义和性别平等的法律也发生变化；随着人们变得愈发开明，反对种族或宗教不宽容的法律也发生了变化。上述这些变化见证了社会的进步，然而，如果对经济和政治领域的伦理特征丧失信心，那么这可能会使社会和文化领域的成就黯然失色。法律通过强制手段实施控制，而伦理正确性仅是一种态度，必须由自我发起并坚持下去。

有关真理的伦理观点在政治和宗教领域并不占据主导地位，尽管会赞同或支持某些道德因素，但是这些领域更关乎信仰，旨在让大家"相信我所说的"。政治和宗教领域随时都可能出于某种理由而做出改变，其中强化领导人的目标往往就是改变的理由。神圣的规则，即由神的意志而规定的信仰会在确定的情境下定义道德。相较之下，自然法则关乎的是社会平衡所需的是非曲直。这并不是说作为宗教规则的道德是不正确的，只是说它们和法律规则一样，不同于专业伦理。与信仰的操纵相反，伦理

（55）

---

[1] Candilis, P. J. Psychiatric Times, December 1, 2012. http://www.psychiatrictimes.com/articles/distinguishing-law-and-ethics-challenge-modern-practitioner (accessed November 23, 2015).
[2] Pojman, L. P. Ethics: Discovering Right and Wrong (Belmont, CA: Wadsworth Publishing Company, 1990), p.3.

实践中的博物馆伦理

旨在"寻找并制定实践的基本原则,以便更好地理解和指导我们的生活"。[1]

博 物 馆 伦 理

虽然伦理学是哲学的一个分支,但其实践性质与其他研究领域有关。与此同时,伦理学又不同于其他学科,因为它不是建立在事实知识的基础之上。伦理学主要研究规范性理论的性质,并将由此得出的原则用于解决实际问题。博物馆界的伦理议题关乎许多博物馆人职业生涯中所涉及的价值观念。因此,博物馆伦理旨在反映作为博物馆专业人员的个人如何行事,以及在专业关系中对待彼此的标准。

在博物馆领域,每个专业人员都多少知道一些基本的伦理原则。这些原则是确定且不变的,但是在不同情形下,其应用方式也会有所不同。专业伦理运用理性和经验而非权威来制定原则,其核心目的在于确立有效的行动原则,以此来指导人的行动并产生适当的结果。[2] 义务论伦理学积极为必要的专业行动背书,以此来确保得到预期结果。当在类似条件下发生时,这些行动(意图和结果)必须与专业认可的目标相契合。当然,行动的意图必须是好的,比如造福公众、博物馆及专业发展。

应用伦理学主要研究那些与商业或专业相关的具体问题。这些都属于规范性原则(标准)的范畴,因为它们根据惯常做法而规定了特定情形下应该做些什么,即个人和机构应该如何行动。

赛琳娜·斯蒂尔(Serena Stier)认为,有两个功能性原则适用于专业生活,即"界限原则(Boundaries Principle)和规范性原则(Principle of Normativity)"。[3] 界限

---

[1] Bowne, B. P. The Principles of Ethics (New York, Cincinnati, and Chicago: American Book Company, 1892), p.14.
[2] Pojman, L. P. Ethics: Discovering Right and Wrong, pp.4-5.
[3] Stier, S. "Introduction," in: D. Wueste (ed.) Professional Ethics and Social Responsibility, pp.1-35 (Lanham, MD: Rowman & Littlefield Publishers, Inc., 1994), p.23.

第四章 伦理实践

原则"要求专业人员尊重自己与服务对象之间的边界……"。[1]规范性原则考虑的是与其成员相关的专业规范。"规范性原则认为,专业伦理标准对专业成员有特殊的权威性,即专业人员有义务遵守这些标准。"[2]边界原则和规范性原则这两个概念与博物馆的专业要求非常契合:作为"提供者"的博物馆工作人员与作为"消费者"的公众之间是有区别的;博物馆领域内的个人有义务遵守该行业的"规范"。

伦理通常被视为抽象概念,用于描述假设情形中理论层面的解决方案。实际上,伦理是一种指导实际决策的指南。所有的决策过程都有无数的选择,由此产生的结果也千差万别。因此,专业人员需要清楚地了解适用于其领域的伦理原则,以做出正确的决定。例如,作为非营利性组织,博物馆特别依赖"公共信托",这种特殊的机构性质就需要博物馆对伦理理论和实践有所了解。

伦理研究还包括与当代批判性议题相关的行为哲学。在处理涉及理想冲突的权威性难题时,伦理理论与伦理实践的相关性最为明显。伦理理论有助于确定博物馆的目的,从而为不同情形的评估提供指导。伦理实践则有助于塑造一个更清晰的专业使命感,为博物馆的未来机遇绘制更美好的愿景。

与大多数决策相关的价值很难简单地用正确或错误来形容。完美的决策通常仅存在于书本与讨论中,在实际情况下,博物馆的利益可能会因为个人的利益而受损,或者说,一般公众可能会与特殊利益集团之间存在利益的冲突。相较于一个成功展览或项目的短期利益,博物馆更加关注长远利益,因而,相关的决策可能更加复杂。一般而言,金钱、声望、特殊利益、个人偏好和公众压力都可能会对决策产生影响。这些影响因素不一定都是错误的,彼此之间的关系甚至会使决策过程变得困难重重。

伦理要求对指导专业判断的实践进行客观推理。伦理思维往往需要对业已做出的承诺进行客观评估,并重新考虑支持或反对替代性立场的理由。传统实践显然已

---

[1] Stier, S. "Introduction," in: D. Wueste (ed.) Professional Ethics and Social Responsibility, pp.1–35 (Lanham, MD: Rowman & Littlefield Publishers, Inc., 1994), p.23.

[2] Stier, S. "Introduction," in: D. Wueste (ed.) Professional Ethics and Social Responsibility, pp.1–35 (Lanham, MD: Rowman & Littlefield Publishers, Inc., 1994), p.23.

实践中的博物馆伦理

经无法满足当代社会技术进步和社会包容的伦理要求。在这种不断变化的环境中，博物馆工作人员必须牢记，开展特定活动的正确方法并不总是简单可行或一目了然的。目前来看，"本能如果不进行引导，那么一切都不会完美"。[1]因此，基于本能或直觉的行动理应被博物馆界定义和认可的伦理实践所取代。

专 业 伦 理

博物馆专业人员都应该遵守公认的标准和法律，维护专业的尊严和荣誉。他们应该保护公众不受非法或不合乎伦理的专业行为的侵害。[2]

博物馆伦理是以原则为基础进行指导的，以此来确定在解决博物馆学问题时应该做些什么。伦理考虑指的是专业人员提出能够指导其行动和判断的客观理由。与伦理立场相关的合理理由应该证明，所做出的决定比其他决定更加真实或更好。伦理行动应当得到公认的专业实践的支持，比如那些与人性、个体、社会有关的行动，以及从本质上来说的善行。伦理试图确定当前情形中哪些方面是相关的，以及哪些伦理原则适用于这些问题。

为了解决具有挑战性的伦理和运营议题，博物馆工作人员的专业知识对于博物馆行业来说至关重要。"必须招聘具备履行所有职责所需专业知识的合格人员。"[3]因此，博物馆的专业人员比大多数人更了解遗产照料与保存对社会的价值。博物馆的特殊角色部分得益于博物馆工作人员的专业知识，工作人员往往因此而被赋予某些权利。

格雷戈里·比布特（Gregory Beabout）和达里尔·温内曼（Daryl Wennemann）

---

[1] Bowne, B. P. The Principles of Ethics, p.208.
[2] ICOM Code of Ethics for Museums, Principle 8, p.11.
[3] ICOM Code of Ethics for Museums, Principle 1, section 1.14, p.2.

第四章 伦理实践

陈述了与专业素养相关的三种个人价值:"第一,个人拥有通过专业培训而获得的技能;第二,个人可以对自己的所作所为进行理性思考,并解释自己专业领域内"为什么"和"怎么做"的问题;第三,个人竭力利用自己的技能造福他人。"[1]其中,第三种价值出色地概括了博物馆行业身份的独特性。在为他人服务的理念中,义务和责任的概念是博物馆伦理关注的焦点。

义务和责任是伦理行为的基础,博物馆工作人员必须理解义务的概念。在义务论伦理学的理论体系中,义务的本质显而易见,因为它与博物馆界密切相关。作为义务的重要参考,伦理所确定的原则建立在博物馆内部的实践经验之上。随着博物馆及其运营的日益复杂,实践要求不断提高,伦理的理想也必须更具包容性。"为他人服务"的义务是伦理思维的核心组成部分。

(58)

从博物馆实践评估中获得的洞见构成了伦理的基本理论,该理论孕育了正确行事的原则。如此看来,伦理既是从行为(实践)中推导出来的,也是为解释行为(实践)而制定的。逻辑、推理和推测本身都不会产生伦理判断,但是它们有助于协调知识因素,以满足专业需求。

伦理不仅是对某一特定主题的积极指导,而且它还帮助人们了解他们应该如何履行专业义务,以及他们应该根据自己的专业职责做些什么。伦理不仅明确了实际决策所面临的基本问题,而且还制定了判断行为正确与否的原则。专业人员的天性应当由他们的专业期望、他们所生活和服务的社会的习俗和价值来塑造(详见本章中有关"规范性原则"的论述)。

想要具备专业性,一个人就必须履行相应的责任,比如维持和保持高品质的标准。博物馆专业人员还应该根据新技术的快速变化和博物馆实践中所涉及的技能的增加而适时调整伦理原则(详见第七章有关"角色分化"的论述。)

作为一个实践指南,伦理涉及如下四个领域:(1)行动或行为,(2)后果或结

---

[1] Beabout, G. R. and D. J. Wennemann. Applied Professional Ethics: A Developmental Approach for Use with Case Studies (Lanham, New York, and London: University Press of America, 1994), p.27.

果，(3)品格或态度，(4)动机或意图。[1]其中，行动或行为通常与是非、对错有关。譬如，在展览文本中提供诚实的信息是正确的，提供捏造的信息则是错误的。呈现信息的文字的大小或颜色并不属于伦理范畴，除非博物馆为了公众利益而制定了相关规定，否则博物馆并不承担此项义务。因此，博物馆应该遵循既定的展示标准，这种实践强调行为（义务和意图），并与义务论伦理学的理论相契合。

后果或结果领域关注的是如何以最佳的策略来呈现真相。需要注意的是，它考虑的是行为的结果，而不是预期的行为本身（预期的结果不应该对参与其中的人造成伤害）。

伦理实践的四个领域有可能出现在同一个情境中。一个看似天真的询问可能会导致伦理危机。例如，一个人联系到自然科学博物馆的研究员，询问博物馆是否收藏了某个濒危物种。研究员如实回答，博物馆的确收藏了这样一个物种（行为）。此人进一步追问该物种的价值和稀有性。考虑到询问者是自己的亲友，研究员认为自己有义务回答这个问题（品格）。该事件所涉及的伦理问题是利用作为博物馆雇员所获得的信息来谋取私利（结果）。在该情形下，该研究员并未获益，但这却是一个营利性问题（动机）。获益可能是出售物件或标本，从事投机和非法贸易，出售包括评估、投资咨询或乙方收购在内的个人服务等一系列行为的结果。当具备博物馆工作人员的知识或资格后，开展这些行动就变得更加容易。根据后果或结果来判断决策的正确与否属于目的论伦理学的理论范畴（详见第三章）。如果询问者试图将所得信息用于谋取私利，那么这对于博物馆工作人员来说就是一个伦理问题。

效用原则（principle of utility）印证了结果的观念。该原则经常出现在专业的伦理准则中，强调优先考虑结果而非意图（目的论伦理学）。例如，商界通常不关心营利的意图，而是在乎营利的事实。医学界意在治病救人，但是结果往往比意图更重要。与专业素养有关的价值和信念通常也是个人对待伦理原则的态度的核心，并且体现在其所做的决定中。

---

[1] Pojman, L. P. Ethics: Discovering Right and Wrong, p.8.

第四章 伦理实践

伦理与态度有关，而态度又是公众信托的基本组成部分。如果一个人不具备某种符合正确性原则的态度，那么仅靠伦理准则显然无法使其成为一个合乎伦理的人。态度与专业义务（责任）所要求的个人行为的规范性有关。理解和应用伦理原则表明了一种伦理态度。博物馆工作人员的专业态度从本质上来说是一致的，比如博物馆界所熟知的永久性的观念。博物馆物件的永久保存与机构的永久性是相一致的。

从伦理的视野来看，动机（意图）与结果之间的差异可能相当复杂。博物馆意在照料博物馆收藏，但是资金不足可能会阻碍保存计划的实施。尽管博物馆应该事先知道它没有足够的资金来开展预期的保存活动，但是资金不足被认为是无法照料藏品的原因或借口。在这种情况下，意图和结果都受到了伤害。

博物馆打算举办一个展览，旨在对社会不公和偏执的危险进行有力的揭露，但是展出的物件因其内容空洞而无法传递该信息。与此同时还存在另外一个准备充分、设计精美的项目，旨在向公众传播该地区的文化和自然遗产，但由于意想不到的冲突事件而胎死腹中。它们的意图都很好，但是结果却并不令人满意。

一致性是伦理实践的重要目标。博物馆伦理要求工作人员以连贯的、尊重的、公认的方式履行专业职责。他们在工作中采取的方法可能会因为可用的材料、工艺和技术（专业知识）而有所不同，但是其意图都是一样的。对于博物馆伦理来说，这一点至关重要，因为它解释了在机构的活动、方法和过程发生变化时，伦理为何会保持不变。

每个决策都面临着选择的风险，这是一个与实践推理有关的过程，可能并不包括"对规则的掌握、意图的构想和陈述以及个人据此决定未来的方式做出承诺"[1]。从博物馆行业的角度来看，伦理事关决定文化和自然遗产未来的意图。相关决策不仅塑造了事件和项目的意图，而且还影响了目标、观念、概念以及人和机构的未来。只要能够造福人类，那么这些决定就是"善"的。

---

[1] Peters, R. S. "Respect for Persons and Fraternity," in: C. H. Sommers, ed. Right and Wrong: Basic Readings in Ethics, pp.43 -50 (New York, Chicago, London, and Toronto: Harcourt Brace Jovanovich Publishers, 1986), p.45.

实践中的博物馆伦理

作为美德的伦理

与专业或社会相关的个人问题都与谨慎或慎重、节制或约束、尽职或奉献、审慎或正直有关。据说，这些特质（图4-1）是由苏格拉底提出的，但很可能是源于异教徒的世界。这些"与生命相和谐"的理想在佛教和道教的著述中均有发现。这四种个人特质就是通常所说的"美德"（virtues）。美德是一种伦理品质，能够表达人类社会中的善行或卓越。在实际工作中，美德被描述为遵守伦理原则的实践态度和习惯。

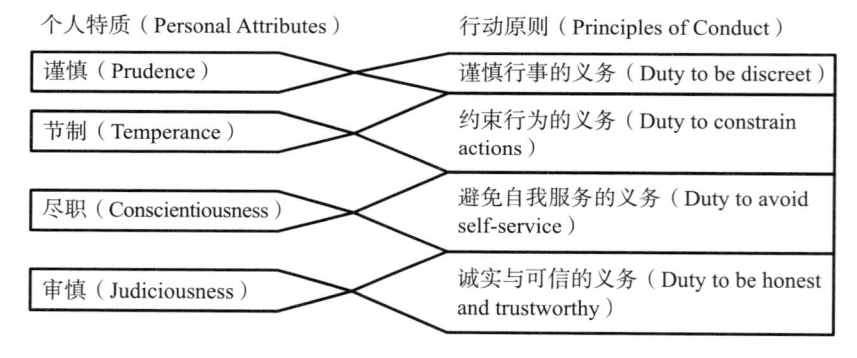

个人特质（Personal Attributes）	行动原则（Principles of Conduct）
谨慎（Prudence）	谨慎行事的义务（Duty to be discreet）
节制（Temperance）	约束行为的义务（Duty to constrain actions）
尽职（Conscientiousness）	避免自我服务的义务（Duty to avoid self-service）
审慎（Judiciousness）	诚实与可信的义务（Duty to be honest and trustworthy）

图4-1 在讨论伦理议题时，个人特质与行为之间的关系至关重要。个人特质彰显了管理有价值的行为和行动的能力。

道德美德没有内在价值，而只有工具价值和衍生价值。有美德的人更可能以正确的方式行事，即遵守规则。美德之所以重要，是因为它们促使人类采取正确的行动。[1]

美德具有促成特定目标的性格特征，如果运用得当，那么它们就是专业态度的积极因素。"美德不仅是内在的激励要素，而且还代表着个人的自律倾向，促使人

---

[1] Pojman, L. P. Ethics: Discovering Right and Wrong, p.124.

们以符合并有利于特定目标的方式行事。在这种情况下，外部的积极或消极的约束都是多余的。"[1]

作为伦理思维的组成要素，特质领域（美德伦理学、德性伦理学）源于这样一种观念："即每种美德都有一个相应的、对于关系来说极为重要的原则。"[2]虽然下文有关美德和原则的图表[3]看似反映了许多伦理价值，但是两者并不一样。美德原则可能会改变，但是伦理价值却是恒定的。伦理价值是解决问题的基础，但是美德却不是。即便如此，美德依旧在态度和行为之间、个人与个人之间的人际关系中发挥积极的作用。美德被用来定义社会互动和认同，其主要表现为一种社会形式，比如为共同利益而工作（团队合作）。"美德伦理学（virtue ethics）认为，伦理的核心基础不是行动或义务，而是根植于行动者的内心，即人的性格和气质才是伦理的核心。"[4]

美德（Virtue）	原则（Principle）
无渎职（Non-malfeasance）	不伤害的义务（Duty not to harm）
诚实（Truthfulness）	说真话的义务（Duty to tell the truth）
尽职（Conscientiousness）	对自己工作负责的义务（Duty to be sensitive to one's duty）
仁慈（Benevolence）	做好事的义务（Duty to be beneficent）
忠诚（Faithfulness）	保持忠诚的义务（Duty to be loyal or faithful）
公平（Fairness）	不偏不倚的义务（Duty to be just）
仁爱（Love）	做利他之事的义务（Duty to do what promotes another's good）

美德具有赋能的特性，因为它们会鼓励伦理原则的制定。除非美德被整合到一个能够调整和补充其意图的系统中，否则与美德概念相关的善行在实践工作中通

---

[1] Facione, P., D. Schefer, and T. Attig. Ethics and Society, 2nd ed. (Englewood Cliffs, NJ: Prentice Hall, 1991), p.100.
[2] Pojman, L. P. Ethics: Discovering Right and Wrong, p.122.
[3] Pojman, L. P. Ethics: Discovering Right and Wrong, p.126.
[4] Pojman, L. P. Ethics: Discovering Right and Wrong, p.115.

实践中的博物馆伦理

常很难真正地发挥作用。对于美德伦理学来说，一种理想的应用状态指的是应当具备一个在知识上认可和强化上述图表中所列原则的环境。博物馆专业的知识边界远超传统思维，以至于工作人员可以从理论上推断某种情形的对错，以及美德原则是否得到了充分落实。"如果一个人对自己是否公正、值得信赖、诚实等都漠不关心，那么其他的伦理考虑也就无从谈起了。"[1]

美德伦理学关注个体特质，将人格描述为驱动伦理行为的能动力量，这与义务论伦理学基于意图或目的论伦理学基于结果来定义行为对错的做法截然不同。对于秉持义务论的伦理学家来说，行为或活动的意图证实了其伦理性质，换句话说，信念能够解释行为。美德原则本身是不够的，比如，作为一个博物馆概念，预防性保护是什么不能仅靠理解，而应当专注于其意图。预防性保护旨在最大限度地对藏品进行整体照料，尽量减少个别物件的保护需求。该过程的有效性可能会因藏品和特定物件的初始状况而有所不同，然而，其目的在于从整体上保存藏品。这种态度就蕴含着良知、仁爱和公平（伦理正确性）的美德。

"某种善行是非常必要的，它能够给义务赋予任何理性的意义，其中，主动且充满爱心地履行义务就是我们所说的美德。"[2]义务与伦理之间的关系非常明确。博物馆专业人员的义务根植于专业之中，如果一个人在行事时没有考虑行为的最终影响，那么我们就可以说这个人缺乏义务感或责任感。相反，如果任何行为决定都是在特定情形下应该如何去做的原则指导下做出的，那么我们就可以说这个人具有义务感和责任感。[3]简单来说，义务感定义了行动的正确性，这无关乎冲动或个人倾向。"那些只会因为高兴而去做正确事情的人从本质上来说并不道德（或合乎伦理）。因为他们同样会因为高兴而去做错误的事情。"[4]

行为的正确性与形式行为（formal actions）和实质行为（material actions）之

---

[1] Van Wyk, R. N. Introduction to Ethics (New York: St. Martin's Press, 1990—), p.175.
[2] Bowne, B. P. The Principles of Ethics, p.88.
[3] Edson, G., ed. Museum Ethics (London and New York: Routledge, 1997), pp.54–55.
[4] Sommers, C. Right and Wrong: Basic Readings in Ethics (New York: Harcourt Brace Jovanovich Publishers, 1986), p.8.

间的关系有关。形式行为看重的是个人看待正确理想的态度（意图）；实质行为则侧重于行为与现实的一致性及其如何产生和促成善果（预期结果）的出现。形式上正确的行动可能会导致错误的实质结果，实质上正确的行为可能在形式上是错误的。如果意图在实质上是不正确的，那么任何行动都将是错误的。[1]

当眼光聚焦于伦理的实践性质时，需要考虑两种不同的关系（态度）。一个是在知识层面理解伦理原则，即知道这些原则；另一个是将这些原则整合到个人的头脑中，并使其成为思维或知识的一部分。前一种关系中的伦理是一个存在于思维之外的独立主体；后一种关系中的伦理则属于思维或头脑的直觉部分。这并不是说思维和伦理是一回事，而是说思维和伦理之间的关系非常微妙，因为当出现实际问题时，这两个要素（思维和伦理）会被概念化为独立的实体。理论思维和实践思维之间是紧密相连的。

弘扬善行的意愿（美德动机）是大多数伦理体系的要素。为什么行为或行动的承诺（或不承诺）会影响该行为的正确与否？伦理判断不仅是对意志的判断，而且还包括人类的情感和价值。对正确的事漠不关心、对错误的事沾沾自喜，这在伦理和情感上都是有缺陷的，而且不会因为义务和责任的态度而轻易改变。

为了解释上述概念，让我们看看如下两个场景：第一个场景，当博物馆库房区发生火灾时，研究员的第一念头是转移某种类型的藏品。在收集好标本正要离开大楼时，她看到一位同事摔倒在地，并且已经失去了知觉。研究员犹豫了一会便带着藏品离开了大楼。第二个场景，在收集好标本正要离开大楼时，她看到一位同事摔倒在地，并且已经失去了知觉。研究员将藏品放在一边，并将昏迷已久的同事从燃烧的大楼中抬出来（美德动机）。

在第一个场景中，博物馆藏品得到了保存，研究员履行了照料藏品的伦理责任，这是正确的，但是此举却有可能对同事造成伤害。在第二个场景中，这些标本很可能会被损坏，因为研究员率先考虑了同事的安全，展现了对人类生命的尊重。

---

[1] Bowne, B. P. The Principles of Ethics, p.41.

实践中的博物馆伦理

在危急时刻转移特定类型标本的动机在伦理上是没问题的，然而，最重要的动机还应当是关心和保护人类生命。无论哪种场景都没有确定的真相，但这并不会改变结果。倒下的同事可能不会死于烟雾和火灾，被遗弃的藏品可能不会损坏，但可能出现的结果却左右了行动的动机。

这两个场景中的意图都可以被视为伦理式的，但是其造成的结果却有所不同。这种结果的差异源于行动判断。照料藏品的判断主要是基于专业正确性和义务感做出的，第二个场景的决策则是基于个人责任做出的。由此可见，两个行动都是由尊重的伦理动机驱动的。研究员充分展现了其对专业责任和博物馆藏品的尊重。当她不得不在尊重藏品和尊重生命之间做出抉择时，她做出了一个基于美德且负责任的决定。

"意图与绝对标准之间存在着某种联系，两者相互解释，不过，每种情况的核心概念都是尊重他人。"[1]侵犯他人人格的行动是错误的。伦理可能并不涉及行动的具体结果或与结果相关的方法，相反，它更在乎的是由意图概念所代表的态度和效率之间的一致性。如果不将态度和效率作为意图的内在要素，那么决策的选择就不能合理化。

即便是在最理想的状态下，意图也不总是会导致预期的结果，有时，一个有意为之的行为可能产生或出现多个结果。精心设计和布置的展览为优秀教育项目的开展奠定了基础。由此可见，意图与结果之间既是相关的，也是可以预测的。假设某博物馆接受了一位著名艺术家捐赠的5幅19世纪的画作，研究员对这些画作非常满意，艺术家也乐意将其捐赠给博物馆。博物馆的目的是接收、保存、展示这些画作，以造福当地社区。这显然是一个积极的结果。但是在接收这些画作不久，博物馆便收到了一封来自捐赠者家庭的律师写来的信，信中表示，他们以捐赠者精神失常为由要求博物馆归还这些画作。虽然博物馆拥有确认捐赠的正式签署文件，但是为了使博物馆不陷入复杂的法律诉讼（公平的美德）中，博物馆馆长亲自联系了捐

---

[1] Fried, C. Right and Wrong (Cambridge and London: Harvard University Press, 1978), p.24.

第四章 伦理实践

赠者，并确认了捐赠的有效性。第二天，当地报纸刊登了一篇基于捐赠者家人的采访新闻，该报道声称博物馆以操纵的方式说服这位老艺术家捐赠了他的珍贵画作。虽然博物馆在接收藏品的过程中严格遵守既定流程，但是对其家庭的复杂性缺乏了解。在该事件中，意图显然没有问题，但是始料未及的公关问题却让博物馆深陷不利的困局。虽然是非对错尚不明晰，但是为了避免进一步的冲突，博物馆馆长要求与捐赠者及其家人会面，共同探讨画作的处置。

（64）

相关思考

博物馆工作人员应当关心伦理责任吗？
专业态度是如何影响合乎伦理的行为的？
为什么博物馆行业的所有成员都应该以合乎伦理的方式行事？
谁能判定一个行为或行动是正确的还是错误的？
伦理原则适用于所有的博物馆吗？

可供讨论的博物馆案例 5：企业赞助

某知名艺术博物馆的馆长正在筹备多位年轻艺术家的展览开幕式。馆长对此次活动非常满意，并确信年轻艺术家们必将成为未来艺术界的"明星"。同时，他还为这次展览筹集到了资金，对此，他也颇为高兴。这本是一场艰难且耗时的谈判，不过，一家企业最终同意资助整个展览。为了获得资助，馆长需要做出两个让步：第一是展出企业总裁指定的 6 位艺术家的画作；第二是在博物馆大厅展示该企业的产品。馆长认为，虽然相较之下，这 6 位艺术家才艺平平，但是在原有的 14 位艺术家的画作中再添加 6 位艺术家的画作是完全可以接受的。展示企业的产品则是另外一回事，博物馆无法隐藏或者假装它们不存在。博物馆原本是一个远离商业世界的地方，因为这种商业化的做法很可能会侵蚀这种特殊品质。

实践中的博物馆伦理

整个展览开幕式，馆长一直待在博物馆，直到当天晚上10点，他对一切安排非常满意，并确信展览会在第二天的报纸上得到好评。虽然有人会对先锋艺术发表评论，但是只有一个人对此表示反感，其他人也来听听这个人究竟在抱怨什么。这正是当代艺术的本质，即新事物带来的冲击和震撼。在离开博物馆之前，馆长喝了一杯香槟，并对展品微微点头。不用说，馆长在博物馆度过了一个愉快的夜晚。

(65) 第二天早上，馆长急切地打开报纸，迫切想知道艺术评论家对该展览都说了些什么。当看到头版头条的标题时，他愣住了。主标题是"商业博物馆展览"，副标题是"赞助有损品质"。第二篇报道的标题是"争议的艺术吸引好奇的观众"。这篇报道开篇就写道："一场被商业赞助玷污的令人失望透顶的当代艺术秀。"在随后的篇幅中，评论家猜测博物馆以最高价出卖了自己，并因在博物馆大厅展示企业产品而将其称为"昂贵的陈列室"（high-priced showroom）。

这两篇文章认为，展出的几幅画作非常业余和陈腐。博物馆馆长对这几幅画作非常熟悉，它们是公司总裁坚持要在展览中展出的。虽然还有几幅画作遭到了批评，但是质疑声最大的还是公司总裁指定的6位艺术家的画作。博物馆馆长非常想为自己辩解，因为他挑选的艺术家都非常出色，正是其他艺术家的加入才造成了现在这个局面。权衡再三，他决定那天不去博物馆上班。

这一天，事件仍在持续发酵。馆长接到了博物馆董事会主席的电话，要求在当天下午晚些时候进行一个简短的会面。在电话里，董事会主席的语气听起来很友好，但是馆长还是怀疑她已经看到了报纸上的负面报道。

今天早上的另一则报道指出，赞助该展览的企业拥有参展的6位艺术家的多件作品，如果它们在知名艺术博物馆举办的展览中展出，那么就能够极大地提高这些作品的经济价值。如此看来，该公司正在利用博物馆销售商业产品，同时还提高了其所拥有的艺术品的价值。这位报纸记者最后指出，此次展览可谓是博物馆界的耻辱，博物馆馆长理应被免职。

馆长费尽心机地策划了一场出色的展览，为何整件事情会变成这样呢？他挑选了最优秀的艺术家，企业总裁指定的艺术家平平无奇，正是他们造成了现在这种局

第四章 伦理实践

面。不过，馆长也很无奈，毕竟他需要资金来举办展览。换句话说，如果没有企业的赞助，就不会有任何展览。艺术评论家为何要对此大做文章呢？在馆长看来，博物馆展览受到资助机构的影响是有先例的。

当董事会主席来到博物馆参加下午3点举行的会议时，博物馆馆长正处于惊慌失措的状态。馆长不断地想象可能出现的场景，并预计自己会被解雇。为此，他在心里盘算了一套辩护说辞，以免被解雇。馆长认为，整件事情错不在他，如果有足够的资金，那么他就不会让企业进行赞助了。其言外之意是，展览的原有预算是与董事会、公众所期望的出色展览不相匹配的。

董事会主席在博物馆馆长办公桌的正前方坐下，妥帖地安顿好自己。主席是一位身材娇小的女性，个子没有馆长高。她说话的声音很轻，但是很清晰。从她的声音中没有听到任何的恶意，仿佛是在就一个无关紧要的话题向同事提出友好的建议。（66）

董事会主席表示："您今天必须从以下三个选项中选择一个。第一，你可以辞职，我也可以接受你的辞职；第二，你可以立即结束展览并向公众道歉。如果是这样的话，赞助的企业可能会起诉博物馆，并要求归还所有资金。如果发生诉讼，我们董事会将会为博物馆辩护，至于你，我们不会提供任何支持。第三，你会因为违反合同而被解雇，因为你败坏了整个博物馆的声誉。"

尽管博物馆馆长早已预料到自己将受到严厉的谴责，但是他对董事会主席最后通牒的不可挽回性和发出的方式感到非常地震惊。一直以来，他和董事会主席在许多项目上都有过密切的合作。馆长认为她是自己的朋友，至少是一个关系亲密的同事。在将与企业的谈判过程以及他对6位艺术家的担忧告诉董事会主席之后，为何董事会主席还是坚定地认为整件事情完全因他而起呢？

当博物馆馆长在权衡如何选择时，办公室一片沉寂。显然，董事会希望他自己提出辞职。对他们而言，这么做使得后续的事情处理起来更加简单。换句话说，当他离开后，他们就可以随心所欲地发表关于辞职、展览和企业赞助的言论。

最终，馆长告诉董事会主席，他不会做出任何选择。如果董事会解雇他，他

实践中的博物馆伦理

将使用法律武器为自己辩护。在他看来，董事会对展览的组织和安排非常清楚，因此，董事会对此事同样负有责任。换句话说，该局面不是他一手造成的。或许董事会主席已经将讨论和批准此次展览与企业赞助的会议纪要抛之脑后了。

在离开房间时，董事会主席默默地把一封信放在馆长的办公桌上。这是一封因故解雇馆长的解雇信，信中指出，馆长在履行博物馆职责时存在过失行为。

博物馆馆长立刻给一家曾工作过的律师事务所打电话，询问如何能够保住自己的工作，以及如何让董事会明白他们在导致这一不幸事件中所应承担的责任。博物馆馆长有理由质疑董事会的行动吗？

相关思考

对于博物馆展览来说，接受商业赞助是一个关乎伦理的议题吗？

馆长接受在展览中展出赞助商指定的 6 位艺术家作品，这种行为合乎伦理吗？

馆长和董事会之间的关系是否存在伦理问题？

在非营利环境中展示营利性产品是合乎伦理的吗？

合理化是为可疑的伦理实践进行辩护的方式吗？它应该是可以接受的吗？

博物馆馆长应该因此而被解雇吗？

博物馆馆长应该因此而辞职吗？

从伦理上来说，谁应当对与展览有关的困境负责？

博物馆董事会是否忽视了其对展览所应当负有的责任？

该案例所涉及的种种争论究竟属于伦理问题，还是仅为媒体大肆报道当代艺术的舆论问题？

案例评论

尽管商业赞助在经济状况日渐不佳的情况下越来越普遍，但是博物馆的政策应当规定赞助商参与其中的边界和条件。任何博物馆都应该仔细审查和监督其与赞助组织之间的关系。赞助商希望与受欢迎的展览合作，以追求最大的投资收益。对大

第四章　伦理实践

多数赞助商而言，赞助是一种营销手段。因此，它们会千方百计地干预或控制博物馆提供的信息。

博物馆与赞助商之间的分歧通常出现在过多的广告或宣传材料上。当赞助商的观点与博物馆的哲学不相容时，最紧要的是在可能造成冲突之前澄清可能存在的分歧。然而，如果伦理确实成为一个不得不考虑的因素，那么博物馆就必须要捍卫自己的专业操守。[1]

"无论资金是来自机构自身的活动还是外部资助，管理层都应当制定一个关于其来源的书面政策。无论资金来源如何，博物馆都应该全权负责项目、展览和活动的内容和完整。换句话说，任何创收活动都不应损害机构及其公众的利益。"[2]

"无论是线下还是线上，常设展和临时展不仅要符合博物馆的使命、政策和目的，而且还不能影响藏品的品质或适当的照料和保护。"[3]

---

[1] Belcher, M. Exhibitions in Museums (Leicester and London: Leicester University Press, 1991), p.79.
[2] ICOM Code of Ethics for Museums, Principle 1, section 1.10, p.2.
[3] ICOM Code of Ethics for Museums, Principle 4, section 4.1, p.8.

第五章

伦理与一致性

> 品格在正确行事的意愿中的确占据核心地位,这一点再怎么强调也不为过。有了它,其他的欠缺也情有可原;而没有它,其他任何东西都无法取代。在任何情形下,每个人都可能有正确行事的意愿。[1]

随着许多不同的机构、项目和实体进入博物馆界,博物馆行业的领地不仅出现扩张的趋势,而且变得日益专门化。博物馆工作人员被划分成需要更多技能和专业知识的不同领域。随着博物馆向更具代表性的观众敞开大门,并企图获得更大的社会认同感和责任感,它们保持更高道德标准的必要性与日俱增。"基于他们(博物馆工作人员)的专业知识和工作重要性的考虑,专业人员声称并确信他们会受到专业行为中特定规范而非一般人类行为规范的约束。"[2]

当代生活不仅深刻影响了博物馆的活动,而且重新定义了博物馆的角色和责任。各种要求和期望不断拉扯着博物馆及其工作人员,由于伦理仅是一种指导而非法律,因此伦理原则很容易被操纵,以满足不同情形的需要。这种企图操纵的想法和做法显然是错误的。遵守伦理规范需要一致性,涉及理性、逻辑、最终目的、公正和普遍可接受的正念。伦理知识需要留意决策的替代性路径、后果和动机。

---

[1] Bowne, B. P. The Principles of Ethics (New York, Cincinnati, and Chicago: American Book Company, 1892), p.70.
[2] Wueste, D. E., ed. Professional Ethics and Social Responsibility (Lanham and London: Rowman & Littlefield Publishers, Inc., 1994), p.11.

第五章　伦理与一致性

当代伦理应该反映当代价值，伦理理想和实践也应当根据博物馆行业和博物馆所服务的社区的实际状况有所变化。环境、社会、经济和知识等相关命题都需要复杂的伦理响应。然而，博物馆伦理的根基必须建立在共同的专业价值基础之上，换句话说，（70）基于程式化理论的博物馆伦理通常是无效的。博物馆伦理反映了尊重与共同的价值和理念，据此，博物馆应该从价值入手，确定和定义所有活动和工作人员的责任。

当代的社会变动在不同地方以不同的速度发生着，这种多样性为深入评估专业伦理提供了手段。无论博物馆及其所处环境的社会、文化或经济发展水平如何，伦理始终是有效的。虽然伦理原则没有明确地规定"要这么做"，但是它们却提供了在某些情形下应该做什么的原则。

虽然"伦理是一种人类活动"，[1] 但是从专业动机来说，伦理的主要目的在于提高专业实践的水平。"伦理不仅关乎如何行事，有时甚至还要考虑比如何行事更重要的事情。"[2] 博物馆行业旨在保持博物馆的专业地位，巩固博物馆在社会中的作用和责任。对于博物馆工作人员来说，"善"的概念应当是一种包容的理念，即服务人类、尊重遗产。

"对专业活动的规范性约束有多种来源，专业伦理即是其中之一。除此之外，法律、官僚组织、社会道德也是约束专业活动的重要力量。"[3] 法律定义了社会得以可能的基本要求（详见第四章），因此，其对专业活动和一般活动的监管权基本上是相同的。官僚组织和社会道德为共同责任提供了一般的指导方针，不过，它们所涉及的内容同时适用于专业和非专业人员。相比之下，专业伦理面向的是从事专业实践的专业人员，并为其提供指导。

虽然某些伦理原则在形成过程中与保护和修复所涉及的自然和科学法则、某些国际立法和公约有关，但是我们必须要认识到，专业伦理的价值是主观的。专业

---

[1] Brown, M. T. Working Ethics: Strategies for Decision Making and Organizational Responsibility (San Francisco and Oxford: Jossey-Bass Publishers, 1990), p.xi.
[2] Bowne, B. P. The Principles of Ethics, p.42.
[3] Wueste, D. E., ed. Professional Ethics and Social Responsibility, p.16.

实践中的博物馆伦理

伦理没有坚实的事实基础，即便事实被认为是客观的，专业伦理也不是客观的。在考虑判断和决策时，价值与伦理之间的关系显得尤为重要。从本质上来说，判断是主观的，人们会根据不同来源而积累的个人知识来做出决定。如果主观判断是正确的，那么由此而产生的活动往往被认为是正确的或符合事实的。因此，当在意图和结果中都发现价值（善的形式）时，这些判断就被认为是值得信任的。

从伦理角度来讲，照料好博物馆里的藏品是一种善行，因为博物馆有责任基于现有的知识和资源将藏品完好无损地传递给后代。从伦理角度来讲，事无巨细地准备与展览有关的信息是一种善行，因为"博物馆理应确保其在常设展和临时展中展出的信息是翔实的、准确的，同时还考虑到了被表征群体及其信念"。[1]博物馆伦理之所以被认为是好的或正确的，是因为其本意即是如此。这种类型的价值是工具的善行，是实现预期结果的手段，诸如服务的概念。

意图/结果议题在如下有关一幅画的保护案例中得到了集中体现。一位藏品修复师的部门主任告诉她可以在修复中使用质量较差的材料，究其原因有二：其一，博物馆资金紧张；其二，没有人知道其中的差别。修复师不仅意识到合同中规定的材料与主任的指示之间有一定的出入，而且还认为这种变化将导致保护工作出现质量下降和持久性降低等问题。一开始，她打算听从主任的话，但随后意识到，如果项目出现问题，那么作为修复师的她而不是主任将会受到指责。在这种情况下，她面临如下选择：第一，告诉她的主任，使用质量较差的材料是不合乎伦理的，她很可能会因此而失去工作；第二，坚持使用更好的材料，但是对主任说使用的是较差的材料，但是这么做的话，她就违背了诚实的原则；第三，按照主任说的去做，并祈祷不会导致糟糕的后果；第四，将这件事情报告给博物馆馆长。此案例所涉及的核心议题不是在一种情境或另一种情境中进行选择，而是涉及在符合他人的期望和按照尊重的原则诚实行事之间做出选择。[2]在该案例中，尊重与工作质量、被保护

---

[1] ICOM Code of Ethics for Museums, Principle 4, section 4.2, p.8.
[2] Beabout, G. R. and D. J. Wennemann. Applied Professional Ethics: A Developmental Approach for Use with Case Studies (Lanham, New York, and London: University Press of America, 1994), p.33.

第五章 伦理与一致性

的物件、物件的所有者、保管员本身密切相关。

"那些共享价值观的人往往会以符合彼此期望的方式行事,在他们看来,这种一致性是好的,即使如此行事有时会不利于自身利益。"[1]所有博物馆工作人员的目标都应该是在环境的限制下攀登博物馆学的最高峰。当然,这并不是说每个行为都必须得到完美的构思和落实,而是说伦理为可接受活动的实践秩序提供了一个推测真理的指南。合乎伦理的意图和既定的伦理标准是朝着专业目标的实现所迈出的决定性一步。

价值或行动价值的观念通常可细分为"手段"和"目的"。工具价值(a means/instrumental value)有赖于其实现或维持目的价值的方法或手段(详见第三章);目的价值(a end value)被描述为具有内在的好结果。简单来说,前者指的是达到目的的手段,后者指的是目的本身。当工具价值——过程或手段——被误认为是目的价值(结果)时,问题就出现了。譬如说,只是勤奋工作是不够的,因为工作的品质或结果更为重要,其拥有更高的价值。

任何决策都应该支持机构及其所服务公众的集体利益。好的决策虽然无法解决具体的伦理问题,但是它们却会参考或强化伦理原则。某科学博物馆的馆长决定为博物馆增建新翼楼,无论是短期还是长远来看,这一决定对博物馆和公众而言都是一件好事。这个决策具有工具价值,因为它将带来更多的展览和教育空间(公共服务)、更多的存储空间(藏品保管)。博物馆的新翼楼本身没有什么内在价值,但就其提供的益处而言,它无疑具有工具价值。

金钱没有固有(内在)价值,但因其能够购买具有工具价值的材料而具有工具(外在)价值。这两种价值形式——固有价值和工具价值——之间的区别似乎令人困惑。简单来说,确定固有价值的方式是观察特定价值(物件、活动或目标)能否脱离情境而独立存在。如果可以,那么它就具有固有价值;如果不可以,那么它就具有工具价值。从根本上说,只要服务于博物馆的积极利益,那么价值就不存在对

---

[1] Wueste, D. E., ed. Professional Ethics and Social Responsibility, p.12.

错之分。物件没有固有价值，因为与之相关的价值是由外部赋予的。

物件的价值一直饱受争议。一幅画作的售价可能高达数百万美元，许多人认为金钱即是它的内在价值。这是一个错误的认识。物件的经济价值是外在的，也就是说，它是由外部因素（人）赋予的。有些人可能会认为一幅画作的内在价值是美感，然而，这也是不正确的。因为艺术品的美学价值存在于观赏者的眼中，而不是内在于物件中。

当面临多种选择时，一个人应当基于伦理准则的核心价值来做决定。个人的价值观会影响其回应特定情形的方式。个人会很自然地采取正确的手段来完成一个行动或行为，然而，他们往往很难保证自己的意图会产生有原则而非偶然的结果。这种情形是多种要素共同作用的结果，其中就包括相关和不相关的理想、观念和概念。伦理不是一个万能真理的清单，而是一个焦点指南（focusing guide），其真理（价值）可以从既定的原则中推导出来。

照料博物馆藏品是一种绝对的价值，相应的，照料的手段则具有相对的（工具）价值。无论使用何种方法或手段，藏品的照料都是绝对的。相较之下，照料的方法是相对的，因为不同的人工制品需要不同的保护方法，各地的博物馆和不同的藏品管理者可能会采取不同的藏品照料的技术和实践。例如，一些博物馆特别注意保护藏品免受地震的破坏，其他博物馆则更关注洪水或台风给藏品带来的潜在危害。很显然，防震技术对于遭受洪水或台风侵袭的博物馆来说是毫无帮助的。因此，藏品照料的方法应该根据博物馆所在地区和面临的潜在危险而适时做出调整。

伦理与专业行为

有些活动会被认为是好的、正确的，有些活动则被认为是坏的、错误的。与群体标准相冲突的行为通常也会受到社会道德和专业伦理的谴责，因为两者都主张保持一致性。随着意在追求具体利益的子集（不同群体和不同目的）的出现，伦理的重要性日渐增加。具备群体包容性和适应群体变动的能力是识别和维护共同的专业价值的重要手段。

团体成员或专业人员可能无法完全认可具体且特定的价值,但是所有成员都应遵守已获批准的原则,以维护行业或团体的利益。然而,特别注意不要"人云亦云",从而做出不合乎伦理的事情。博物馆工作人员的责任是"反对那些被认为对博物馆、专业或专业伦理议题有害的做法"。[1]

博物馆伦理关乎的是与人有关的议题。伦理不仅为作为专业人员的个体确定了原则,而且还阐明了个体应当如何与其他专业人员和专业组织互动。"博物馆专业人员与其所在的博物馆内外的许多人建立了工作关系,他们有责任为他人提供高效率、高标准的专业服务。"[2]

伦理承认了专业主义原则,而且还为该原则应用于某些情形而辩护。伦理包容性要求博物馆专业人员客观考虑指导团体行动和决策的原则。支持伦理决策的理性推理表明,最终选择的决定比其他可能的潜在选择更好。伦理决策理应得到客观假设的支持,比如关于人性、社会和自然环境的具体数据,以及那些本质上是善的视野。伦理不仅制定了与实际情形相关的原则,而且还进一步解释了为何这些原则能够适用于不同情形。

专业伦理具有普世性,然而普遍认可的(普世性)伦理原则却不太可能出现,究其原因在于,人们具有不同的道德、宗教和社会信念。这种观点试图以宗教或家庭教育为基础来认识伦理,这实际上是对专业伦理的误解。如果轻易接受这种观点,那么人们就会认为不太可能出现普遍认可的伦理标准。另一个质疑普世性伦理存在的理由与直觉有关。传统取向的道德修养是一种基于直觉的自动反应,在这种情况下,行为或行动既不是直觉性的,也不是源于专业反应,而是基于先验知识而做出的。

直觉推理属于我们熟知的"常识"领域,不过,它很有可能会被善的意图所误导。直觉和常识思维在社会环境中占有一席之地,但它们都无法适用于专业环境。

---

[1] ICOM Code of Ethics for Museums, Principle 8, section 8.2, p.11.
[2] ICOM Code of Ethics for Museums, Principle 8, section 8.10, p.12.

实践中的博物馆伦理

在专业环境中，原则的基础是与专业有关的实践、培训和知识，而不是宗教教义或社会指令。

常识思维能够使博物馆以社会普遍接受的方式处理人类遗骸。经由田野调查和学术研究而获得的物件往往会在不考虑是否侵犯他者或他者文化的情况下进行展示。博物馆收藏着数千具人类遗骸，通过给予来源社区更大的尊重和敏感，专业伦理正在改变传统的做法。目前，人类遗骸逐渐被归还给来源国或原住民，这会重新定义伦理责任。例如，纽约的美国自然史博物馆（American Museum of Natural History in New York）将100多具毛利人和莫里奥里人的遗骸（其中包括35个有纹身的头颅）归还给新西兰蒂帕帕博物馆（Te Papa Museum of New Zealand）。法国人类学博物馆（French Musée de l'Homme）将霍屯督的维纳斯——萨尔特杰·巴尔特曼（Saartjie Baartman）的遗骸归还给南非的科伊族人。

大多数的博物馆工作人员都同意，制定专业伦理、确立决策标准是非常有必要的。博物馆工作人员也认为，伦理行动不仅是应用逻辑或常识那么简单，相反，它必须要建立在先前知识、传统博物馆实践、认可博物馆学责任的基础之上。因此，专业伦理涉及一个广泛的议程，即博物馆应该从新观众、新技术和新需求等挑战中突出重围，实现蜕变。在这种情况下，那些看似因遵循陈旧观念而限制灵活性发挥的限制性规则应当被果断地弃之不用。

伦理与专业化

博物馆工作人员面临着如何平衡个人态度、外部影响与专业要求、机构政策、造福社会之间关系的挑战。这种情况通常需要教育培训和法规编纂来予以解决。教育培训指的是学术培训、专业在职培训、专业指导、专业会议、专业出版和非正式互动。将专业期望作为一种伦理准则进行正式的编纂是汇聚博物馆工作人员基本行为要素的手段（见图5-1）。

第五章 伦理与一致性

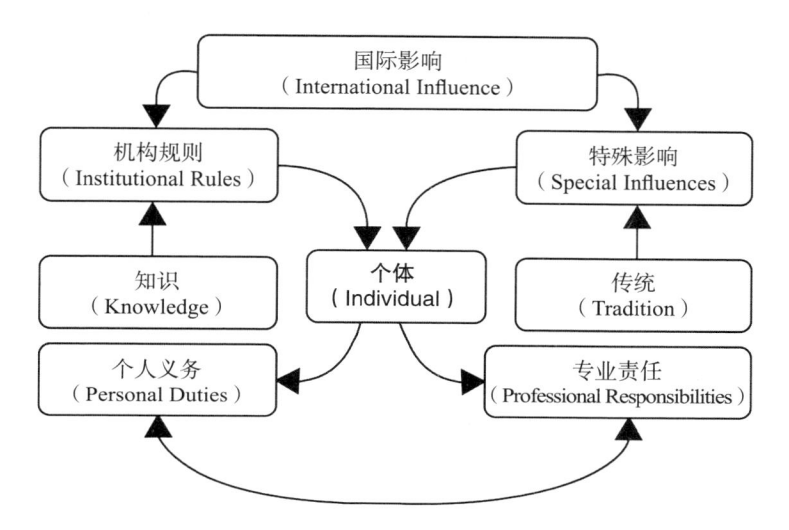

图 5-1 博物馆专业领域内的个人义务和责任。

个人义务和专业责任可能会受到外部要素、意识形态、社会期望的影响。机构规则或政策连同相关的信念会对个人决策和由此产生的价值产生重要的影响。博物馆工作人员应该通过知识的学习、接受和传播来明晰行业及其所服务的公众的需求。在人员之间不断流动的信息同样非常重要，其在博物馆专业人员和博物馆界之间搭建了沟通的桥梁。

（75）

经由公认的原则和实践，伦理展示了可预测性、一致性和稳定性，这对于个体和专业而言都非常重要和必要。作为一个赋权（可信性）概念，伦理旨在确认博物馆专业的基本原则。成文的伦理标准重申博物馆的社会角色，阐明博物馆专业不同于其他专业和非专业组织的独特性。

在一个或多个机构群体内，保持伦理的一致性是至关重要的。专业推理所支持的伦理对具有类似动机的人具有普遍的指导意义。包容性思维是基于专业行动动机和恪守伦理原则的理想而建构的。在此，所谓的普遍性（universality）指的是行为的伦理性质能够适用于处于类似情形下的所有理性之人。这个概念与包容性和一致性的原则不谋而合。

实践中的博物馆伦理

认可博物馆专业人员应保持一致性的十项伦理理想具体如下：

1. 以负责任的方式行事，既要合法又要合乎伦理。

2. 公平地满足博物馆公众的社会意识和文化需求。

3. 获取、维护、研究、记录与博物馆既定使命相契合的物件，并通过展览（线下或线上）向公众开放。

4. 避免出现不当行为，禁止在工作过程中假借与博物馆有关的职责、活动和/或信息而从中谋取私利。

5. 在为博物馆收藏挑选物件时需格外谨慎。

6. 尊重那些对他人具有宗教或神圣意义的物件。

7. 慎重考虑任何物件的除藏，决不允许博物馆在此过程中受到质疑或名誉受损。

8. 在确定教育、展览、阐释和特殊项目的内容时，博物馆应当将诚实、正直、社会意识置于首位。

9. 为包括董事会成员、研究员、技术和支持人员、志愿者在内的所有博物馆成员提供知识增长、教育培训的机会和支持。

10. 积极支持世界博物馆行业的发展。

（76） 这十项一致性原则旨在促使行为或行动产生好的、积极的结果。这些善行被理解为工具性的，是实现预期结果的一种方式。此处提到的十项原则指的是行为原则，当这些行为在知情和自愿的情况下发生时，它们就构成了专业伦理的基础。这十项伦理理想的逐渐积累和最终形成展现了博物馆界对伦理行为的认可。

伦理通过确定行业公认的实践来指导博物馆工作人员的行为。正确的行为虽然在建立和维系一个伦理机构的过程中扮演着重要的角色，然而，但仅在此过程中占据很小的份额。一个合乎伦理的博物馆指的是承认专业人员认可的价值的有效性，与此同时，这些价值还是博物馆使命的一部分。个人可能对特定的伦理原则持保留态度，但是所有人都应该认识到需要一种普遍的方法来确认个人义务。伦理责任不仅体现在博物馆内外的实践中，而且还渗入到博物馆开展活动的方式中。

虽然伦理能够为个人提供指导，但是合乎伦理的博物馆仅靠个人的努力显然是无法实现的，伦理是一种渗透到机构和专业中且带有集体强制性的态度。作为由负责任的个人组成的有组织的实体，任何行业如果想要得到所有成员的认可，就必须全力支持和弘扬伦理实践。

伦理与博物馆卓越

伦理涉及博物馆行业的两个一般性问题：其一，为博物馆行业内的人提供领导、指导和自我价值感，其二，向博物馆行业外的人解释博物馆专业人员所接受和认可的行动和实践（责任）。一个合乎规范的伦理准则必须包含这两个要素，它们共同构成了博物馆界有关博物馆角色和责任的整体视角。

博物馆专业化和对博物馆学卓越（museological excellence）的追求要求伦理根据博物馆及其工作人员的情况履行不同的功能。我们可以为作为指导原则的伦理确立五个重要目标。

1. 伦理规定了那些有资格加入该行业的个人和机构。
2. 伦理定义了专业人员之间的关系。
3. 伦理保护该行业免受外部的侵扰。
4. 伦理为博物馆及其工作人员的专业资格制定了标准。
5. 伦理强化了专业人员的公共服务动机。

许多伦理问题与博物馆行业息息相关，且始终存在。尽管这五项指导原则已经

实践中的博物馆伦理

(77) 被整合到博物馆学的方法论内,但是随着技术知识进步和对博物馆作为服务人类的机构的深入认识,新一代博物馆工作人员必须重新考虑这些原则。对伦理的理解越深入,解决问题的方法也就越完善。

信息记录是藏品照料的重要组成部分,它是同具体实践相关的伦理原则一起发展起来的。从最开始,正确的藏品信息记录对博物馆而言就非常重要。一直以来,伦理始终保持不变,并确定了相同的基本概念,但是满足该要求的方法却发生了变化。起初,藏品信息手写在一本账簿上。这些记录最终被拍摄下来或存储在微缩胶卷上,并存放在博物馆之外以确保其安全。随后,电脑逐渐被用于记录藏品信息,但是许多谨慎的博物馆还在继续使用账簿和卡片文件,以防止电脑发生故障。目前,异地备份电脑记录的技术已经比较成熟,能够自动确保藏品信息记录的安全。这种不断演变的实践印证了相关的伦理原则保持不变的本质。无论是有形的还是虚拟的藏品,与之相关的信息一直存在于博物馆里。实践在持续不断的变化,技术(过程)也发生了变化,但是伦理原则却始终保持不变。

为了在博物馆的实际工作(如信息记录)和更高标准的要求之间搭建沟通的桥梁,国际博物馆界颁布了专业伦理准则。很显然,对伦理指南的呼吁不是来自公众,而是来自博物馆专业人员,伦理指南能够为其提供预测实践标准的方法。需要注意的是,伦理标准的目的并不是要向专业人员阐明对与错的区别,而是要提供"能够为理想的专业实践提供指南的原则"。[1]

博物馆行业与其他行业的不同之处不仅在于知识水平和特殊培训,而且还在于对公共利益负责的伦理承诺。公众、藏品和工作人员可能会发生变化,但是这种伦理责任是隐含在专业主义概念中的重要因素。伦理方面的考量能够促进特定目标的实现,比如公众信托、负责任的管理、适当的行为以及对规范专业人员行为的普遍标准的审查。作为一种实践手段,伦理旨在关注包括博物馆行业在内的各行业"正确性"的概念基础。

---

[1] ICOM Code of Ethics for Museums, Preamble, p.iv.

第五章 伦理与一致性

一个行业不只是具有相似专业知识和价值的人的集合，而且还是一个更广泛意义上的社会机构或组织。在该机构内，"专业人员在促进和维持某些价值方面具有特殊的权力和重要的责任，无论对错，这些价值都被专业人员奉为圭臬"。[1]对于博物馆行业来说，最重要的价值当属公众信托，这意味着博物馆要肩负起管理职责，因为公众信托这一要素与为公众利益而明智和审慎地使用资源密切相关。[2]

无论是公共博物馆还是私立博物馆，受雇即意味着承担具有重大责任的公众信托。伦理实践是博物馆专业人员生活的一部分，因此，伦理应当成为个人价值和机构价值的构成要素。博物馆依赖于公众信任，因此，博物馆工作人员的价值和实践必须建立在博物馆行业公认的准则之上。博物馆之于社区的价值通常由其所提供的服务质量和赢得的信任进行衡量。

外行人将博物馆专业人员视为专家，换句话说，人们完全支持工作人员充分发挥专业知识来服务社会。博物馆工作人员对这一期望的回应关系着公众信托的问题，其中就包括以正确的方式行事和负责任地遵守公认的伦理标准。虽然单个的专业人员无法兼顾机构的完整，但是伦理却已经渗透到博物馆的所有活动之中（见图5-2）。博物馆专业规范以特殊的权威要求规范该行业成员，因此，专业人员有义务遵守这些规范。

专业（Profession）⟨博物馆的伦理性质（Ethical nature of a museum）⟩公众（Public）

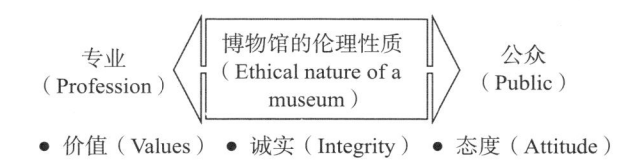

● 价值（Values）　● 诚实（Integrity）　● 态度（Attitude）

图5-2　博物馆的伦理性质是通过工作人员的态度、机构秉持的价值、在与公众和专业人员的所有互动中表现出的诚信度共同衡量的。

---

[1] Wueste, D. E., ed. Professional Ethics and Social Responsibility, p.17.
[2] Fowler, D. D. "Ethics in Contract Archaeology," in: E. L. Green (ed.) Ethics and Values in Archaeology, pp.108–116 (New York and London: The Free Press a Division of Macmillan Publishers, 1984), p.116.

实践中的博物馆伦理

伦理与博物馆学的责任

从实践层面来看，专业伦理是非常必要的，它能够调节智识控制和凭冲动行事这两种极端情况。当然，这并不是说博物馆界被某个极端情况所主导，而是说上述两种情况普遍出现在大多数博物馆中。凭冲动行事会受到理性和预先判断的调节。以有意识的目的为表现形式的智识影响力越强，其对冲动的控制就越大。智识（强迫性）推理（"相信我，我知道该怎么做！"）可能会同时取代对公众和信托机构的关注。当冲动性或强迫性思维主导决策过程时，其最终结果通常是不一致和不可靠。伦理为冲动性和强迫性的态度提供了指导。[1]

伦理实践指的是充斥在整个机构范围内的责任（见图5-3）。对伦理的理解和应用不仅是管理者的责任，所有的博物馆工作人员（正式员工和志愿者）都应当对博物馆实践范围内的决定和行动负责。认为伦理只是行政部门或董事会的责任而非全体工作人员的责任的看法是不合理的。此外，伦理考量不仅存在于每项决策中，而且还是博物馆专业人员互动的基础。[2]

图5-3 没有哪个要素可以单独地确定是否合乎伦理；相反，一个合乎伦理的机构会将专业实践和公共责任结合起来。合乎伦理的博物馆工作人员是支持和促进专业的从业者。

---

[1] Edson, G., ed. Museum Ethics (London and New York: Routledge, 1997), p.11.
[2] Edson, G., ed. Museum Ethics (London and New York: Routledge, 1997), p.12.

第五章 伦理与一致性

在一个积极支持伦理理想的环境中，伦理还涉及社会和专业价值，即不仅关心"是什么"，而且还关注"应该是什么"（详见第七章）。伦理理论不仅解释了事物应该如何发展，而且还通过确定所涉及的原则来为行动提供理由。[1]每个决定都涉及某种形式的价值判断。比如说，选择一个收藏物件、启动一个保护项目、策划一个展览、设计一个网页……所有这些决策都是基于价值评估而做出的。此外，每个行政、研究、公共关系、教育和资金筹措的环节都涉及价值问题。

博物馆工作人员有责任考虑与收藏、公众、博物馆、专业有关的任何决定的意图。做决定时首要考虑的因素是价值，即文化、知识、情感和伦理价值，从而权衡哪种选择能够实现更好的结果。在决策过程中，价值判断和真理判断通常是可以相互替换的，它们都在寻求好的和坦诚的结果。经由培训、教育、经验和知识，大多数决策都可以高效而准确地做出。然而，伦理或伦理态度对于在决策中选择公认的实践和社会责任非常有帮助。此外，伦理还能够为不寻常的、意想不到的或涉及冲突议题的棘手情形提供指导。

每个人都有自己的目标和信念，而且对影响决策的要素看法也存在差异，这会不可避免地产生分歧。当然，这并不意味着这些人是不合乎伦理的，因为他们的确抱持着不同的信念。相反，这恰恰表明了伦理之于各级决策的指导价值。伦理应当具备充分的包容性，不仅要适应不同的信念，而且还不能损害对人、物件和专业负责的基本原则。作为一种与遗产照料和保护、博物馆其他活动有关的价值，"善"的概念不应该受到社会、文化和政治状态的约束。（80）

无论身处何地、何种文化情境，接受某项活动就意味着有能力完成，因此，能力不足并不能成为免除该义务的借口。在承担相关责任之前，扮演着保护人类遗产受托人角色的博物馆工作人员就必须认真考虑和权衡各方利益。义务和责任是伦理行为的基础。然而，专业责任并不等同于遵守伦理义务，它需要正视违反或忽视专业责任所带来的伤害。

---

[1] Edson, G., ed. Museum Ethics (London and New York: Routledge, 1997), p.32.

实践中的博物馆伦理

虽然做判断是人类的天性，但是有些决定往往是在欠缺理性和仔细考虑的情况下做出的。假设一个人能够明辨是非，那么他就有合理的理由来解释为何会做出这种决定。慎重决策的过程应该考虑正确行动的相关原则，而不是对结果进行推测。尽管武断和不一致的决定在特定情形下可能得到勉强接受的结果，但是从根本上来说，它们不仅是缺乏原则的，而且也是站不住脚的。

在处理伦理议题时，人们经常从复杂处着手来寻求复杂的答案，究其原因在于，人们倾向于通过复杂化而非简单化的方式来理解伦理行为的因果关系。实际上，从"消费者"（consumers）和"贡献者"（contributors）的角度来思考伦理或许会简化这个过程。"消费者"会在符合自己意图的情况下使用伦理，"贡献者"则通过自己的行动为博物馆行业的伦理基础做出贡献。伦理必须切合实际，但也要有理论基础。伦理理论明确了行为或行动中的真与善，并在实践过程倡导正确的行动。

博物馆专业人员所开展的活动在伦理维度上日益受到关注，因此，事后的改进措施不应成为博物馆行业关注的重点。相反，伦理教育必须以促进专业操守的发展为己任。伦理不是将外部价值强加给博物馆，而是旨在理解博物馆行业的基本法则（内部价值）。伦理是对专业责任的提醒，因此，最起码的努力是远远不够的。

延伸思考

专业伦理之于博物馆界的价值体现在哪些方面？

对于大多数博物馆工作人员来说，博物馆伦理的理论是如何超越伦理实践的现实的？

考虑到日常实践的现实状况，博物馆伦理的理论是否太过复杂了？

博物馆专业人员的行为对公众信托的重要性体现在哪些方面？

伦理思维和直觉推理之间有何区别？

第五章 伦理与一致性

可供讨论的博物馆案例6：被盗物件的归还 (81)

某发展中国家的国家级博物馆（NHM）正积极与另一个国家的知名艺术馆协商，要求其归还正在展出的被盗物件。NHM 的代表们在应邀参加展览的过程中认出了他们国家的物件。他们有照片证明这些物件在 NHM 博物馆中，所以他们非常肯定这些物件是被盗的。基于此，NHM 的代表们要求艺术馆归还这些物件，但是艺术馆告诉他们，这么做会损害艺术馆的利益。在这种情况下，代表们就这个问题咨询了政府部门，外交大使声称会负责查明此事。随后得到的答复是艺术馆不会归还被盗物件，原因有二：其一，物件被盗主要是因为 NHM 没有提供适当的安全保障；其二，这些物件在艺术馆中得到了更好地照料和保护。

随着 NHM 逐渐获得博物馆界的支持，双方之间的拉锯战持续了好几个月。NHM 一再声明，这些物件是该国国家遗产的一部分，归还被盗物件符合联合国教科文组织制定的公约和伦理。此外，博物馆无法提供足够的安全和照料也成为拒绝归还的正当理由。

在此过程中，博物馆与政府部门之间进行了多次交流，一些国家和国际性报纸也对此展开了正反两方面的辩论。在经过相当长时间之后，艺术馆终于承认 NHM 是被盗物件的合法所有者。不过，这么做的前提是 NHM 同意将这些物件永久地出借给艺术馆。NHM 拒绝了这个提议，并要求立即归还。然而，艺术馆也再次拒绝归还这些物件。这件事情一直悬而未决，新的解决之道正在酝酿中。

NHM 要求归还被盗物件是合理的吗？艺术馆能够为物件提供更好照料的说法是正确的吗？

相关思考

本案例是一个伦理、法律还是政治问题？

为了让艺术馆归还这些物件，NHM 应该做些什么？

实践中的博物馆伦理

如果物件是以不合乎伦理和非法的方式获得的，那么照料不周和安全问题是不归还的合理理由或借口吗？

为什么某些博物馆要收藏被盗的物件？其来源是否清楚？

在这种情况下，妥协是可以接受的解决方案吗？还是艺术馆应该立即归还被盗物件？

（82） 有没有办法迫使艺术馆归还这些物件？

考虑到时间、精力和金钱，NHM 是否应该停止对这些物件的追索？

在这种情形中，还存在所谓的"善"吗？还是说这仅是一个关涉法律和情感正确性的问题？

博物馆界是否应该关注 NHM 与艺术馆之间的磋商？

艺术馆是否可以在不调查清楚来源和获得方式的情况下收藏这些物件？

有针对不合乎伦理的博物馆的惩罚措施吗？

案例评论

该案例涉及的重要议题事关博物馆之间的未来关系。每次对博物馆界伦理标准的侵犯不仅会削弱遵守伦理准则的理性，而且还会让整个行业走向混乱。艺术馆拒绝归还 NHM 的被盗物件不仅挑战了公共信托的理念，而且还让所有博物馆为此蒙羞，更为重要的是，它还削弱了伦理的价值。

如果博物馆都能意识到，坚持专业伦理标准是正确的，那么每个博物馆及其各自的公众都将从中受益。合作与尊重不仅反映了各博物馆之间相互依赖的关系，而且还巩固了共同利益作为专业行为根基的事实。只有承认并延续博物馆专业人员所认可的伦理实践，方能实现博物馆和国际博物馆界的最大利益。

此外，上述案例也暴露了许多伦理准则都存在的一个弱点，即缺乏有意义的执行和保障机制。博物馆可能会因为违反伦理原则而被博物馆行业组织开除，但是这种威胁往往不会对违规机构造成什么影响。

第五章　伦理与一致性

可供讨论的博物馆案例 7：有问题的收藏

一位当地的收藏家收藏了大量的西藏艺术品，不仅包括古代和现代物件，而且还包括一些具有历史元素的当代作品。这些收藏的价值与其说是历史性的，不如说是仪规性的。尽管如此，这些数量众多的藏品中不乏有趣的作品，尤其是那些重要的古老佛像。

这位收藏家年轻时曾住在西藏和尼泊尔，许多朋友和同事不仅帮助其收藏物件，而且还分享与其兴趣有关的作品。收藏家关注的重点是仪规性艺术，即与苯教仪规习俗有关的艺术品。在精神要素的激励下，收藏家首要关注的并不是藏品的年代和来源。（83）

经过 50 多年的收藏，这位收藏家的藏品数量已经多达几千件。每件藏品对他来说都是意义非凡的，所以他对出售并不感兴趣。不过他意识到，是时候考虑收藏的未来了。

收藏家认为，如果能够把这些藏品捐赠给博物馆，那就再好不过了。为此，他联系了当地的一家博物馆，并将其收藏状况告诉了馆长。他告诉馆长，如果博物馆感兴趣的话，他会考虑捐赠全部或部分藏品。他建议馆长去他家看看这些作品，馆长欣然同意。

到收藏家的家中时，博物馆馆长比约定时间晚了 30 分钟，与她同行的是一位专攻印第安文化的人类学研究员。博物馆馆长不仅没有解释迟到的原因，而且也没有与收藏家闲聊。相反，她告诉收藏家她非常忙，因此只有几分钟时间来看藏品。

收藏家热情地为客人泡茶，但是博物馆馆长轻蔑地挥手拒绝，她急切地想让收藏家带她看其想捐赠的"东西"。收藏家解释说，部分藏品存放在二楼和三楼的房间里，旁边房子里也存放着很多藏品。他建议可以从二楼开始看。

在此过程中，馆长反复强调她没有太多时间，不过，她还想快速浏览一下。如果收藏家可以把这些东西带到博物馆的话，那么博物馆工作人员就会有更多的时间来研究这些收藏。

收藏家带着两位客人走上楼梯,来到一个存放着各种仪规物件的房间。里面有 1 200 件装饰着半宝石的人头帽雕像、几个巨大的青铜雕像和一些其他作品。另一个房间里有 100 多尊木制和青铜雕像、70 多份经卷。

博物馆馆长快速环顾了各个房间,但是不知道应该看些什么,人类学研究员对此也没有提供任何建议。博物馆馆长看了下手表,走出了房间,在收藏家回答她的问题之前就走下了楼梯,把收藏家和研究员留在房间。在沉默了一会后,研究员对收藏家说:"你可能会因为这些东西而进监狱,这是非法的,我们不希望它们出现在博物馆里。一直以来,我们以合乎伦理和谨慎照料博物馆收藏为荣。"随后,研究员告诉收藏家,收藏这些物件是不合乎伦理的,并建议他归还这些物件。如今,

(84) 国际法禁止携带物件出境,博物馆也不愿意与这些物件有任何瓜葛。在这个问题上,伦理议题显而易见,博物馆不会与这些藏品沾上关系。

收藏家生气地说道:"你在说什么?你在我家仅花五分钟就看完了我的收藏,而且还说什么进监狱的事情。是什么让你如此行事?"

"相信我,我知道自己在说什么。我不向警察举报你实际上就是在帮你。"

这时,博物馆馆长在楼下喊研究员,说该走了。

相关思考

该案例涉及何种议题?

研究员对藏品的看法是否正确?为什么?

该案例涉及的是国际伦理议题还是机构公共关系问题?

博物馆馆长的行为是否专业?

研究员的行为是尽职尽责的,还是蛮横无理的?

在这种情形下,研究员的个人意见是否取代了其对博物馆应负的责任?

研究员将博物馆伦理强加给一个非专业人员的做法是否正确?

研究员是否有权在未与馆长讨论的前提下拒绝捐赠?

第五章　伦理与一致性

藏品从来源国被带走的时间是否重要?

抛开研究员的担忧不管,博物馆是否应该接收全部或部分收藏?

案例评论

很显然,博物馆馆长既不关心潜在的捐赠,也没有与收藏家保持积极的工作关系。

基于1970年的《关于禁止和防止非法进出口文化财产和非法转让其所有权方法的公约》(*1970 UNESCO Convention on the Means of Prohibiting and Preventing the Illicit Import, Export, and Transfer of Ownership of Cultural Property*),研究员做出了拒绝收藏的决定。或许,他可能有其他反对接收的理由,抑或只是将伦理作为拒绝的理由。他可能会援引《国际博物馆协会博物馆伦理准则》的内容:"博物馆工作人员不应直接或间接支持自然或文化财产的非法贩运或买卖。"[1]基于此,他可以告诉馆长,促进文化财产归还给其来源国是博物馆应尽的责任。然而,在没有对藏品进行调查的情况下,研究员无法准确了解这些物件的遗产价值。很显然,研究员的决定略显草率。

(85)

博物馆可以出于专业或机构的理由而拒绝捐赠,但是必须清楚地说明原因,以便于让公众理解博物馆的政策和做法。不一致和武断的决策会削弱公众对博物馆的信任。

该案例表明,更好地理解博物馆作为社会机构的角色是非常必要的。无论是否接受捐赠,博物馆工作人员都应尊重人类的尊严。明确出台有关藏品获取和捐赠的政策有助于规避武断的决策以及不专业的人际互动,与此同时,该政策应该进一步明确获取、评估和接收物件的过程和权限。有关藏品获取过程的政策不仅能够保护博物馆机构,而且还尊重了潜在的捐赠者。

---

[1] ICOM Code of Ethics for Museums, Principle 8, section 8.5, p.12.

第六章

伦理与真实

伦理学被认为是"对行为好坏标准的研究"。[1]这一概念可以扩展如下：好的行为等同于"真实"，坏的行为则可以与"不真实"相提并论。然而，还有许多问题无法轻易归类为完全符合真实（好的行为）或完全符合不真实（坏的行为）。大多数情况下，我们所面临的挑战是如何在个人、机构、团体的活力和专业需求、真正关注社会利益之间维持平衡。对行为的评估不仅能够达成共同价值最大化的共识，而且还可以确定解决分歧的方法。

虽然真实是伦理和合乎伦理的基本要素，但是我们很难准确地说清楚真实究竟是什么。伦理原则是博物馆专业人员基于经验所认可的伦理标准，即知道原则背后隐藏的真实。因此，真实的概念意味着遵守公认的标准或理想。

伦理学认可如下观念，即真实是人类心理的基本需求。究其原因在于，真实被认为是与事实或实际发生的情况相一致。得益于此，真实与"善"的价值有关。如果某项专业活动无法用正常的社会规范进行限制，那么真实就可能被赋予特殊的价值。与此同时，伦理就成为这一决定的重要组成部分。

在博物馆界，真实巩固了价值同一性的理念，而虚假则揭露了价值之间的差异性。伦理为目的和实践的一致性确立了标准。然而，需要牢记的是，与专业伦理有关的真实是意图，而不一定（总是）是结果。比如，董事会答应为博物馆活动提供足够的资金，但是具体的资助方法和数额却并未说清。

---

[1] Pepper, S. C. Ethics (New York: Appleton-Century-Crofts, Inc., 1960), p.2.

第六章　伦理与真实

在大多数理性之人看来，某些活动是真实且正确的。在社会上，一个人信守承诺、偿还债务、履行义务是再正常不过的事情。交流信息时使用的词语被认为具有真实的含义，但是当有人嘴上说"上"，实际上想的是"下"时，这就意味着某种虚假和失礼。作为一种交流方式，语言只有在发出者和接受者都认为具有真实含义时才有价值。这一点在展览以及与其他博物馆工作人员、博物馆公众的基本交流中都具有重要的意义。"术语非常重要，人们必须能够在像伦理这样重要的事情上互相交流。"[1]

真实是大多数人都会认可的价值，究其原因在于，其潜在的动机是尊重。一个不自重或不尊重他人的人不会承认说真话的义务。知识是真实的基础。真实面临的问题绝不仅是"说谎"或"曲解"，不诚实或不讲真话同样意味着对社会和专业价值的侮辱。如果缺乏真实，那么语言、思想和信念就失去了共同的意义；如果没有真实元素的话，那么专业伦理的价值就几近丧失。上述论述确认了真实的普遍性。

某些基本品质被认为是完整人格不可缺少的组成部分，同时也是文明社会应该具备的。虽然并非每个人都认可这些品质——尊重事实、尊重人的尊严、尊重个人财产、尊重社会秩序，但是它们对于大多数人来说都是众所周知的。与此同时，这些品质所隐含的态度也同样适用于博物馆行业。当这些品质存在时，我们可能察觉不到什么；一旦它们不存在了，那么就会深刻影响到社会的正常运转。简单来说，这些品质的存在远不如不存在时明显。

真实是一个难以捉摸的概念，但是那些认可伦理原则的专业活动通常都立足于真实的判断。在决策中寻找真实是一个持续的过程，随着影响个人理想的条件的不断变化，这一过程也会变得更加复杂。长期积累的知识和尊重认可了在决策中寻找真实的价值。日常状态和具体利益通常会改变决策实施的重要程度，相应的，与真实观念有关的专业实践也会灵活应对。但是，真实的重要性是恒定不变的。

---

[1] Facione, P. A., D. Scherer, and T. Attig. Ethics and Society, 2nd ed. (Englewood Cliffs, NJ: Prentice Hall, 1991), p.1.

实践中的博物馆伦理

哈佛大学法学教授查尔斯·弗里德（Charles Fried）在《对与错》（*Right and Wrong*）一书中指出，谎言会对人的思想造成伤害。弗里德说："谎言是一种伤害，因为它产生了（或试图产生）作为道德（伦理）行动者的个人不希望在其身上出现的效果……"[1]随后，弗里德评论道："说谎是不对的，因为在说谎时，个人建构了一种本质上的剥削关系。很显然，这违反了尊重的原则……"[2]

至少对本书来说，真实的基础来自对应理论（correspondence or corresponding theory）。该理论假设真实与现实有关："……真实是一种关系属性，涉及与现实中某些部分的独特关系。"[3]任何情形下的现实都是符合既定标准或依赖经验数据的结果。基于此，伦理所认可的标准也是建立在来自经验观察和检验的知识基础之上的。

某种实践可能会因为专业认可而成为事实，这意味着该实践是正确的或可接受的。例如，在20世纪70年代以前，关于非法贩运文化财产的态度尚不明确。基本伦理不会改变，但是为实现该目的而采取的手段可能会发生变化，基于此，博物馆行业将伦理标准加诸实践中。确认某种情形、理想或声明真实与否的惯常做法是从对应理论中寻求支持（如前所述），也就是说，判断它们与外部事实或现实之间是否契合。对于博物馆行业来说，真实意味着坚持对应原则。

伯特兰·罗素（Bertrand Russell）等人已经就作为对应因素的真实的评估进行了广泛的讨论和争论，然而，伦理真实指的是理性的真实。如果某个伦理判断比替代方案更好，那么它就是真实的。[4]这一观念认为，如果某个陈述或行为反映了作为知识来源的事件或事实的现实状况，那么它就是真实的。因此，真实意味着与实际发生相一致的情形。无论采取何种方法，对真实的判断意味着制定一个适用于类

---

[1] Fried, C. Right and Wrong (Cambridge and London: Harvard University Press, 1978), p.67.
[2] Fried, C. Right and Wrong (Cambridge and London: Harvard University Press, 1978), p.67.
[3] "The Correspondence Theory of Truth" Stanford Encyclopedia of Philosophy. http://plato.stanford.edu/entries/truth-correspondence/#8.3 (accessed September 10, 2012).
[4] Rachels, J. The Elements of Moral Philosophy, 2nd ed. (New York, Madrid, and Tokyo: McGraw-Hill, Inc. 1993), p.40.

第六章 伦理与真实

似情形的标准。即使无法验证其有效性,但是在类似情形或活动中,对某一特定事件或行为做出的判断通常被认为是正确的。

在个人眼中,真实的价值既可以是客观的,也可以是主观的。即便如此,伦理依然希望有一种更客观、更一致、更具预测性的价值判断方法。与个人选择的价值相比,专业实践所确定的价值不太可能导致负面结果。行业内部普遍认同的价值判断不仅会指导决策朝着公认的标准迈进,而且还会支持将真理视为"善"的概念。[1]

不诚实在伦理上是错误的,这不仅是对信任的滥用,而且也是对尊重的侵犯。说真话(诚实)是一种基本价值,因为它先于选择而存在。[2] 只有了解事情的真相,才能做出正确的决定。作为一种价值判断,决策实际上是一个评估过程,决定哪种选择与专业利益(既定标准)最密切相关。

与伦理一样,信任也是博物馆工作必不可少的方面。一个人不可能无所不知,因此,博物馆工作人员必须相信专家、顾问和同事。"我们必须相信他们(专家),但不要过于依赖他们的知识,因为他们是否诚实以及对自己知识的局限性是否自知始终是个问题。"[3] 随着工作性质的变化,博物馆有时不得不依赖在某些领域具备专业知识的人。在这种情况下,博物馆环境中出现的不诚实现象可能会产生特别糟糕的影响。如果工作人员、馆长或研究员向同事蓄意提供有关博物馆藏品或活动的虚假信息,那么这将会在整个博物馆行业树立坏榜样。

真实既可以指符合事实或现实,也可以指个人思想与客观条件之间的一致。换句话说,真实意味着言语和思想的一致,与个人的意图和责任息息相关。[4]

诚实或真实可能有悖于自私自利的优先顺序。例如,某家大型城市博物馆的

---

[1] Edson, G., ed. Museum Ethics (London and New York: Routledge, 2004), p.80.
[2] Fried, C. Right and Wrong, p.62.
[3] Hardwig, John. "Toward an Ethics of Expertise," in: D. E. Wueste (ed.) Professional Ethics and Social Responsibility, pp.83-101 (Lanham and London: Rowman & Littlefield Publishers, Inc., 1994), p.89.
[4] Titus, H. H. Ethics for Today, 2nd ed. (New York: American Book Company, 1947), p.280.

实践中的博物馆伦理

研究员渴望在自己的领域中树立学者的声誉。为此，她正在研究一批埃及收藏，它们即将作为古代文明展的明星展品而展出。在她看来，这次展览必将取得巨大的成功，对此，她可以说是功不可没。现在悬而未决的一个问题是原本有着朱鹮头的智慧神透特（Thoth）的优雅雕像上没有头。埃及的联络人告诉她，原本有一个朱鹮头，但是从颜色和颈部角度来看，其与雕像并不匹配。研究员听闻此事后，要求联络人立即去寻找与之匹配的头部，此时距离展品布置只有几天了。她通盘考虑了所有选择，最终决定将现有的朱鹮头与雕像躯干放在一起。虽然这是错误的，但是没有人会知道。她可以为了矫正对位而敲掉了颈部的一部分，并通过添加石膏的方法来帮助定位。通过用水性着色剂涂抹颈部，她将两部分粘在一起。最终她选择用木棒将头部固定在雕像上，这样以后就可以毫不费力地将其取下。只要巧妙地利用灯光，雕像头部的瑕疵就不会被注意到。研究员保证，她会在寻找到新的朱鹮头后轻易地移除石膏支撑物，洗掉着色剂，并做出更换。在此期间，没有人会注意到变化。在她看来，这是一个完美的计划。几天后，她告诉展览工作人员，这座雕像会出现在展厅中。在该案例中，伦理问题很明确。研究员自私自利且不说真话，对尊重的基本态度无动于衷，真实和诚实都被抛诸脑后了。

逃避真相往往只需要一个看似合理的理由。关于真实的人道主义观点通常会在社会道德领域内提出来，问题是："为保护一个人的生命而说谎是不可接受的吗？"通过说谎来保护一个人的生命是合乎逻辑的，但却不会改变行为的正确性。说谎的人不应当将说谎视为理所当然，而只能为特定情况下的说谎行为进行辩护。谎言只会产生个人的、主观的益处，人道主义则旨在帮助他人。在该案例中，研究员为了自己的利益和欺骗公众而说谎。换句话说，不管合理化的解释多么令人信服，对透特雕像的蓄意操纵都是为了让研究员自己受益。

如果只将真实视为与情境正确性有关，那么这会助长不合乎伦理的实践，这通常会出现在职业伦理不同方面彼此冲突的情形中。譬如说，博物馆收藏了大量化石，但是拒绝将其归还给来源国。关于恐龙化石的来源是确定无疑的，但是该博物馆却表示，博物馆是根据公认的田野标准获得这些材料的，因而有权继续以研究为

第六章 伦理与真实

名保留这些化石。声索国（the claimant country）声称对这些化石拥有伦理和法律权利，并声明1929年后从他们的国家带走化石的行径是非法的。声索国为此强烈谴责该博物馆不仅违背了博物馆界归还文化财产的惯常做法，而且还无视了声索国对遗产的有效诉求。该博物馆声称，对化石进行研究是正当合理的，但这一说法不能成为无视归还文化和科学物件这一真实诉求的借口。

在专业伦理领域，真实有时很难作为一个知识概念来进行解释。真实满足了某种逻辑需求，可以通过将行为、想法或陈述与更大或更广为接受的来源联系起来，以此来对其进行验证。然而，伦理真实并不总是以科学真理的方式得到证实。比如可以通过测试来证明某些溶液会对油画造成有害影响。这些测试可以重复进行，以证明问题所在。相比之下，《国际博物馆协会博物馆伦理准则》规定："涉及藏品保管的专业责任应当交给具有适当知识和技能的人，或在充分监督的情况下开展工作。"[1] 国际博物馆协会的声明不仅具有伦理的有效性，而且还演变成为一个博物馆学的真理，即"知识和技能"的概念是无法通过科学手段来验证的。

除了在博物馆的实践中考虑这些价值外，特定行为或活动的正确（真实）与否可能并不那么重要。具体的实践情形能够展示某个特定行为的局限性，与此同时，这也可以让人们去思考博物馆学的"共同利益"。这个过程被称为"假装是真实的"（passing for true）。当"陈述从某个来源传递给接受者，并成功地唤起人的信念且落实到实践推理中，从而在无限可变的程度上改变了信念和选择的主观表征"时，我们就可以认为该陈述传递了真实。[2] 在此，真实等同于"善"的价值。

虽然伦理价值通常等同于真实，但是并不存在适用于每个人的绝对真实的标准。源于特定文化的真实与集体实践有关，且重要程度有所不同。这种真实的多变性并不是对普遍伦理的否弃，而是进一步印证了伦理准则的必要性，因为真实和伦理共同定义了博物馆行业的基本实践。此外，它还主张要定期核查公认的真实（价值），从而保证其基于实践经验的有效性。

---

[1] ICOM Code of Ethics for Museums, Principle 2, section 2.19, p.5.
[2] Allen, B. Truth in Philosophy (Cambridge and London: Harvard University Press, 1993), p.4.

实践中的博物馆伦理

价值体系源自个人，世界各地的博物馆专业人员具有相似的抱负和实践。这种价值理想超越了地理、经济和文化的限制，并被统一的伦理概念进一步强化。国际博物馆界目标一致，那些支持博物馆行业发展的人和机构也对为公共利益行事的做法深表赞同。这并不是说博物馆行业的所有人都已经达到了国际水准，而是说这样的意图和态度已经存在。

在处理真实议题时，我们应当始终牢记的是不要让眼前的情形遮蔽了更大的目的或意图。微观层面上的真实有可能会对宏观层面上的真实产生影响。特定观念或情形中固有的微观真实和价值不应该被转化为普遍意义上的真实。真实可以根据普遍适用的情况来衡量，但是这种判断并不能确保无可争议的普遍性。因此，眼前的真实或信念不应当阻碍对更大的普遍真实的追求。

做决定时要考虑的一个重要因素是价值的存在。只要某个行动有价值，那么就可以判断其在某种意义上是正确的或诚实的。如此一来，评估该行为或陈述的相对益处就变得可能。从关系基础上来说，一种行为可能比另一种行为更加正确。行为的选择是有可比性的，而且与价值直接相关。价值命题还包括替代性选择的可能，也就是说，特定问题可能有很多解决方案。对具体情形的分析将决定哪种解决方案能够产生一个更好（最合理）的结果。

譬如说，白炽灯能够产生热量是一个真实的陈述，然而，决定用荧光灯解决热量过多问题的同时，也产生了另外一个问题。虽然白炽灯产生的热量被消除了，但是荧光灯管产生的紫外线辐射却对许多物体都是有害的。紫外线会改变分子中的化学键（chemical bonds），进而导致褪色或分解（光化学和光机械损伤）。在本案例中，热量过多的问题通过改变光源得以解决，但是解决方案也导致了另外一个真实存在的问题，即紫外线损伤。在现实中，包括 LED 和卤素在内的许多光源在博物馆中广泛使用，它们声称可以替代白炽灯和荧光灯的安全照明。对此，博物馆应该咨询照明方面的专家。

在日常使用中，"真实"和"虚假"一般来说是相对而言的。在理解其意义之前，必须回到具体情境中去定义它们。换句话说，需要识别包括真实和虚假在内的

第六章 伦理与真实

术语的限定条件。由规范定义的职业伦理确定了博物馆实践中与真相相关的条件。例如，"保护过程应当是可逆的"是博物馆行业内的真实陈述，但是对于那些对博物馆和修复毫无兴趣或没有联系的人来说却意义不大。当非观众群体与博物馆建立联系时，真实的价值就会发生变化。因此，博物馆专业人员的伦理态度和行为是最为重要的。在具体的应用情形之外，真实可能是没有内在价值的，行为或陈述有时会因为事件或环境而变得真实。[1]

当不涉及特定行为的义务或责任时，好或善只是一个相关的价值判断。如果伦理判断是一种以实现好或善的理念为中心的价值判断形式，那么伦理判断就意味着义务，好或善也就随之具备了一种逻辑形式。虽然伦理判断可能没有真实价值，但是其确实存在一种逻辑形式。[2] 伦理判断——决定或决策——被视为行动的指南，因为个人接受了做某事的决定。如果不做，那么该行为就意味着个人对伦理判断的拒绝与否弃。

真实与知识的观念或知道的行为有关。真实源自共同价值，涉及一致的条件、环境或陈述等概念。伦理是共同的专业价值的基础，是为专业人员制定公认原则的规范性指南。伦理赋予了专业存在和目的的有效性，因此，博物馆工作人员应该充分理解博物馆行业的基本伦理责任。

伦 理 与 知 识

知识与真实一样，通常难以定义。当特定情形提供了适当的事实参考时，根据相应的信息来确定真实是相对合理的。这些信息的基础要么是来自经验或教育，要么源于对客观对象的理论性或实践性的理解。然而，经验和教育都无法定义知识。

---

[1] James, W. The Meaning of Truth (Amherst, NY: Prometheus Books, 1997 [1911]), p.x.
[2] Pojman, L. P. Ethics: Discovering Right from Wrong (Belmont, CA: Wadsworth Publishing Company, 1990), p.149.

实践中的博物馆伦理

有些真实，特别是那些与基于历史或文化价值的个人信念有关的真实通常是难以验证的（见图6-1）。传统意义上的信念往往会取代事实，这造成了真实决策过程的复杂化。

真实（Truth）　知识（Knowledge）　信念（Belief）

图6-1　真实、知识和信念之间的关系往往难以确定。坚定的信念被假定为真实的，获得认可的真实是立基于知识之上。信念不依赖于知识，知识也不依赖于信念和真实。

虽然知识的获取是人类得以存在的基本要素之一，但是知识在实践中却没有具体的形式。简单来说，知识是生活中遇到的事情的内容、原因和方法。"人类热衷于追求知识，尤其是要理解人类在宇宙中的地位，这是一种基本的善。"[1]很多情况下，与博物馆实践有关的知识可以被视为"位置性"（situated）知识。需要注意的是，"位置性"与"情境性"（situational）有所不同。在此，位置性指的是定位在博物馆环境中，这种特性涉及知识的具体性质、相应价值和相关推理。与博物馆相关的知识源自对特定情形下真实状况的直接理解。相比之下，严格基于信念的实践有可能是不可靠和非理性的。

对博物馆来说，改变基于信念的错误观念至关重要，尤其是当这些观念涉及藏品、展览和教育活动时。"博物馆理应确保其在常设展和临时展中展出的信息是翔实的、准确的，同时还要考虑被表征群体及其信仰。"[2]博物馆展示的真实性至关重要，因为在一个文化环境中，有些信念被认为是绝对真实的，而且早已深深扎根于人们的思想基础之中。在这种情况下，展览及其所传递的信息不仅是一种交流手段，而且还是一种基于真实的合理性思维的信息传递方式。

---

[1] Van Wyk, R. N. Introduction to Ethics (New York: St. Martin's Press, 1990), p.122.
[2] ICOM Code of Ethics for Museums, Principle 4, section 4.2, p.8.

第六章 伦理与真实

建立在知识和经验基础之上的伦理原则通常并不主张宣扬绝对真实。例如，《国际博物馆协会博物馆伦理准则》"反映了国际博物馆界普遍接受的原则"。[1]该准则中提到了信任、正确的行动、责任和尊重。伦理的真实不在于标准的出台，也不在于随机推理和毫无根据的预测，而在于对博物馆实践的研究和分析。博物馆专业人员不应根据伦理准则开展博物馆实践，而应深思熟虑地评估博物馆实践，并根据伦理准则所确定的原则来选择最佳的行动方案。以这种方式获得的伦理知识是以实际工作而不是以概念假设为基础的。对博物馆行业来说，真实的基础形成于伦理准则，并在博物馆机构的政策、程序和实践过程中加以完善。

遵守专业伦理不仅仅是遵守"规则"（rules）那么简单。一个只关注规则的伦理体系过于抽象和简单，从而完全失去了对博物馆行业内存在的原则的深思感。博物馆是一个充满关怀且负责任的机构，这种基本的理想与伦理非常吻合。如果一个博物馆背离了伦理理想与原则，那么它将自绝于专业环境之外，落入孤立无援的境遇。博物馆伦理不仅指导博物馆履行其行为和责任，而且还激励博物馆工作人员遵守既定的原则。

伦理的核心是原则而不是规则。原则声明了以某种方式思考或行动的理由，但不需要做出特殊的决定。相较之下，规则需要基于既定信息做出回应，这是一个涉及对错的概念。每种路径——原则或规则——的有效性都视情况而定。基于原则的伦理准则对如何处理特定情况给予最低限度的指导。在大多数情况下，遵守规则比识别和理解原则背后的价值要容易得多。做出伦理判断是专业责任的一部分，伦理更倾向于将真实视为一种态度，而非一种指令。

理论性和实践性知识都需要超越日常活动的惯例。博物馆行业不能以本能为指导，也不存在一套指导博物馆工作人员如何行事的基于直觉的价值体系。如何满足行业或社区的需求不是与生俱来的，同样，也不存在一种处理公共服务、藏品照料、修复需求和专业内外活动的基于本能的方法。因此，博物馆工作人员必须通过

---

[1] ICOM Code of Ethics for Museums, Preamble, p.iv.

实践中的博物馆伦理

有意识的努力来学习如何做出专业的回应、获得法律和伦理上的认可。

确定博物馆价值好坏的知识大多是习得的。有关博物馆藏品处置所得资金的问题或"在采取破坏性分析技术时，应该完整记录所分析的材料、分析的结果和包括出版物在内的研究成果，并纳入该物件的永久记录"[1]等专业意识都不是常识或直觉的产物。毫无疑问，它们源自伦理准则所确定的原则，以此来强化博物馆学的价值和责任的包容性。类似于这样的价值实际上已经在博物馆行业内得到了普遍认可。

以合乎伦理的方式行事的个人是伦理体系中的一个价值单位，除非他或她承认自己的价值，否则这些人所从事的行业将不可能有价值。[2]博物馆专业人员有责任制定并同意成为博物馆成员的条件，其中包括掌握适当的知识和态度。义务（责任）的概念延伸到博物馆行业的方方面面。

伦理、指导与保护

伦理所涉及的主要问题是指导（guidance）和保护（protection）：前者旨在为博物馆专业人员履行职责提供指导；后者则在于保护博物馆公众免受低于标准服务的影响。[3]以原则为基础的伦理指导为特殊情形下负责任的行动提供了帮助。在实际工作中，指导和保护的不同之处在于，指导提供的是一种正确行事的方式，对公众的保护侧重的是预期的实践。[4]

博物馆工作人员的错误决定通常会对整个行业产生负面影响。例如，正确的田野工作经常会遭受伦理上的质疑，错误的决定往往会被公之于众。博物馆可能会因

---

[1] ICOM Code of Ethics for Museums, Principle 3, section 3.6, p.7.
[2] Bowne, B. P. The Principles of Ethics (New York, Cincinnati, and Chicago: American Book Company, 1892), p.208.
[3] Edson, G., ed. Museum Ethics, p.108.
[4] Shaldahl, T. "A Logical Structure for Codes of Professional Ethics," Working Paper Series WP 79-18, Management Research Center (Syracuse, NY: Syracuse University School of Management, 1979).

第六章 伦理与真实

为不当使用捐赠资金而受到谴责；可能会因其违规的收藏行为而引起媒体的关注；也可能被认为在不合规和不卫生的圈舍中喂养动物（活体收藏）。诸如此类的不合乎伦理的做法对博物馆行业有害无益。

随着争议性问题的日益曝光，不合乎伦理的博物馆实践正引起越来越多的关注。对机构发展和声望、观众数量的追求，正逐渐导致有信誉的博物馆和备受尊重的博物馆工作人员规避伦理原则。伦理的核心是个人或机构自觉且自愿地采取行动，并为其负责。这些行动在博物馆行业内逐渐积累，并最终成为伦理准则的基础。"每当一个人在不同选项中做出选择时，其选择是基于处于道德（伦理）准则核心位置的假设而做出的。该准则的基础是那些为原则性推理和伦理决定提供框架的价值观。"[1]

有时，看似错误的行为有可能是合理的，但却是不合乎伦理的。一个不明智的决定不会使行动变得正确，只是不那么离谱而已。以保护为名而清理物件就是这一观点的例证。清洗艺术品似乎是不合乎伦理的，因为附着在艺术品上的图像被戏剧性地改变了。比如，颜色可能会变亮，隐藏在黑暗背景中的图像会显现出来。对此，我们可以想象一下西斯廷教堂天花板清洗之后的样子。清洗衣服是为了去除那些可能会导致织物变质的污渍，但是清洗也会抹去与衣服有关的社会活动的潜在的、有价值的信息。在很多国家，类似的问题就是通过"未经授权的发掘"（unauthorized excavation）而从历史遗址中获取出土物。

作为普遍价值的伦理

"伦理在某种意义上必然涉及一种普遍价值，在我看来，这一观点为伦理问题的

---

[1] Guy, M. E. Ethical Decision Making in Everyday Work Situations (New York and London: Quorum Books, 1990), p.3.

实践中的博物馆伦理

讨论提供了一种更自然、更不令人困惑的方式。"[1]伦理的普遍主义认为，正确的基本标准对所有人来说都是一样的。这一概念使得为所有博物馆及其工作人员制定一个普遍的伦理准则成为可能。相较之下，社会道德则不太可能被所有人普遍接受。

有些伦理概念已经被博物馆专业人员普遍接受。因此，必须承认伦理的普遍主义与专业价值密切相关，换句话说，它不必适用于非专业的情形。对博物馆工作人员来说，伦理的普遍主义主张，伦理正确性对处于类似情境中的所有人来说都是一样的。

例如，"除非博物馆确信持有有效所有权，否则任何物件或标本都不得通过购买、赠与、借用、遗赠或交换的方式获得"。[2]无论何地的博物馆或具体情形如何，该原则是普遍适用的。每个博物馆都应该意识到没有所有权记录的物件背后可能存在的盗窃、欺诈、非法贩卖和犯罪意图等现象。对于博物馆来说，确定物件的"真实"所有权是一项普遍的义务或责任。

很显然，关于藏品获得的伦理原则适用于所有博物馆工作人员。这一观念主张，在具有类似条件的特定情形下，使用相同或相似的解决方案应该会产生相同或相似的结果（见图6-2）。该理论背后隐藏着一个关于人们在某些情况下应该做什么的宽泛概念。这个概念意识到，不仅博物馆行业会有类似事情的发生，而且相关责任也会要求人们在条件和环境相似的情况下以相似的方式行事。

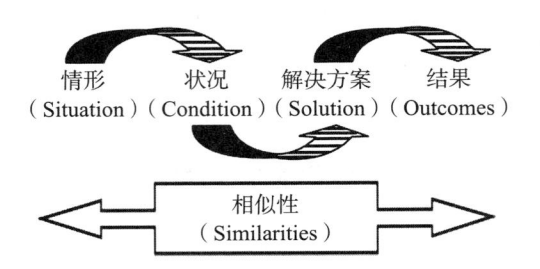

情形　状况　解决方案　结果
（Situation）（Condition）（Solution）（Outcomes）

相似性
（Similarities）

图6-2　从普世主义的视角来看，在具有类似条件的特定情形下，使用相同或相似的解决方案应该会产生相同或相似的结果。

---

[1] Singer, P. Practical Ethics, 2nd ed. (Cambridge and New York: Cambridge University Press, 1993), p.316.
[2] ICOM Code of Ethics for Museums, Principle 2, section 2.2, p.3.

第六章　伦理与真实

考虑伦理普遍主义的路径有两种：一种是实用路径（practical approach），另一种是语义路径（semantic approach）。实用性路径旨在提供解释性信息，比如"博物馆工作人员所开展的研究不仅要与博物馆的使命和目标相关，而且还要符合既定的法律、伦理和学术惯例"。[1]这一表述不仅充分意识到了博物馆工作人员的责任，而且还确定了相关情形和应对措施。

语义（逻辑）路径涉及意义和真实。因此可以通过术语的含义来验证伦理的普遍性。例如，"博物馆不仅应该避免从被占领的地区购买或获取文化物件，而且还要充分尊重有关文化物件或自然标本进出口和转让的规范性法律和公约"。[2]语义性路径界定了博物馆及其工作人员的责任。

尽管这两种路径各有侧重，但是从实际效果来看，这两种路径相互补充，共同强化了伦理的普遍主义。无论选择使用哪个术语，这可能会赋予任一选项更大或更小的重要性。适用于世界范围内所有处境相似之人的伦理概念是国际博物馆界竭力追求的目标。伦理的基本价值在于促进和提升博物馆界的专业水准，在此过程中，博物馆伦理将为博物馆专业人员在众多决策中发现哪些决定能够为特定任务带来最佳结果提供指导。[3]

除此之外，还有一些适用于包括研究员、登记员、藏品管理者在内的从事特定活动的工作人员的伦理原则。如果伦理普遍性是正确的，那么所有的研究员、登记员、藏品管理者在类似情况下都应该以类似的方式行事。需要认识到，承认伦理的普遍主义所暗示的普遍标准与（博物馆领域内的）伦理因社会而异的相对主义观点是背道而驰的。

对负责任的正确行为的关注是一个被普遍认可的目标。尽管伦理在所有地方的重要性不尽相同，但是它可以被认为是普遍存在的。伦理的普遍主义并不意味着任何一个伦理判断都必须具有普遍适用性，也就是说，实践的标准可以不同，但是目

---

[1] ICOM Code of Ethics for Museums, Principle 3, section 3.5, p.7.
[2] ICOM Code of Ethics for Museums, Principle 6, section 6.4, p.10.
[3] Edson, G., ed. Museum Ethics, p.92.

实践中的博物馆伦理

标必须是一致的。任何思想的普遍性都意味着其应用范围要大于个人范围，因此，伦理判断要考虑到处于类似情形下的所有人或事。

无论地点、社会、国家或文化如何，所有博物馆都拥有一些共识性的真理。这些真理被描述为"……符合普遍接受的标准的确定事实"。[1]其中，最具代表性的当属那些与藏品的物理特性有关的真理。

虽然伦理原则没有直接规定应该如何做，但是某些物理定律会对博物馆实践产生普遍影响。物理定律具有绝对性，这有可能会对藏品造成潜在的损害。受到自然或人为因素的影响，物件的原始状态发生变化是不可避免的。预防性保护和藏品维护修复的做法就是为应对这种情况而出现的，对博物馆藏品状况的关注证实了保护工作的普遍价值。

例如，对博物馆藏品造成负面影响且被普遍承认的物理属性包括：

1. 直接的物理力（断裂、凹陷、刮伤和变形）是最常见的损坏藏品的形式。
2. 光照（日光和紫外线）会导致材料褪色、变暗和变黄。
3. 污染物（污渍、清洁溶剂、建筑材料和油漆）会导致纸张、棉花、皮革和某些类型的石材变质，并损坏油画作品和纺织品。
4. 高湿度会导致发霉、腐蚀和褪色。
5. 空气中的微粒（灰尘、沙子和盐）会造成表面磨损。
6. 害虫（昆虫、啮齿动物和鸟类）会因排泄物沉积和筑巢而严重损害藏品。
7. 高温会导致木质藏品开裂，增加霉菌滋生，并对织物、皮革、硝酸胶片和毛皮造成负面影响。

大多数导致藏品保存状况恶化的因素在所有地方均有发现，从这个角度来看，它们的确具有普遍性。博物馆可能会用不同的方式来处理这些因素，但是它们却仍然存在，且以相同的方式影响着藏品。"所有社会都有一些共同的道德（伦理）规

---

[1] Titus, H. H. Ethics for Today, 2nd ed. (New York: American Book Company, 1947), p.225.

第六章 伦理与真实

则,因为它们是社会存在的必要条件。"[1]

延伸思考

真实对博物馆工作人员来说有多重要?

存在一个适用于全世界所有人的真理吗?

今天的真实概念与 25 年或 50 年前有什么不同?

基本的伦理标准对所有人都是一样的吗?哪些人?什么标准?怎样影响?

伦理应该作为博物馆行业的规则来宣传、推广吗?

可供讨论的博物馆案例 8:未经批准的获益

一座新近成立的地区博物馆收到了一大笔可用于购买当代艺术品的捐赠资金。此外,捐赠者还打算将其收藏的一批画作一并捐赠给博物馆。他希望,博物馆能够以拥有当代艺术家的优秀艺术作品而闻名。具有艺术背景的博物馆馆长对此非常高兴,并决定亲自去寻找和获取优秀的艺术品。

经过几周的调研,馆长前往一个大都市寻找优秀画作。随后,他带着计划购买的作品照片回到博物馆,捐赠者和博物馆董事会对这些画作都非常满意。不过,捐赠者对一些画作的昂贵价格表示担忧。馆长向其保证,由于经济形势严峻,艺术品价格已经上涨且将继续上涨。如果投资者想要投资"不动产",那么购买艺术品是最好的选择。

艺术品的购买每隔几个月进行一次,整个过程持续了三年。馆长每次外出回来都会带着艺术品的照片,供博物馆董事会批准。董事会也会拒绝购买一些作品,但是大部分作品都用捐赠资金购买到了。每个人都认为博物馆的收藏非常出色,而且每次购买都会为博物馆增光添彩。

---

[1] Rachels, J. The Elements of Moral Philosophy, 2nd ed., p.26.

实践中的博物馆伦理

到第三年年底,所有的捐赠资金全部花完了。购买的艺术品数量可观,但低于捐赠者的预期。在此过程中,捐赠者一直质疑某些艺术品的高昂价格,但是每次都会从馆长那里得到同样的保证。不过,由于捐赠者也是一位收藏家,他还是打听到了某些艺术品的市场价值。他发现,这些艺术家的画作在画廊的售价要低于馆长谈妥的价格。

对此,捐赠者要求馆长对购买作品的具体花费、购买作品的画廊名称和地址进行解释。馆长感觉到被冒犯了。他解释说,董事会不仅批准了艺术品的购买,而且还听取和赞同了艺术品的价格。捐赠者坚持向其索要这些购买信息,并认为这些信息也是重要的博物馆入藏记录。

馆长提供了捐赠者所要求的信息。信息显示,大部分的艺术品都是从两个画廊购入的。捐赠者联系了画廊老板,他们承认,每次交易之后都会给馆长一笔佣金。对于馆长是否将此事告知董事会,他们一无所知。他们表示,交易的过程是馆长同意作品的要价,他们会为其支付佣金以作为回报。

在面对博物馆董事会时,馆长解释道他一直是按照指示完成工作。他认为,董事会每批准一次购买,就意味着新增加的艺术品提高了博物馆的声誉。董事会的记录显示,馆长曾因购买的艺术品的品质而受到赞扬。这是对他为博物馆付出的时间和工作的奖励。这位馆长声称,佣金是对他辛勤工作的微薄报酬。博物馆馆长是否在试图为不合乎伦理的行动开脱呢?

相关思考

该案例所涉及的是一个伦理问题吗?真相是否被遗漏了?

馆长是否以不当方式使用了捐赠资金?

馆长的行为是否不合乎伦理或不合法?

谁该为此事负责,馆长、捐赠者还是董事会?

捐赠者是否应该要求归还其捐赠资金?

博物馆董事会对馆长的行为是否存在监管不力的过失?

博物馆董事会应该怎么做?向馆长追讨"佣金"?对馆长和画廊老板采取法律

第六章 伦理与真实

行为？解除馆长的职务并向捐赠者道歉？

博物馆董事会应从该案例中吸取什么教训？

博物馆董事会是否应该就馆长的行为发表公开声明？

捐赠者是否应该谴责博物馆的背信弃义？

案例评论

利益冲突是所有博物馆和其他非营利组织共同关注的主要问题。在以博物馆的名义购买藏品的过程中，从画廊老板那里获得佣金或其他好处都是不合乎伦理的。更致命的问题是，馆长究竟是为了购买最好的作品还是为了佣金而进行交易。此外，作品的价格还会因为佣金而提高。

《国际博物馆协会博物馆伦理准则》规定："博物馆工作人员不得接受与其博物馆职责相关的礼物、优惠、贷款或其他个人好处。"[1]该准则还规定："当涉及购买或处置博物馆藏品、是否采取官方行动时，博物馆工作人员不应接受来自经销商、拍卖行或其他人的礼物、招待或任何形式的酬劳。"[2]该准则还规定："如果个人与博物馆之间发生任何利益冲突，那么应以博物馆利益为重。"[3]

可供讨论的博物馆案例9：裸体审查

某城市博物馆有幸举办一个关于19世纪欧洲绘画的巡回展览。展出的画家非常有名，比如克罗（Corot）、库尔贝（Courbet）、梅尔比（Melby）和科尔纳（Koerner）等。画作内容也非常丰富，包括家庭场景、风景和人物等。

工作人员对此非常兴奋，并为他们的博物馆感到自豪。此次展览的举办费用超 （100）

---

[1] ICOM Code of Ethics for Museums, Principle 8, section 8.12, p.12.
[2] ICOM Code of Ethics for Museums, Principle 8, section 8.15, p.12.
[3] ICOM Code of Ethics for Museums, Principle 8, section 8.18, p.12.

实践中的博物馆伦理

过了博物馆的支付能力，幸好有一名捐赠者愿意提供租金和保险费用。当地的一家印刷厂愿意出资印制宣传展览的海报。

一切按部就班地进行着：装有画作的板条箱按时到达，博物馆工作人员开箱，检查是否损坏，并布置展览。这是一个美丽的展览，工作人员聚集在展厅里观看和欣赏美妙的艺术品。

博物馆在开幕之夜邀请公众前来参观展览。博物馆不仅将邀请函分发给主要的支持者、当地政要、艺术家和赞助人，而且还在报纸上刊登了一则邀请信息。博物馆希望与所有对欧洲杰出艺术感兴趣的公众一起分享这个特别的展览。对于许多可能从未去过欧洲或参观过大都市博物馆的人来说，该展览真是一个"千载难逢"的机会。

那天晚上，参加开幕式的人几乎超出了博物馆大楼的最大容载量。许多人整个晚上都待在博物馆，谈论艺术和评论画作的质量。馆长多次称赞博物馆展出的出色作品和获得展览举办机会的非凡好运。

展览开幕后的第二天早上，馆长来到办公室时发现公立学校的主管正在等他。馆长和主管之间保持着长期的工作关系。地区学校系统支持和资助的学校参观一直都是博物馆的支柱，每年都有数百名小学生、初中生和高中生参观该博物馆。因此，服务学生是博物馆预算的重要组成部分。此外，该城市的预算委员会也乐意看到博物馆与学校之间开展合作。

他们握手之后便一起去了馆长的办公室。主管开门见山地指出，欧洲绘画的展览是不道德的，充满了色情意味。他认为，那些裸体画作非常可耻，如果成年人沉迷于这些令人作呕的垃圾，那是他们的事情，但是这些画作不适合青少年观看。他向馆长保证，所有的公立学校的学生都不会在地区赞助的外出活动中参观这家博物馆。

随后，他补充道："如果那些裸体画作不立即移除，那么该地区将重新考虑所有学校参观的未来。"在下完最后通牒后，主管就离开了办公室。

博物馆馆长瞠目结舌。色情？那个男人究竟在说什么。把所有的裸体画作立即移除？这些可都是19世纪最伟大的艺术品。怎么会有人认为这些画作是颓废或堕落的呢？这个人在想什么？为什么？

第六章　伦理与真实

当天上午晚些时候，当馆长正在考虑主管来访事宜时，他接到了市长的电话。市长说，她对展览和参加开幕式的人数印象深刻。她问馆长，学校主管是否来找过他。她说主管来过她的办公室，但是她因为开会没能和他见面。不过，在离开办公室时，他说了一些诸如色情和裸体的事情。她觉得这些事情与博物馆有关。（101）

馆长向市长如实讲述了学校主管的来访和要求，并坦言自己正在考虑接下来应该怎么办。博物馆想要且需要学生们前来参观，但是他反对审查展览，当然也不愿意将这些画作从展览中移除。此外，巡回展览的合同要求所有的艺术品在去往下一站之前必须继续展出。换句话说，移除画作必须要得到出借博物馆的批准。馆长认为，博物馆以色情为由来审查展览看起来非常愚蠢。

市长希望馆长能够尽快摆脱困境，并希望馆长将其最终决定告诉她。

馆长认为，博物馆可能会采取一种折中的措施。比如在展厅入口张贴通告："没有父母或监护人陪同的18岁以下儿童不得入场。"这或许会将那些好奇的学龄青少年拒之门外。馆长决定等到第二天再与学校主管联系。或许这段时间可以让主管不再那么激动。

相关思考

该案例是否涉及伦理、社会或管理问题？

博物馆在租借和安装展览前应该咨询学区（school district）吗？

学校主管为了保护学生免受潜在的有害内容的影响而要求移除艺术品，这一要求是否正确？

这些画作是否包含了不体面或不健康的因素？是否会对社区产生负面影响？

艺术家的名气或画作的年代是否会影响艺术品的可接受度？

色情或颓废艺术议题是否属于博物馆伦理范畴？

拟议的审查是如何侵犯艺术自由的？这对博物馆今后的展览有何影响？

博物馆应该同意移除画作吗？

谁有权力（权利）决定博物馆的展出内容？

实践中的博物馆伦理

任何形式的审查都可以接受吗？

案例评论

要求移除展览中令人反感的图像或物件的事情时有发生。出于假定的刻板印象、社会或种族歧视、性别排斥、个人偏见、错误信息或宗教信条等考虑，博物馆被要求从阐释或印刷材料中删除措辞或图像。有时这些请求非常中肯，在这种情况下无须审查就能够纠正犯下的错误。然而，个人也会出于自身考虑而要求博物馆移除其认为不恰当的图像或物件，那么面对这种情况，博物馆应该怎么办？

色情作品以及裸体（男性或女性）画作是否适合在未成年学生经常光顾的地方展出？该问题引发的争议绝不仅限于学区和博物馆之间。审查问题还出现在许多地方，比如博物馆、开放的工作室、艺术中心、商业机构和广告。

任何形式的审查都是一个极为严肃的问题，需要仔细地看待与谋划。博物馆应该制定一个书面政策，罗列哪些物件是令人反感的，哪些术语是冒犯性的。此外，该政策还要明确说明博物馆在审查问题上的态度和理由。博物馆不仅要在面临严峻挑战之前制定一个深思熟虑的政策，而且还要确保所有决策的一致性。

《国际博物馆协会博物馆伦理准则》没有提及审查问题，其部分原因在于博物馆展出的物件包罗万象，而且博物馆面向的公众也十分多样。在一个国家或地区可以接受的物件（基于博物馆的使命和政策）可能在其他地方就无法接受。比如，在战争博物馆或医学博物馆展出的物件可能就不适合在其他博物馆展出。因此，"色情""审查"等术语很难定义。不过，在采取任何行动之前，博物馆都必须仔细考虑审查问题。

尊重所服务的社区是博物馆专业性的最低原则。《国际博物馆协会博物馆伦理准则》规定："该文件的总体精神仍然是为社会、社区、公众及其各类群体以及博物馆从业者的专业精神而服务的。"[1]作为一个包容性的概念，尊重不应仅局限于某个群体或理想。

---

[1] ICOM Code of Ethics for Museums, Introduction, p.vi.

第七章
作为个人标准的伦理

(104)

博物馆是为社会服务的机构。基于这种社会责任,博物馆界在近年来不断制定或修订伦理准则。尽管表述上略有差异,但是所有的伦理准则通常都包含着"人类尊严优先的信念"[1]的声明。尽管建立在实践的基础上,并以出于尊重的活动为指导,但是伦理决非简单的行为规则。换句话说,博物馆工作人员要依照伦理准则的精神行事,而不是一味地遵循抽象的规则。如果对固有的专业责任缺乏真正地关心和关注,那么所谓的遵守准则实际上意味着对专业及其所服务公众的不尊重。

伦理不仅确立了正确态度和行为的原则,而且还为在共同环境中工作的人们确立了目标与实践的共性。尽管如此,个人还是需要仔细考虑个人伦理与专业伦理之间的关系。合乎伦理并不总是符合个人的自身利益,因此,人们往往会为了个人利益而操纵或无视伦理准则。因此,个人必须在追求理想的个人结果和遵守博物馆专业伦理之间做出选择。不合乎伦理的自私自利的行为会以"没有人会知道"为理由来为自己开脱,这通常被视为轻微的违规行为。撇开借口不谈,每次对伦理的违反不仅会削弱伦理的根基,而且还会否定遵守伦理准则的逻辑,这最终会导致博物馆行业走向无序和混乱。[2]

---

[1] George, A. "Ethics in Management," Museum News, Nov./Dec. 1988, Washington, DC: American Association of Museums, Vol.67, No.2, p.87.

[2] Pojman, L. P. Ethics: Discovering Right and Wrong (Belmont, CA: Wadsworth Publishing Company, 1990), p.171.

实践中的博物馆伦理

伦理准则是一套原则体系,如果所有的专业人员都接受并按照该体系行事,那么伦理准则对他们来说有益无害,即便遵守伦理准则可能会对个人利益造成负面影响。[1]因此,专业伦理要求所有的博物馆工作人员都必须平衡自我利益和他人利益之间的关系。在行业内部,专业责任感凌驾于所有其他的活动之上,因此,从某种意义上来说,恪守伦理就是一种力图做出最大贡献的方式。对于备受公众信赖的博物馆专业人员来说,个人利益必须服务于专业责任(义务)。

极端形式的自我利益被称为伦理利己主义(ethical egoism),这是一种"这对我来说有什么好处"的态度。这种伦理思维的方法是基于这样一个信念,即每个人都应该只追求自己的利益。想象一下有这样一个博物馆,每位研究员都认为自己与其他研究员处于竞争关系,为此,每位研究员都将藏品记录秘而不宣,防止其他人知道藏品来源、信息和存储位置。如果一些藏品缺乏可及性,那么它们自然就无法被展出。为了保密,研究数据既不对外公布,也断绝了他人接触藏品的可能性。

伦理利己主义指的是个人只做对自己有益的事情,从而完全置道德(伦理)的义务于不顾,上述情形可能夸大了这一概念。当每个人都专注于追求权力或权威时,这种神秘且自私的态度就得到了强化。伦理利己主义是通过资料的积累和知识的独占来衡量成功的,当每个工作人员都固守自己的规则时,博物馆学系统相互关联的性质就荡然无存了。

这种利己主义的态度还可以延伸到博物馆的其他活动,比如专业知识领域。具有特殊知识或技能的个人可以利用这种态度来追求自身利益,从而置更大的博物馆行业于不顾。这种不合乎伦理的行为看似是在天真无邪地展示才华或自我,实则可能损害了博物馆的利益。

利己主义的概念可以通过各种方式表现出来。无论是公然的欺骗还是遮掩的躲避,利己主义都是不正确的。譬如说,某自然史博物馆的馆长对主展厅的新展览非常满意,其中包括一只猛犸象、两只恐狼和两只剑齿虎。博物馆购买到了最好的

---

[1] Pojman, L. P. Ethics: Discovering Right and Wrong (Belmont, CA: Wadsworth Publishing Company, 1990), p.171.

第七章 作为个人标准的伦理

更新世的骨骼复制品,它们非常真实。除非观众熟悉安装技术或了解化石材料,否则他们很容易认为这些化石骨骼都是真实的。馆长考虑在展厅里放置一块牌子来告诉观众这些骨骼是复制品,但听到观众在谈论展览时的兴奋之感时改变了自己的想法。很显然,他们希望这些化石骨骼是真实的。这种欺骗行为对博物馆来说是不恰当的,同时也是对公众信任的践踏。

识别、区分原件和复制品是整个博物馆领域都面临的伦理议题。博物馆礼品店通常会出售藏品的复制品,从目前的技术来看,高质量的复制品与原件之间往往真假难辨。虽然撤销原则(countermanding principle)已经说得很清楚,但是这种形式的利己主义——被当作原作的复制品——往往很难规范。《国际博物馆协会博物馆伦理准则》规定"在制作藏品的复制品时,博物馆应该充分尊重原件的完整性。所有这些副本都应永久性地标明为复制件"。[1]随着包容性展览和销售活动的增加,该规定逐渐被应用到当代博物馆中。

无论是在个人情形还是机构情形中,自我驱动的活动看似与正常活动无异,但是其背后的指导原则却并不符合博物馆行业的要求。在上述案例中,馆长在化石骨骼复制品方面表现出的自我满足是不合乎伦理的,这实际上与其他社会或商业活动中可接受的行为并无不同。当人们认为这些态度与博物馆的公众取向有关时,它们就是不合乎伦理的。此外,当这种追求自我利益的思维方式超出某个临界点时,那种不恰当性往往就会显现出来。如果每个人都只做自己感兴趣的事情,那么博物馆的许多活动将会背离真实的理想。这种自私自利的态度反过来强化了这样一种观念,即伦理是专业环境中有效决策的必要指南。

有意义的决策取决于深思熟虑、深谋远虑和道德考量,无论决策涉及的是影响深远的博物馆政策、购买审批、资金分配,还是项目内容的确定。不管其他利益或外部影响如何,博物馆专业人员具备做出伦理上正确决定的能力是至关重要的。博物馆有权要求工作人员就任何问题做出最佳判断,与此同时,这种判断不应受与机

---

[1] ICOM Code of Ethics for Museums, Principle 4, section 4.7, p.8.

实践中的博物馆伦理

构或专业利益相冲突的个人议程的影响。

伦 理 与 义 务

遵守博物馆伦理就是要以符合博物馆专业的方式（态度）生活、工作和行事。专业伦理必须被视为博物馆工作的一项义务，因为作为完成任务的最恰当、最有效的手段，专业伦理是"由战略原则确定的"。[1]博物馆工作人员的"角色义务"（role obligation）不允许其做出不道德、非法的或违背专业伦理的行为。专业伦理的应用也不应与社会道德相冲突，两者之间是相辅相成的关系。然而，缺乏理论根基而简单地遵守伦理往往会造成混乱和矛盾。

"角色"的前提是要认识到一项工作或角色需要将某些行动作为正常实践的一部分。在"正式"的伦理观念不占上风的情况下，专业人员有责任将对行业至关重要的特定做法提升到应该仔细考虑的高度。这种责任不仅解释了为何在处理藏品时要特别谨慎小心，而且也给研究员不宜进行个人收藏这一问题提供了答案。专业责任限制了自由裁量权，"一旦承担了博物馆行业的某项角色，那么就必须肩负起判断对错的义务"。[2]真实是这种伦理承诺的内在要素。

从本质上来说，与博物馆专业人员有关的角色分化被视为一种基本的义务，即忠诚的义务。该义务的根基在于提升博物馆及其公众的最佳利益，而不是以牺牲机构为代价来实现个人利益。

在专业领域中，角色的概念增加了主观决策的可能性。例如，博物馆工作人员可能会认为在博物馆工作时采取一种行为方式，而在博物馆环境之外就可以采取另

---

[1] Wueste, D. E. "Role Moralities and the Problem of Conflicting Obligations," in: D. E. Wueste (ed.) Professional Ethics and Social Responsibility, pp.103–120, (Lanham and London: Rowman & Littlefield Publishers, Inc., 1994), p.107.

[2] Fried, C. Right and Wrong (Cambridge and London: Harvard University Press, 1978), p.168.

第七章 作为个人标准的伦理

一种行为方式。其言外之意是，博物馆伦理只与工作情形有关，因此，个人在"闲暇时间"的所作所为可以不受博物馆学原则的限制。如果不能对个人的闲暇活动做出预期，那么伦理价值就是主观的。专业伦理并不是一个"八小时工作制"的概念，始于早上来到博物馆，终于下午离开博物馆。例如，博物馆工作人员不可以在晚上和周末进行自然或文化遗产的买卖。伦理意识与其说是角色性的或情境性的，不如说是个人性。如果将伦理视为一种个人的美德特质，那么它就不再是主观的了。

博物馆"受托为社会的利益"[1]而保护藏品。博物馆应当通过前瞻性思维、公共服务和广义上的藏品照料来理解实现其信托目标的重要性。基于此，博物馆工作人员需要认真对待自己的"角色伦理"。此外，博物馆在履行收藏、保存、研究和展示藏品的职责时要确保在伦理上是合理的。虽然收藏和展示的性质有所不同，但是伦理责任是不变的。

决策制定和不同角色之间的关系是完全可以识别和分析的。与角色相伴而行的是义务。无论是与具体工作还是专业领域相关，角色的不同往往会影响决策的方式。成为一名"专业的博物馆人"不仅确定了其具体角色，而且还规定了该角色对专业和所服务社区应尽的固有义务。正如医生有义务遵守希波克拉底誓言，即以伦理和诚实的方式行医。角色身份往往会影响决策的制定。"一旦承担了博物馆行业的某项角色，那么就必须肩负起判断对错的义务。"[2]行为的正确与否可能因角色而异，但是真实是伦理承诺的结果。

伦理与利益冲突

个人伦理与专业伦理之间的冲突关系是许多博物馆工作人员经常遇到的问题。博物馆工作人员必须在追求对个人更有益的行为结果和坚持专业伦理原则中做出抉

---

[1] ICOM Code of Ethics for Museums, Principle 2, p.3.
[2] Fried, C. Right and Wrong, p.168.

实践中的博物馆伦理

择。该问题——如何划分对自己和对他人的责任——在专业伦理准则和专业理解中得到了相当的重视。"当出现利益冲突时,专业人员就会发生自我分裂:一部分将自我拉向为专业或公众利益服务的一端,另一部分则将自我拉向追求个人利益或其他利益的一端……"[1]在某些情况下,这两个要素——自我利益和伦理责任——可以被视为服务于同一利益或目标,但在其他情况下,它们却是彼此冲突的(见图7-1)。

大多数专业行为准则都敦促人们避免利益冲突,这样才能成为专业人员,且减少违反专业责任的可能性。[2]

自我利益　　　　　　　　　　伦理责任
(Self-Interests)　　　　　(Ethical Resporsibility)

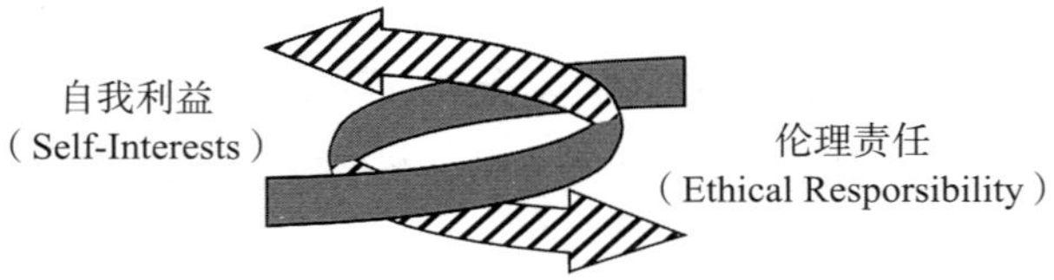

图7-1　利益冲突是所有非营利组织普遍关注的重要问题,不仅应格外注意避免利益冲突,而且还要避免出现不够谨慎和不负责任的活动。

伦理决策取决于正确的思维和充分重视公众信托的态度。伦理决策通常会受到激情、情感或个人利益的影响或阻碍。这种利益冲突会直接或间接地损害博物馆的声誉及其完成使命的能力。无法将个人目标与专业目标区分开来的利益冲突往往是引发争议的根源。博物馆界普遍遵循的是信任原则,当该原则被忽视或规避时,博物馆行业的根基就会受到侵蚀。

在博物馆管理中,大多数争议的核心都是利益冲突。然而,"利益冲突"这一概念往往难以把握,而且容易被曲解。个人利益会影响博物馆的决策行为,公众所理解的利益冲突指的是博物工作人员——正式员工或志愿者——出于个人、经济、政治或其他与博物馆最佳利益无关的考虑而影响博物馆决策的情况。利益冲突是一

---

[1] May, L. "Conflict of Interest," in: Wueste, D. E., ed. Professional Ethics and Social Responsibility, pp.67–82 (Lanham, MD and London: Rowman and Littlefield Publishers, Inc., 1994), p.67.

[2] May, L. "Conflict of Interest," in: Wueste, D. E., ed. Professional Ethics and Social Responsibility, pp.67–82 (Lanham, MD and London: Rowman and Littlefield Publishers, Inc., 1994), p.67.

第七章 作为个人标准的伦理

个至关重要的伦理问题,因此,必须特别注意避免此类事情的发生。为了评估决策的"正确性",普遍认可的做法是将其与博物馆无关人员协商达成的类似交易进行比较。由此来看,博物馆应该基于对特定情形的反应来做出合理和审慎的决定。

避免利益冲突是一项专业责任,直接关乎伦理实践和公众信托。一方面,人们必须要对其观看的展览、捐赠的物品或款项、支持的活动充满信心。换句话说,高度信任且毫不犹豫地支持博物馆。另一方面,博物馆行业要不断制定并维持能够给普遍认可的实践提供成文指导的专业伦理,以此来强化信任态度。作为一项价值极高的资产,公众信托不应受到利益冲突问题的侵害。

利益冲突的概念既适用于机构决策,也适用于与个人活动有关的决策。博物馆管理层可能会蓄意在展览、项目或出版物中提供虚假信息,博物馆可能会故意伪造虚假文件来购买藏品,也可能会操纵捐款来资助未经授权的项目。这些活动以及其他活动可能符合博物馆的利益,但却已经超出了普遍认可的专业惯例。一个博物馆(董事会、管理层、正式员工和志愿者)一旦以追求自身利益为目的而无视真实和尊重的价值,那么其行为就是不合乎伦理的、愚蠢的。无原则的活动对博物馆有害无益。

(109)

博物馆始终存在利益冲突的可能性,与利益冲突相关的欺骗行为可能会加剧伦理问题。然而,并非所有的利益冲突都与伦理原则直接相关。许多潜在的利益冲突问题可以通过政策、程序和机构规则予以解决。因此,了解和掌握机构的政策和程序是博物馆工作人员应尽的责任。

价值和实践不仅验证了博物馆的伦理意图,而且还确认了机构的意图。伦理适用于博物馆的所有活动,并能够直面实践性专业价值的基本议题,这有助于判断行为的正确与否。然而,21 世纪的伦理议题开始涉及不同类型的伦理态度和影响判断的相关问题,这种多样性意味着伦理议题不再局限于特定行为的对与错。

举例来说,一家城市博物馆的民族学研究员在查看当地的拍卖目录时,认出了即将举办的拍卖会上的一件作品。这件作品被标榜为原件,但是研究员认为其不过是柏林民间艺术博物馆(Berlin Folk Art Museum)一件藏品的复制品。馆藏的作品精彩绝

实践中的博物馆伦理

伦,拍卖行的这件复制品也毫不逊色。为了更好地了解这件拍品,研究员决定联系拍卖行。这件拍品的外观和触感给其留下了非常深刻的印象,为进一步核实该拍品是博物馆的藏品,她决定联系柏林民间艺术博物馆。在看到这件拍品时,研究员的一个念头就是它可能是被偷来的,或者博物馆出于某种原因将其出售了。如果是合法出售,那么柏林民间艺术博物馆会证实其真实性。如果真是这样,她或许会尝试为自己的博物馆购买这件拍品。随后,该研究员与柏林民间艺术博物馆的一位民族学研究员进行了沟通和交流,确认了这件拍品依然存放在该博物馆,并声称这件拍品是博物馆的镇馆之宝。这位城市博物馆的研究员陷入了进退两难的境地,她真的能够确信拍卖行的拍品是复制品吗?她应该联系拍卖行,并告诉他们这件拍品是赝品吗?还是应该允许拍卖活动继续进行?会不会有两件看起来一样的拍品?她的伦理责任是什么?如果她联系了拍卖行,但是其对这件拍品的判断是错误的,那么她会显得很愚蠢。在没有被邀请提供专业意见的情况下,研究员是否有责任处理拍卖行拍品的真假问题?如果保持沉默,那么她的疏忽或不作为是否有违专业伦理?

  故意不做可以做和应该做的事情通常被认为是不合乎伦理的。让我们再举一个玩忽职守的例子,一位藏品管理员从博物馆收藏中拿走了一块琥珀色水晶。后来,一位朋友在其家中看到了这块水晶,并断定它来自博物馆。作为博物馆工作人员,这位朋友决定隐瞒此事,因为这是一件会让藏品管理员丢掉工作的事情。最终,盗窃事件被发现,相关责任人被解雇。这位朋友在知道真相的情况下却选择袖手旁观,他是否要为这种不忠于所任职博物馆的行为负责?作为一名博物馆工作人员,这位朋友应该揭发此事还是保持沉默?伦理责任的重要性是否应该根据情形的不同而有所不同?

(110)

伦 理 与 态 度

  作为博物馆的基本要素,伦理与态度有关,因为态度和伦理作为两种现实状态是相互联系的。博物馆如果缺乏伦理根基,那么它在当代社会是无法真正立足的。伦理

第七章 作为个人标准的伦理

和博物馆是统一系统中相互依赖的要素：伦理确认和指导博物馆界，博物馆界则发起和倡导伦理。如果没有正确而可靠的思维——一种伦理意识的态度，那么博物馆就不能以真正专业且负责的方式运作。专业博物馆的积极态度与伦理实践直接相关。

作为一种价值和信念的表达，态度是影响个人行为的关键要素。态度集中体现在个人开展工作、与同事或公众互动以及融入其所处的包容性环境的方式上。作为人类行为的动态要素和开展活动的动机，态度不仅会影响人们对不同行为或活动的判断，而且还会影响个人开展活动的意愿。态度是由行为证实的，因为行为是态度的一种体现。

态度根据经验和知识的变化而变化。因此，可以假定，对伦理的理解会生成负责任的伦理行为（态度），并最终产生可预测的专业行动。作为专业人员，博物馆工作人员的判断会影响一个人的态度，因为伦理实践能够激发伦理思维。对伦理原则的认可意味着可接受的行为，但个人必须将伦理影响作为改变态度的因素予以接受（见图7-2）。一个人能否表现出正确的专业态度在某种程度上取决于对正确行为角色的了解。

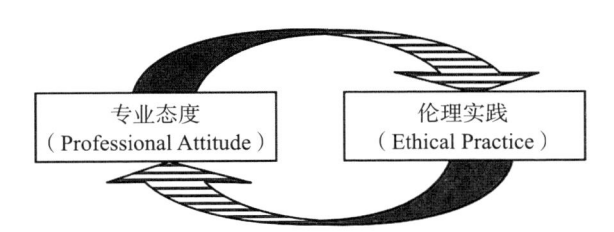

专业态度（Professional Attitude） ⇄ 伦理实践（Ethical Practice）

图7-2 伦理和专业态度是两种相辅相成的价值观。支持伦理原则的专业态度可以指导个人做出正确的决策，博物馆专业人员的态度与伦理实践直接相关。包括尊重在内的正确价值观会得到专业态度的自发认可。

以伦理原则为坚实基础的态度会生成不那么反复无常的行为和情境性的行为。（111）真实和尊重的议题自发地萌生于一种专业的态度。这种行为与其说是一种习惯，不如说是智识对伦理理想的接受所激活的。正如尊重的概念并不局限于一次邂逅，作为一种具有伦理价值的正确态度，真实的概念也并不局限于词语本身。因此，伦理原则必须要延伸到所有活动中，因为包容性的态度行为在不同层次上传达了非常不同的意义。正确的态度反映了知识、理解和责任。当一个行动、陈述和行为是真实

实践中的博物馆伦理

且与实际状况相一致时，那么它们在伦理上就是正确的、尊重的。当一种行为富有尊重的意味时，这种尊重作为一种基本的态度就会得到认可和回报。相反，不符合真实价值的陈述或行为则被视为是虚假的、失礼的。

追求真实是专业态度不可分割的一部分，"和尊重一样，真实也是一种基本价值"。[1] 对真实的追求主导着每一个决策过程。博物馆工作人员无时无刻不在做决定，这些决定涉及伦理思维和态度。对真实的追求是一种积极的行动，总有一个选择是对或错、更好或更差。人们可能基于个人的自豪感、渴望获得认可、公众舆论的影响以及对外部结果的恐惧而做出决定。[2] 这些动机不仅反映了个人的态度，而且还深刻影响着个人做出的选择。

伦理态度不是一个抽象的概念，相反，它是专业实践的基础。作为每个博物馆专业人员日常活动的重要组成部分，伦理定义了强化实践的原则。如此一来，博物馆工作人员就能够理解其各自的责任，并真正地诉诸实践。诸如义务、责任、机构忠诚（信任）和诚实等议题都是一种具有专业性的行为或态度反应。虽然这些概念都是基本的价值观，但是想要合理地回避规范却并不难，与此同时，保密既不是错误行为的借口，也不能成为无视普遍做法的理由。做错事没有正确的方法。

利己主义和机构忠诚可能会发生冲突。然而，大多数不合乎伦理的行为都有一个看似"合理的"解释，以此来为无原则的行为开脱。譬如说，一位朋友向负责博物馆文件管理的研究员要求临时借阅一份 10 世纪的手稿。该研究员解释说，博物馆从来没有向个人出借过任何藏品，而且其所要求的手稿太过脆弱，因而无法借阅。这位朋友保证，他只需要翻阅几个小时，而且会采取一切必要的预防措施确保手稿的安全。研究员表示，依据规则，这是不可能的。这位朋友提出了另外一个建议，即让研究员把手稿带回家，当着她的面翻看手稿。作为回报，他会带研究员去

---

[1] Fried, C. Right and Wrong, p.62.
[2] Bowne, B. P. The Principles of Ethics (New York, Cincinnati, and Chicago: American Book Company, 1892), p.129.

第七章　作为个人标准的伦理

餐厅吃一顿美味的晚餐。这样的话，既不会有实际的出借行为，也不会违反博物馆的规定。这位朋友对这个安排非常满意，研究员也对没有违反博物馆的规定而感到高兴，因为博物馆永远不会知道手稿曾经被从库房被拿出去过。

（112）

要求查阅历史文献的请求显然违反了博物馆政策，但是可以解释的是，手稿在技术上确实没有被出借，而且没人知道它曾被从博物馆拿出去过。如果研究员出于给朋友带来快乐的考虑而将手稿带回家，那么她就被情境伦理（爱）所支配了。

合理化指的是试图通过操纵逻辑或推理来为不正确的态度、行为或活动进行辩护（见图7-3）。它不仅为有争议的行为寻找借口，而且还挑战了个人和制度的正直。值得信赖是个人诚信的首要要素，因此，以不诚实的方式行事意味着对信任的背叛。欺骗不仅侵蚀了博物馆的性质，而且还引发了一种对所有博物馆活动造成负面影响的怀疑态度。一言以蔽之，为不当行为辩护会损害公众和行业对博物馆的信任。

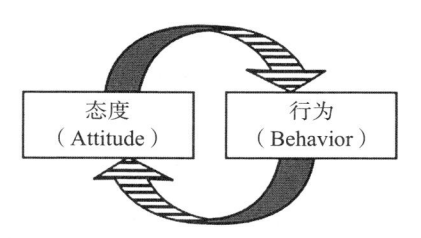

图7-3　态度和行为直接相关，伦理态度会生成伦理行为，伦理行为则会反映伦理态度。

正确的伦理态度不包括合理化或情境性的解决方案。伦理要求建立一种指导个人行为和决定的客观理由，那些声称有权做出决定的人有义务根据其时的情形选择最恰当的价值观。这种强制性概念渗入到博物馆行业的每个方面。专业权利意味着承认和认可专业规范的义务，比如获得有效率、有效益、合乎伦理地运作所需的知识。一致性的伦理实践必须整合到决策的全过程中。

伦 理 与 义 务

伦理决策超越了个人好恶。一个合乎伦理的人可能会想，如果能从中获益，那么偶尔以不合乎伦理的方式行事是不是可以接受。在此，益处可能不是个人的，因

实践中的博物馆伦理

(113) 此，以不合乎伦理的方式行事有时似乎也不是那么地不负责任。一个人可能会得出这样的结论，即为了博物馆的利益（忠诚）或公众服务的利益（义务），以不合乎伦理的方式行事似乎也是可以的（见图7-4）。"自私自利的行为或投机行为要想在伦理上站得住脚，就必须证明这些行为符合更广泛的伦理原则，因为伦理的概念蕴含着比个人更大的东西（价值）。"[1]

义务的伦理概念适用于个人，这不仅因为个人对机构负有责任，而且个人与机构之间的关系是无法分割的。然而，关于伦理正确与否的认识可能与个人或机构（尽管博物馆是无生命的建筑）直接相关，因为义务的本质存在于整个博物馆行业之中。

责任
（Responsibility）

法律要求　　　　伦理期望
（Legal Required）（Ethical Expected）

公众信任
（Public Trust）

图7-4　博物馆行业的法律责任是由社会要求的，而博物馆行业的伦理责任则是由社会期望的。博物馆的法律责任和伦理责任都属于公众信托的范畴。

涉及博物馆藏品获取的议题通常与伦理有关，而且在法律和行政上的影响正变得日渐复杂和严峻。正确的决策需要仔细考虑藏品捐赠或藏品购买所涉及的所有方面。如下案例引发了我们思考：为了获得一件有价值的艺术品，博物馆究竟要付出什么？一家美术馆收藏了某国际知名艺术家的优秀当代雕塑，该博物馆计划在有合适的艺术品和充足的资金时继续扩大收藏。有一天，一件优秀的雕塑作品出现在艺术市场，但是其价格远超博物馆可用的资金。在拍卖目录出版几天后，一位当地商人找到了博物馆馆长，提出要购买雕塑，并愿意将一半的所有权捐赠给博物馆。这位商人将保留另一半的所有权，并希望每年有6个月的时间可以拥有该艺术品。此

---

[1] Singer, P. Practical Ethics, 2nd ed. (New York and Cambridge: Cambridge University Press, 1993), p.10.

第七章 作为个人标准的伦理

外,她还要求购买目前博物馆收藏的另一件艺术品的一半所有权。在她看来,从经济价值上来看,第二件艺术品的价值远低于第一件艺术品,因此,这实际上是一笔并不公平的交换。这位潜在的捐赠者表示,她会在拥有这些艺术品期间为其投保,并承诺在去世后把艺术品全部捐赠给博物馆。对此,博物馆馆长应该怎么做?这个问题究竟关乎伦理、法律还是行政?该决策涉及机构或个人伦理吗?

在本案例中,雕塑作品之于博物馆的重要性并不能成为馆长如何行事的理由。一个人往往试图通过描述"是什么"来解释自己的行为,而不是基于伦理思维和价值判断来验证"应该是什么"。[1]"伦理关乎价值,其核心是应该是什么,而非是什么。"[2]"是什么"指的是根据相关情境来确定对特定情形的反应(义务);"应该是什么"不仅考虑了具体情形,而且还考虑了用于指导行动的相关原则。

(114)

由于伦理准则是由行动指南式的规范性声明组成,它确定的是正确行为的原则,而不是规定性反应的规则。在这种情况下,我们实际上可以选择不同的方案来解决特定问题。这种路径以相对简化和实用的方式体现了"是/应该"(is/ought)的理论。举例来说,(1)有时会使用环氧树脂来组装骨头碎片,(2)保存程序应当具有可逆性。

第一句话用"是"的语气描述了骨骼碎片是如何被错误组装的。环氧树脂是不可逆的,因此不得用于重新组装破碎或损坏的物件。第二句话用"应该"的语气重申了可逆性应该是所有保护程序重要组成部分的原则。由此来看,"是"侧重的是事实,它对"应该"是什么无能为力。

大卫·休谟(David Hume, 1711—1776)和其他哲学家对"是/应该"理论给予了很多关注。一般来说,我们很难从作为描述性声明的"是"来确定作为规范性声明的"应该"。在决定博物馆应该做什么时,博物馆在特定情形下做什么并不是唯一考虑的问题。这一概念与博物馆实践的演变本质是一致的。对于伦理期望的分析来说,博物馆的运作程序是非常重要的因素。虽然过去的实践可能会解决当前的

---

[1] Edson, G., ed. Museum Ethics (London and New York: Routledge, 2004), p.78.
[2] Banner, W. A. Ethics: An Introduction to Moral Philosophy (New York: Charles Scribner's Sons, 1968), p.3.

实践中的博物馆伦理

问题，但是它们可能并不总是从知识、理解或愿景所要求的水平演变而来，因此，对于现在和未来应该做什么帮助不大。

个人有可能会试图通过描述"是"什么（过去的实践）来为其行为辩护，而不愿意基于价值判断、经验和知识来承认应该做什么。这么做的原因很好理解，即重复过去会面临较小的挑战，需要的思考也相对更少。

在博物馆中，我们可以找到很多从历史视角出发而重复过去做法的例子。

多年来，博物馆一直使用杀虫剂来防止蟑螂、蠹虫、飞蛾等害虫对藏品的侵害，然而这种做法对博物馆工作人员和一些藏品来说都是有害的。为此，博物馆开始尝试一些危害较小的害虫管理方法。很显然，技术改变了许多普遍接受的做法。过去，对金属和合金物件的保护或修复通常依赖目视检查和取样的方法，以此来确定金属类型、识别相关材料、验证腐蚀或氧化过程。较之于个人的专业知识，科学方法更多依赖于金属组织学、电化学技术、色谱和 X 射线荧光。过去用于去除腐蚀的化学物质被激光技术所取代。方法、技术和材料都不涉及具体的伦理问题，对藏品的照料才是核心。

（115） 制定正确的机构行为的决策的责任很少是个人行为。然而，每个博物馆工作人员都有义务以真诚且深思熟虑的方式处理日常事务。在认真考虑问题时，一个人的行为可能会直接影响决策的对错，但是正确的行动实际上应该立基于以专业知识为指导的既定原则，如此才能保证最佳效果。追求真理的态度包括理性和渴望，它们在选择过程中显而易见。个人可能会做出正确的决定，也可能会做出错误的决定，但是既定的伦理准则却有助于个人做出正确的决定。一个行动的正确与否应该反映出其是否有意将促进至善作为一个包容性要素，同样，希望恪守专业价值的愿望也应该促使人们进行理性思考。

除了态度、价值、责任、义务外，伦理通常也会被视为一个与学术理论相关的、没有实际用途的抽象概念。真实的理想也可以用这样的方式来认识。对于许多人来说，对与错完全是情境性的，是由法律或个人要素而非伦理推理来决定的。人们倾向于削弱伦理的重要性，并将其视为促进专业利益的任意标准。如果把伦理视

第七章 作为个人标准的伦理

为实用思想或情感的表达,并将其作为一个预先确定的结果的动机来传达给他人,那么就有可能将追求真实的伦理特性降到最低。实际上,伦理旨在引导人们去思考"我应该怎么做"这个问题。[1]

延伸思考

专业伦理的描述性路径和规范性路径之间有何区别?

义务的伦理概念之所以适用于个人,是因为他们对博物馆活动负有责任,还是要为博物馆活动负责?(这个问题看似模糊不清,实则与态度有关。一个人对自己的行为负有责任,究竟是因为其是一个有伦理责任感的人,还是因为这是一份他/她必须履行其义务的工作?)

博物馆工作人员是应该依赖过去已经被成功检验和应用过的做法,还是应该在21世纪的今天采取新技术?

故意忽视或回避一个棘手的议题是否应该被视为是不合乎伦理的?

普世主义的伦理概念是否现实?

可供讨论的博物馆案例10:悬挂在墙上的画作

某国家级博物馆的新馆长正坐在自己办公室里超大办公桌后面的椅子上,他对自己的任命感到非常高兴。担任国家级博物馆的馆长对他来说是一个很好的机会,如果一切顺利,他有望在未来获得更重要的任命。他已经厌倦了大学教授的工作,工资太低且工作辛苦,此外,他还要参加委员会会议,批改论文,辅导学生。现如今,一切都不一样了,担任国家级博物馆的馆长是一件更轻松的事情。

馆长环顾四周,感觉办公室的墙太空了。不过,他可以解决这个问题。博物馆收

(116)

---

[1] Pojman, L. P. Ethics: Discovering Right and Wrong, p.148.

实践中的博物馆伦理

藏着许多漂亮的画作，他可以挑选几件作品悬挂在自己的办公室里。艺术不仅会让办公室的氛围更加愉快，而且还会给来访者营造一个感觉，即他是一个有文化的人。

在欣赏自己的办公室之际，办公室主任打来电话交代今天的行程：该地区的政治代表将在30分钟后到访，之后将有三位当地商人与其会面。中午时分，他将与一个旅游推广团体举行午餐会。当天下午，他将与工作人员会面，讨论库房区的消防安全问题，会后还有时间编写下周提交的包括安保在内的物理设备管理的报告。办公室主任说完后补充道，如果馆长在工作过程中有任何需要，他会随时提供帮助。

馆长听完工作行程后感到不知所措。他之前曾是一名古代史方向的教授，既有的经历和背景对从事这些活动毫无帮助。况且，他是博物馆馆长，为何还要负责撰写报告、开展社交呢？他只想欣赏漂亮的东西，享受平静的生活。政治代表为何来见他？是与某个文化机构有联系，还是想要经济支持？

想到漂亮的东西，他又看了下办公室的墙。他想到了博物馆收藏的画作，于是便给办公室主任打了电话。他想让主任告诉负责艺术收藏的研究员，挑选几幅漂亮的画作而非疯狂的抽象画来装饰他的办公室。办公室主任告诉他，用馆藏的画作来装饰办公室是违反博物馆政策和职业伦理的。

"那可太荒谬了，"馆长惊呼道。"我是这个博物馆的馆长，我想把画作悬挂在自己的办公室。告诉负责艺术收藏的研究员，必须在我午餐会回来之前把画作悬挂在我的办公室。"

随后，该地区的政治代表如期到访。她讲述了一个发生在市长办公室的好玩的故事，并提醒馆长，他之所以被任命是因为他对政党保持忠诚。馆长应该明白，他之所以会担任馆长一职，实际上与这位地区代表的举荐密不可分。该代表非常肯定，馆长喜欢自己的新职位，并希望他对为之做出努力的幕后之人表示感谢。

馆长点头表示同意，但是对能够做些什么一无所知。博物馆里只有展览图录和小礼品，这些都没有什么价值。

这位政治代表开始讲另一个故事，不过她看了下手表说自己还有另一个会议参

第七章 作为个人标准的伦理

加。当他们握手道别时,这位政治家说,她的哥哥有一家建筑公司,如果博物馆有需要,公司可以提供出色的装修服务。随后她又提到,她丈夫的姐姐经营一家景观公司。如果可以的话,这两家公司都非常乐意和博物馆开展合作。"如果需要帮助,请随时联系我。"

馆长微笑着说道:"一定保持联系。"与那些能够提供帮助的人一起工作显然是令人愉快的。

当他们走出办公室时,馆长想起了下午要召开的会议。他说:"我晚些时候有一个讨论库房区的消防安全的会议,据我所知,那一部分还没有配备灭火系统。我不知道一套灭火系统会花费多少,如果有人愿意跟我合作,我很乐意就这个项目展开讨论。"

这位政客想了一会,然后拍了拍博物馆馆长的手臂。"我相信我哥哥的公司会帮助你打造一个世界级的灭火系统。你联系我的哥哥,并告诉他需要什么,然后拿出一个预算。你给我提供解决紧急安全问题的资金请求,我会将超出博物馆预算的钱送到你的博物馆。"

这位馆长表示会在会议结束后与她哥哥的公司进行联系。他对政客为该项目提供的额外资金表示感谢。

当这位政客即将关上办公室的门时,她提醒馆长:"没有必要提及我的名字或此次会面。你的报告应该聚焦于缺乏灭火系统对博物馆人员构成的潜在危险。"

馆长心领神会地点了点头。

当政客离开后,馆长对刚才发生的一切非常满意。他结交了一位政客,并解决了库房区的消防安全问题。他俨然已具备了处理博物馆事务的能力,今天下午晚些时候与博物馆工作人员的会面可以取消了。他准备让办公室主任通知博物馆工作人员,他正在解决这个问题,进一步的讨论是没有必要的。如此一来,他就有更多的时间来选择装饰办公室的画作。

在准备好下一个预约见面后,馆长给办公室主任打电话,让他带当地的商人到办公室来。主任很简短地回答说:"是的,先生。"然后就挂断了电话。馆长对办

(117)

实践中的博物馆伦理

(118)

公室主任没有表现出预期的尊重和热情感到恼火。他是博物馆的馆长,而且做得很好,办公室的工作人员理应对其表示尊重。馆长心中暗想,一旦有时间,他就会重新换一个办公室主任。

在会面过程中,几位商人对旅游交通问题表示担忧,并希望博物馆馆长能够帮忙解决这一问题。旅游巴士沿街停放,这迫使普通顾客只能将车停在离商店较远的地方。馆长说,由于旅游公司不受其控制,他也不知道自己能做些什么。考虑到稍后会与一个旅游推广团体的会面,他表示会提请他们注意这个问题。

商家们对任何解决停车问题的方案都表示感谢。馆长说,他会尽力提供帮助。因为"我们是一家人,必须一起努力、一起快乐"。

当三位商人起身离开办公室时,每个人都从口袋里掏出一个信封放在桌上。馆长笑了,商人们也笑了,似乎每个人都很高兴。馆长告诉他们,如果有问题可随时再来。

关上门后,馆长把信封收起来,放到公文包里。他不用打开就知道信封里装着一笔现金,这是对他所提供帮助的补偿,博物馆馆长一职使其变得重要。

一上午的时间转瞬即逝。现在馆长应该准备去参加与旅游推广团体的午餐会了。他不知道为什么办公室主任没有打电话提醒他,这再次打击到了他。在他看来,办公室主任既不讨人喜欢,也很不称职。

当离开办公室时,馆长看到主任正在办公桌前打电话。主任看起来很痛苦,并试图安抚电话那头的人。他不断地说:"是的,我明白。但是我被要求这么做。"对方的声音很大,主任不得不把电话听筒从耳边拿开。

为了引起主任的注意,馆长故意地清了清嗓子,但是他却没有任何要结束电话的意思,而是写了一张纸条递给了馆长。上面写着午餐会的地址。馆长无奈地摆摆手,离开了博物馆。他暗下决心,为了不再受到这种对待,他必须要更换办公室主任。

和他预想的差不多,旅游推广团体在午餐会上表示,他们希望博物馆降低门票价格、扩大开放、减少限制。馆长告诉他们,他将尽力满足他们的需求,但这最终还是取决于和工作人员的讨论和合作。他知道,要让博物馆工作人员了解旅游业的重要性

第七章 作为个人标准的伦理

还需要花费大量的时间。为此,他选择将这个想法留给大家,从而将注意力集中在他面前的巧克力蛋糕上。巧克力蛋糕是他最喜欢的食物之一,如果能吃到巧克力冰淇淋,那么今天就完美了。很显然,他已经忘记了旅游巴士的停车问题了,但这并不重要。

回到博物馆后,馆长心情很好,不仅有好吃的食物,而且还有一种自我满足感。作为博物馆馆长,他感觉自己做得不错,而且越来越喜欢这份工作。当走进办公室却发现没有准备好供其挑选的画作时,他心情马上就不好了。他给办公室主任打电话,并要求其马上出现在办公桌前。馆长质问道:"我要的画作呢?"主任非常谦卑地回答:"研究员说,这些藏品不能用来装饰办公室,这违反了博物馆的政策。如果馆长坚持因为个人原因而使用藏品,那么您应该以书面形式提出申请,然后提交给董事会。研究员表示,她无意且无权置博物馆政策于不顾。"

研究员竟然直接拒绝馆长的命令,馆长对这种不服从命令的做法感到震惊。馆长发誓,他不仅要解雇她,而且还要让她永远不会在其他博物馆工作。他会告诉她,谁是这个地方的老大。

馆长朝着办公室主任大喊:"现在就把研究员叫过来,我倒要看看她被解雇时的表情。"

当准备离开办公室时,主任却突然停在门口,转身看着馆长,并用颤抖的声音说:"我认为你不能解雇她。在不了解所有事实的情况下贸然采取行动可能会酿成大祸。"

馆长大喊道:"我不在乎事实。我想要画作,但是却不断听到你们在谈及博物馆政策。如果我愿意,我当然会解雇她,如果你不喜欢,我也会解雇你。现在,请离开我的办公室,去把研究员叫来。"

办公室主任离开没多久就回来了。他告诉馆长:"研究员已经离开了。目前,库房区的工作人员正聚集在一起准备讨论消防安全问题。"

馆长目瞪口呆。为什么要这么对他?这一切都如此简单,他只想在办公室的墙上悬挂画作。作为博物馆馆长,有一间体面的办公室就这么难吗?研究员究竟想干什么?因为馆长想装饰自己的办公室就要给董事会写信申请?这真的是太可笑了,

实践中的博物馆伦理

他才是这里的老大。

主任尽量靠近办公室门口说道:"先生,工作人员正在等您呢。"

馆长低吼道:"我不想搭理他们,我也不在乎藏品是否会被烧坏。他们因其花哨的艺术史学位和头衔而自我感觉良好,不过,我会告诉他们谁才是这里的老大。现在,我要回家了。你告诉他们,我已经安排了一家公司来对库房区的火灾探测和消防需求进行调查。所以,我不需要再和他们讨论这件事。"

在准备离开博物馆时,他想起了从三位商人那里收到的信封。他会给自己买一份特别且漂亮的礼物,以此来平息心中的怒火。

相关思考

该案例涉及哪些伦理议题?

作为政治任命的馆长,这位大学教授的教育、培训和背景是否使其有资格担任博物馆馆长?

馆长应该如何改进自己的态度和决策?

负责艺术收藏的研究员拒绝为馆长办公室提供画作,这是不服从管理吗?

使用馆藏画作来装饰馆长办公室是合理的吗?为什么?

谁在制造问题:馆长、政客、办公室主任、研究员、商人、旅游推广团体,还是任命馆长的系统?

馆长让政客的哥哥负责博物馆工作是否存在伦理问题?

商人们为了解决旅游巴士的停车问题而私自塞钱给馆长的做法是错误的吗?馆长接受这些钱在伦理上是不对的吗?

在该案例中,哪些人在思考和活动中优先考虑自身利益?

馆长接下来应该怎么做?

案例评论

该案例涉及诸多问题。许多馆长都是由教育、政治、企业或宗教机构任命的。作为博物馆的资金来源，这些机构自认为是博物馆的"管理者"。被任命的个人除了与相关官员有关系外，可能毫无博物馆经验，也不具备担任博物馆领导的资格。

"博物馆馆长或负责人是一个关键的职位，在任命时，管理机构应该考虑胜任该职位所需的知识和技能。这些素质除了包括足够的知识能力和专业知识外，还应该具备高标准的伦理操守。"[1]

在许多地方，博物馆馆长的任命被视为是一种政治特权，正因为如此，其往往对博物馆专业且合乎伦理的未来发展关注不够。通常情况下，任命只考虑最低限度的要求："有必要任命具备履行所有职责所需专业知识的合格人员。"[2]

"博物馆从业者、管理者及其家人、密友等人都不得侵占博物馆的收藏，即使是暂时使用也不允许。"[3]

这个真实的案例充分揭示了博物馆可能出现的情况。好处、礼物和其他的慷慨行为通常会损害博物馆的伦理、标准或实践。

"博物馆工作人员不得接受与其博物馆职责相关的礼物、优惠、贷款或其他个人好处。可能包括赠送和接受礼物在内的偶尔存在的行业礼仪应始终以有关机构的名义进行。"[4]

可供讨论的博物馆案例11：粗心大意的信息

某博物馆馆长在去办公室之前，会定期去库房区与工作人员交谈。有天早上，当她在博物馆巡视时，一批重要的地区艺术收藏运抵博物馆。馆长早已知道这笔捐

---

[1] ICOM Code of Ethics for Museums, Principle 1, section 1.12, p.2.
[2] ICOM Code of Ethics for Museums, Principle 1, section 1.14, p.2.
[3] ICOM Code of Ethics for Museums, Principle 2, section 2.26, p.2.
[4] ICOM Code of Ethics for Museums, Principle 8, section 8.12, p.2.

实践中的博物馆伦理

赠，但亲眼看到这些精美绝伦的艺术品还是让她的心情无比激动。

一些作品在登记员的工作间被打开，馆长花了几分钟时间来欣赏这些画作。她认为，当地社区一定会喜欢这些藏品。与此同时，她还想到了一位专门研究该地区艺术的同事，想必他也会对这些藏品感兴趣。念及此处，馆长用手机拍摄了一些画作并将照片发送给她的朋友。她还附注："看看我们收到的捐赠画作。"

这位朋友对这些藏品展现出了浓厚的兴趣，他想为博物馆做点什么，于是便联系了一位报社记者。他向记者介绍了这些重要的收藏，并通过馆长发来的照片确认了艺术家的身份。记者认识其中一些声名显赫的艺术家，并随即表示，如果能够写一篇关于这些艺术家的身份及其重要性的文章，那么这将对博物馆大有裨益。为此，他要求获得更多的画作图片，以便对个别作品发表评论。

周末版的报纸在"艺术"版面上刊登了一篇关于藏品和艺术家的专题文章。文章中附有画作的照片，虽然分辨率不高，但还是可以辨认出来。虽然文章没有提及捐赠者的名字，但是却指出，这是一位富有的公民捐赠给博物馆的。

馆长看到这篇文章后大吃一惊。她想当然地以为这些照片是登记员未经同意就发给记者的，对此，她感到非常恼火。她打电话给登记员，登记员很肯定地否认了这个说法。同时，登记员对这篇文章表示失望，因为捐赠者坚决要求不将捐赠事宜公布于众。登记员表示，捐赠者肯定会因为这篇文章而愤怒，并会指责博物馆。

当馆长与登记员的交谈结束后，她的办公室助理说，捐赠者打过电话，要求馆长回电。馆长给捐赠者打了电话，并向他保证，任何博物馆工作人员都没有与记者交谈过，也没有人提供照片。她说，她对文章的来龙去脉一无所知，目前正在调查情况。馆长向捐赠者重申，除非捐赠者授权公开宣布，否则博物馆对捐赠事宜采取的是严格保密的政策。

捐赠者表达了自己的不满，并向馆长保证，以后博物馆很难再收到任何捐赠了。馆长向捐赠者承诺，她会调查清楚此事，并会及时告知调查结果。捐赠者结束了谈话，没有再发表任何评论。这让馆长非常纳闷，怎么会发生这种事情？

馆长突然想到了可能是谁拍摄了这些照片并发给了记者。她决定给记者打电话

第七章 作为个人标准的伦理

一探究竟。报社那边告诉馆长，记者现在不在办公室，下午才能回来。

馆长继续寻找照片的来源，她越想越生气。如果是博物馆工作人员将照片发给记者，那么这种行为是不负责任且不合乎伦理的。一旦发现罪魁祸首，她将与此人进行严厉的谈话。

馆长给登记员打了电话，询问哪些工作人员当时在工作间，结果被告知负责艺术收藏的研究员也看到了这些藏品。不过，在其访问期间，登记员一直和她在一起。这时候，登记员想起一件事情，那就是当画作被打开时，只有馆长一个人在工作间。

馆长明确表示，她与记者没有任何联系。不过，她重新梳理了当天上午发生的事情：首先是自己看到画作之后的无比激动的心情，其次是通过电子邮件将照片发给了自己的朋友。现在，她意识到这个决定有点仓促。她确信，她的朋友不会把照片发给记者。不过，在意识到自己潜在的罪责后，馆长决定悄悄地中止调查，并告诉捐赠者她也无法确定究竟是谁泄露了照片。

相关思考

该案例涉及哪些伦理议题？

馆长拒不承认自己对照片负有责任，是否有违专业伦理？

登记员是否应该让藏品接收室处于无人看管的状态？

馆长应该拍摄这些照片吗？

馆长是否应该将照片发给她的朋友？

馆长的朋友是否应该和博物馆工作人员一样恪守伦理原则？

伦理责任是否适用于所有的博物馆工作人员？

馆长这么做是为了自己还是博物馆的利益？

馆长是否应该就照片泄露一事与她的朋友当面对质？

是否有必要说真话？为了体面而忽视诚实，甚至什么也不做可以吗？

是否需要按照捐赠者的要求而行事？

（123）

实践中的博物馆伦理

案例评论

上述案例揭示了馆长是如何置机构政策于不顾的。虽然伦理准则可能并不涉及未经授权而随意使用藏品照片的问题，但是《国际博物馆协会博物馆伦理准则》确实提到了与博物馆工作（藏品、研究等）有关的机密信息的使用问题。

馆长无意识的行为与人类在类似情形下的自发行为非常相似，但是这并不意味着这种反应就是合乎伦理的。在互联网上，人们经常会分享一次新发现、一次美丽邂逅、一件有趣物品所带来的兴奋之感。这么做的时候，人们很少去考虑图片或信息最终会如何传播。无论是行为的即时性还是社交媒体的可及性，这些都不能成为违反专业或社会责任的借口。

《国际博物馆协会博物馆伦理准则》提及了这个问题："博物馆专业人员有义务遵守机构的政策和程序。不过，他们可以适当地反对那些被认为对博物馆、专业或专业伦理问题有害的做法。"[1]

"博物馆专业人员必须保守在工作中获得的机密信息。此外，被带到博物馆进行身份识别的物件的信息也是保密的，未经所有者的特别授权，任何人不得公布或传递给其他机构或个人。"[2]

权威无法为不合乎伦理的行为辩护。"作为一种准则，伦理同样适用于所有人。伦理行为或伦理决策是指强者和弱者都同等地服从一个基本准则，在这样的环境里，每个人的行为规则都是相同的。"[3]

---

[1] ICOM Code of Ethics for Museums, Principle 8, section 8.2, p.11.
[2] ICOM Code of Ethics for Museums, Principle 8, section 8.6, p.12.
[3] George, A. "Ethics in Management," p.87.

第八章

伦理与专业主义

《韦氏第三版新国际词典》（*Webster's Third New International Dictionary*）将专业（profession）定义为"要求在技能和方法及其所立基的科学、历史和学术原则方面具备专门知识和接受专门指导，并在有组织的或共同意见的加持下保持高标准的成就和行为……"[1]。该定义认为，公共服务是专业的主要目的。据此，服务公众的动机是博物馆行业的重要特征。

《国际博物馆协会章程》（*ICOM Statutes*）指出，"博物馆专业"与21世纪有关，但是其概念实际上起源于19世纪的德国。最初的专业人员指的是那些因从事需要专门培训或知识的工作而获得报酬的人。据说，第一批获得专业地位的人很可能是医生。在当时，博物馆工作人员并不被认为是专业人员。19世纪后期，英国约克郡博物馆协会（Museum Association of York in the United Kingdom）成立，博物馆领域才开始迈向专业化的发展道路。1906年，美国博物馆协会（American Association of Museums）成立，20世纪20年代，国际联盟成立国际博物馆事务局（International Museum Office）。[2]

在20世纪二十至三十年代期间，国际博物馆事务局所做的工作"以其相关行动及其科学和技术成就的质量而闻名"。[3] 第二次世界大战（1935—1945）阻滞了国际

---

[1] Gove, P. B. editor-in-chief. Webster's Third New International Dictionary (Springfield, MS: Merriam-Webster Inc. Publishers, 1995), p.1811.

[2] Baghli, S. A., P. Boylan, Y. Harreman. History of ICOM (1946–1996) (Paris: International Council of Museums, 1998), p.8.

[3] Baghli, S. A., P. Boylan, Y. Harreman. History of ICOM (1946–1996) (Paris: International Council of Museums, 1998), p.8.

实践中的博物馆伦理

博物馆界的专业化进程，随着1946年联合国教科文组织的成立，博物馆专业化觅得了新的发展契机。随后，国际博物馆协会（ICOM）宣告成立，来自美国的博物馆馆长昌西·哈姆林（Chauncey Hamlin）成为国际博物馆协会的创始人和首任主席。国际博物馆协会是"属于世界文化与遗产大家庭的非政府专业组织"，[1]旨在促进世界范围内博物馆之间的合作，促进信息和展览的交流。

1968年召开的第八届国际博物馆协会大会关注到了培训问题。1974年召开的第十届大会批准了新修订的《国际博物馆协会章程》，该章程重新定义了"博物馆专业人员"。此次会议还起草了一项倡议——《国际博物馆协会专业伦理准则》（*ICOM Code of Professional Ethics*），并于1986年召开的第十四届大会上正式通过。[2]

博物馆行业专业化程度很高，其中包括广泛培训、专业知识和会员资格。世界上许多地方都开设了专业化的学校和培训项目，许多国家和国际博物馆期刊都会定期发表有关博物馆理论和实践的文章。《国际博物馆协会博物馆伦理准则》是一份得到广泛认可的自律性准则，此外，许多国家的博物馆协会还自行颁布独立的专业伦理准则。相较而言，博物馆工作人员的社会地位较高，人们普遍认为博物馆领域是一个需要专业技能的行业。社会认可、会员资格、专门培训、伦理准则和较高的社会地位等要素对博物馆行业来说非常重要。

为了提高自1946年以来发展起来的专业标准和价值，国际博物馆界十分关注伦理议题。诸如非法进出口和转让文化财产、归还人工制品和科学标本等问题已经受到全世界的关注。博物馆专业人员普遍意识到，这些问题和那些较少曝光的问题都应当被视为专业实践的核心。因此，每个博物馆的专业人员不仅应该具备个人义务感，而且也有义务遵守博物馆伦理标准。

世界博物馆的关注不仅需要重新评估价值观，而且还需要从局部的规范转向

---

[1] Baghli, S. A., P. Boylan, Y. Harreman. History of ICOM (1946–1996) (Paris: International Council of Museums, 1998), p.7.

[2] Baghli, S. A., P. Boylan, Y. Harreman. History of ICOM (1946–1996) (Paris: International Council of Museums, 1998), p.32.

第八章　伦理与专业主义

更广泛的普遍视角。在这种情况下，专业判断必须基于超越孤立的社会惯例且获得普遍认可的伦理原则而做出。[1]当博物馆滋养作为世界公民的所有人的共性，并将人类从其所在的社区中抽离出来时，它们就正式践行了其作为社会服务机构的责任。

在直面诸如尊重原则等伦理标准时，国际博物馆界获得了解决一些棘手且具有挑战性问题的机会。尊重原则是互惠的，如果运用得当，那么所有的人类及其遗产就都会受益。因此，即便角色和地方有所不同，做出的决定在伦理上也是可以接受的。承认并认可普遍尊重和负责的态度可以促进博物馆界内部的彼此理解。

德国博物馆协会（German Museum Association）可能是第一个通过伦理准则的国家性组织。"1918 年，该协会颁布了针对艺术品交易和公众的行为准则……"[2]美国博物馆协会于 1925 年通过了《博物馆工作人员伦理准则》（*Code of Ethics for Museum Workers*）。这两份准则都聚焦于博物馆内部，即主要关注"技术和专业行为而非博物馆之外的服务和社会"。[3]

从有组织的博物馆活动开始，就有人一直提出这样的问题：博物馆工作人员是否需要伦理来指导他们的行动。答案是肯定的，因为没有伦理就没有博物馆专业。然而，对于当代博物馆专业人员和试图评估其行为的个人来说，这却是一个值得重新思考的问题。博物馆界经常基于活动的伦理性质做出决定，在公众看来，这种自律性的态度是一种将博物馆伦理提升到保护特殊利益的正常伦理或道德要求之上的尝试。[4]与此同时，公众也希望博物馆工作人员在提供信息时务必诚实、准确，在接受捐赠时务必诚实、守信；不仅要为后代保护好藏品，还要为公众提供慷慨的服务。

（127）

---

[1] Beabout, G. R. and D. J. Wennemann. Applied Professional Ethics: A Developmental Approach for Use with Case Studies (Lanham, New York, and London: University Press of America, 1994), p.25.
[2] Meijer-van Mensch, L. "New Challenges, New Priorities: Analyzing Ethical Dilemmas from a Stakeholder's Perspective in the Netherlands," Museum Management and Curation, Vol.26, No.2, 113-128, p.113, May 2011.
[3] Meijer-van Mensch, L. "New Challenges, New Priorities: Analyzing Ethical Dilemmas from a Stakeholder's Perspective in the Netherlands," Museum Management and Curation, Vol.26, No.2, 113-114, p.113, May 2011.
[4] Edson, G., ed. Museum Ethics (London and New York: Routledge, 2004), p.18.

实践中的博物馆伦理

伦理的善意

伊曼努尔·康德（Immanuel Kant, 1724—1804）指出："如果没有善意，那么世界上的任何东西——即使是超越世界的任何东西——都无法被无条件地称为善的。"[1]康德指的是行善的意图，即除非行为的意图是善的，否则无论结果如何，任何行为都不能称之为善行。善意指的是通过与他人或团体积极互动而获得的价值。

博物馆界的仁爱或善意（benevolence/goodwill）指的是满足现有或潜在服务对象的需求，其与服务的理念是一致的。《国际博物馆协会博物馆伦理准则》指出：

> 博物馆的一项重要义务就是发挥其教育作用，充分惠及其服务的社区、地方或团体的更多观众。与所服务的公众进行互动，并对其遗产进行保护与推广，是博物馆教育角色中不可或缺的一部分。[2]

对于博物馆来说，仁爱的理想不是简单地提供一个项目或展览，不是收藏随机选择的物件，也不是单纯地研究物件的材质、年代和制造者。仁爱不是慈善，而是关乎责任。博物馆应为集体利益而雇佣具备专门知识的人，当专门知识不足以处理特定情形时，应当予以适当的帮助。

如果想要成为一名博物馆专业人员，那么就必须具备专门的能力。其中就包括掌握必要的技能和技术，以便于开展与博物馆实践有关的活动。同样重要的是，博物馆专业人员应对这些技能的限度有所了解，切勿因为欺诈或漠视而越界。

---

[1] Kant, I. Groundwork of the Metaphysic of Morals, translated by James W. Ellington (Indianapolis: Hackett Publishing Company, 1983).
[2] ICOM Code of Ethics for Museums, Principle 4, p.8.

第八章　伦理与专业主义

时刻保持与专业人员相称的个人行为标准，在做决策时要尊重自己，从而无愧于充实的专业生活。[1]

在现实生活中，几乎所有关于伦理正确与否的解释都会大相径庭。每种情形都可能会激发个人对正义、平等、人权、责任和义务的想法。任何伦理价值的实际应用都取决于基于伦理原则而做出正确的决定，一旦对具体情形有所了解，那么就具备了做正确事情的机会。[2] 错误的决定往往是由不了解、回避或漠不关心所导致的。

假设博物馆界的任何人都不希望机构、藏品或个人（观众或同事）受到伤害。即便像《国际博物馆协会博物馆伦理准则》这样的伦理准则也没有具体提及伤害的问题。然而，该准则却包括与健康和安全（第1.5节）、防灾（第1.6节）、安全要求（第1.7节）有关的内容。此外，该准则还特别关注旨在延长藏品寿命和使用的保存和保护议题。

由于保管不善、判断失误、处理不妥、保存不当或缺乏适当的技能，对藏品造成的无意识伤害时有发生。做错事或什么都不做也会造成不可接受的结果。从这个角度来看，人类的无能或许是博物馆收藏所面临的最大威胁。

下面的案例说明，什么都不做和做错事一样都会带来灾难。这两种行为都可能是不合乎伦理的。某博物馆的董事会投票决定购买一件除藏的自然史藏品，他们坚信，这件藏品将提升博物馆的声誉。在讨论购买藏品的事宜之前，他们被告知，这笔钱是用来修缮博物馆的。馆长明确地告诉博物馆董事会，博物馆的建筑存在着严重的结构性问题，这很可能导致部分建筑的坍塌。馆长表示，购买自然史藏品对博物馆大有裨益，不过，建筑结构应当是优先考虑的事项。对此，董事会置之不理。几个月后，大楼的一面墙倒塌了，博物馆和展出的大量标本遭受了巨大损失。

---

[1] Beabout, G. R. and D. J. Wennemann. Applied Professional Ethics, p.53.
[2] Beabout, G. R. and D. J. Wennemann. Applied Professional Ethics, p.65.

实践中的博物馆伦理

在对损失情况进行调查时发现，董事会未能对博物馆建筑进行及时的维护。董事会忽视了其对博物馆负有的伦理义务，即玩忽职守而导致悲剧的发生。《国际博物馆协会博物馆伦理准则》规定："管理部门应该确保具备足够的馆舍和适宜的环境，以保证博物馆能够履行其使命所规定的基本职能。"[1]

博物馆工作人员应清楚其工作所涉及的伦理责任或义务，其中就包括尊重理念和遵守既定规范。目前，博物馆界普遍存在一种误解，即伦理实践会妨碍"工作的完成"。但是，忽视伦理责任会对观众、博物馆工作人员、藏品和博物馆造成伤害。置专业责任于不顾是一种疏忽。[2] 伦理议题是指那些会引发规范性问题的事项，其中就包括行动的对错或博物馆工作人员和观众的福利。许多问题仅根据事实进行决策是不够的，因此，价值判断是非常必要的。规范性问题从本质上来说就是价值问题。

伦理理想远超人们对正常实践的期待。它们是博物馆工作人员正确态度、行为和思想的基础。随着博物馆及其运营复杂性的不断升级，博物馆行业的伦理议题不断扩展，且变得越来越重要。简单来说，日常活动的开展方式验证了博物馆及其相关人员的价值；专业伦理原则不仅提升了专业操守，而且还保证了公众服务和公众信任。

博物馆界的伦理议题聚焦于适用于许多人及其专业事务主要方面的基本原则。一个行动或决定的伦理价值不仅来自其意欲实现的目的，而且还与普遍认可的原则密切相关。就博物馆行业而言，这一原则是由伦理准则确定的。因此，伦理不仅提升了该行业内个别成员的标准，而且还确定了适用于专业互动的基本原则。

在过去七十年间，国际博物馆界发生了巨大的变化，博物馆及其工作人员对伦理价值给予了更多的关注。博物馆工作人员逐渐意识到，这些价值在博物馆伦理中占据着核心地位，遵守普遍认可的准则是一项基本要求。为了保证伦理的一致性，每个博物馆专业人员都必须具备一种义务感，同时，也要对他人负责。

---

[1] ICOM Code of Ethics for Museums, Principle 1, section 1.3, p.1.
[2] Beabout, G. R. and D. J. Wennemann. Applied Professional Ethics, p.51.

第八章　伦理与专业主义

作为一项伦理责任，决策能力的习得是一项持续不断的义务。影响博物馆的外部条件让决策过程变得更加复杂。由于日常条件和特殊利益会改变人们对决策及其结果的重视程度，与准确和诚实理念相关的价值就具有了灵活性。当决策的准确性超过社会的正常限制时，伦理准则就会为决策过程提供保障。作为一种决策的辅助工具，伦理是一种在积极情形中感知和选择关键要素的重要手段。

评估一项决策的伦理客观性的基本方法是将其置于更广泛的普遍情境中。如果在其他地方的类似情形下也可以做出相同的决定，那么该决策就具有了普遍适用性。普遍适用（universal application）的概念即"一致性"，是证明规范性主张是否合理的理由。[1]

接下来的案例展现了普遍一致性的概念。一家大型博物馆的研究员正在为即将召开的会议准备论文，研究对象是一小块古玉。研究员认为，这块古玉具有独特的特征，说明了一种过去未曾发现过的风格转变。研究员已经为此忙活了几周，眼看提交日期将至。通常情况下，研究员利用晚上的时间在家撰写论文，但是她今天却遇到了麻烦。她想将古玉和家中的书籍插图进行对比，但是博物馆的政策禁止将藏品带出博物馆。将各种书籍搬到博物馆既繁琐又费时，相较之下，将小巧的古玉轻松放进公文包或口袋而带出博物馆则更加容易。她可以很快地拿到这块古玉，而且也没有人会发现它不在博物馆。普遍适用的理论能够证明将该藏品拿出博物馆的决定是正确的吗？其他思想正确的研究员会故意无视博物馆的政策吗？自私自利的概念是否具有普遍价值？

（130）

人们通常会用个人态度来为某些行为辩护，但是行为的普遍性揭穿了其偏袒程度。行为的自私自利性或主观性充分证明了该行为是不合乎伦理的。在处理可以被描述为对或错的问题时，人们应该充分考虑普遍性的理念。任何行为的正确与否都可以从普遍性的角度出发来做出判断，从专业角度来看，普遍性概念尤为重要，因为一致性是一种可以衡量的价值。

---

[1] Facione, P., D. Scherer, and T. Attig. Ethics and Society, 2nd ed. (Englewood Cliffs, NJ: Prentice Hall, 1991), p.37.

实践中的博物馆伦理

伦理推理涉及原则，没有原则，行动、决策或判断就无法保持一致。作为行动指南，专业伦理原则包括与专业情形相关的信息。需要指出的是，专业伦理只能在专业范围内才能判断行为的对与错，其在非专业环境下不具有适用性。

私人所有者可能会将物件放置在温湿度变化剧烈且不受控制的环境中，有时，他们还会将物品放置在阳光曝晒的环境中。这些行为充分反映了私人所有的权利。然而，一旦被博物馆接受，那么任何物件都会受到妥善的保护，使其免受疏忽或有害环境条件的影响。对藏品的保管涉及伦理议题，具体做法是有具体原则可循的。博物馆有责任保护所收藏的自然、文化和科学遗产，很显然，这种保护程度远超个人所有权所确定的范围。

一直以来，保护藏品都是博物馆义不容辞的责任和义务。在博物馆内部人员之间的关系中，职责和活动的不同可以将责任和义务区分开来。责任是个人指定的，义务则由机构或专业等外部要素确定的。不过，两种职责——责任和义务——都以尊重为基础，并且在界定和决定人与物之间的互动程度和类型方面发挥着重要作用。

（131）

伦 理 的 承 诺

当代博物馆的复杂性和严峻性往往会造成博物馆界的混乱，更准确地说，这种混乱与有关角色、责任、价值、信念的问题有关。目前，国际上有关遗产及其各种表现形式（物质的、非物质的、包容的、排他的）的辩论使这种局面变得更加棘手。国家或地方遗产的概念因地理位置和社会、经济、政治因素而各不相同。此外，收藏家、商贩和交易商也会以不合乎伦理的方式操纵文化和自然遗产，他们为了谋取私利而有意回避公认的标准和伦理准则。所有这些情形都呼吁伦理的出现。

21世纪的博物馆要解决的基本问题是，什么是遗产以及为何遗产会成为世界各地争相发现、保护和利用的商品。博物馆必须应对与遗产相关的多面向、要求高

第八章 伦理与专业主义

且受到公众监督的伦理议题。作为一种有价值的商品，遗产日益得到公众的广泛关注。为了满足社会和文化群体的真实或想象的需求，它们被利用、包装和完善。然而，随着当代社会性质的不断变化，群体身份也变得不易确认，特定群体的物证材料似乎不再具有可验证的文化价值。所有这些都给收藏实践、展览期望和社会参与带来了复杂的伦理问题。

在世代传承的过程中，文化实践可能会被强化，也可能会被改变。来自群体内外的力量不仅改变了该群体的整体一致性，而且还质疑了据称基于文化史的无须证明的活动和物件的有效性。这种质疑印证了博物馆在承担当代责任时所面临的伦理问题。

博物馆是过去和现在相遇的地方。与文化遗产有关的物件通常被认为具有象征意义，即对来源社区具有情感、知识和年代上的价值。博物馆既是这些象征符号的保管者，也是现代世界的故事讲述者。无论正确与否，这些符号都被赋予了特殊意义，被妥善保管，供社会研究和欣赏，并为子孙后代保存。随着社会在当前条件下对自身的重新定义，博物馆作为遗产守护者的伦理义务也在不断发展变化。

> 博物馆应制定和落实政策，不仅确保藏品（永久和临时的）和正确记录的相关信息能够满足当前需求，而且还要在充分考虑现有知识和资源的情况下，将藏品以尽可能完好和安全的状态传递给子孙后代。[1]

当代博物馆界的要求会随着公众和专业需求的不断发展而持续变化。不断变化的外部环境为当前和未来的博物馆工作人员提出了新的期望和要求。因此，对高素质的专业人员、明确的机构定位和可持续的伦理环境的需求就显得尤为迫切。

博物馆活动的多样性需要具备不同学术和专业知识的工作人员。为了制定行为标准，应对不断变化的行业要求，博物馆界的一些组织已经颁布了针对特定学科的

---

[1] ICOM Code of Ethics for Museums, Principle 2, section 2.18, p.5.

实践中的博物馆伦理

伦理准则。此外，为了提供行为指导，研究员、登记员、保管员、博物馆礼品店工作人员、志愿者和公共关系人员也都有相应的伦理准则。除了《国际博物馆协会博物馆伦理准则》等更具普遍性的准则外，还有一些针对专门兴趣或具备专长的博物馆工作人员的准则。这种专门的准则旨在为其所从事的工作提供具体的要求。

卡罗尔·刘易斯（Carol. W. Lewis, 1898—1963）在1955年写道："在整个世界和人生中，没有什么比正确的决定更重要。"[1] 随着时间的推移和技术的进步，这句话的正确性丝毫没有受到影响。大多数人都想知道，对于作为个体的他们来说，什么是正确的；对于作为团体或行业成员的他们来说，什么是正确的。正确的伦理准则不仅有助于形成正确的行动态度，而且还会促进与专业理想和专业行动相关的思维过程的统一。一旦对伦理有了基本的理解，我们就能够相对开明地认识行动目标，这种认识不仅意味着超越眼前的事物，而且还要着眼于博物馆行业不断发展的伦理要求。有志于获得专业地位的人必须关注博物馆目前是什么样，将来可能以及应该是什么样。[2]

伦理不是一个限制性概念，而是一个行动指南。伦理不应被视为规范性或指令性的，其旨在提供有用的信息。伦理指导工作人员采取专业的行动，但是切勿将认可伦理准则与实际的伦理实践混为一谈。对于博物馆工作人员来说，伦理准则不是业务活动操作手册，而是在付诸实践之前必须阅读的基本指南。伦理准则旨在为工作人员提供实践指导，而不是简单地罗列相关的伦理议题。通常情况下，一些善意的人会在没有真正理解伦理的情况下鼓吹伦理实践的只言片语。

只有在充分关注相关理论和议题，并回溯其在博物馆及其工作中的实际应用时，我们才能更好地理解伦理准则的意义。伦理理论有助于界定和阐明与伦理问题相关的原则。然而，理论和原则都无法明确阐述在具体情形下应该怎么做。伦理理论侧重于决策过程（意图）所涉及的原则，而不是决策的结果。换句话说，伦理理论聚焦于行为之前的推理或思考过程，而非行动之后的结果。

---

[1] Lewis, C. W. The Ethics Challenge in Public Service (San Francisco and Oxford: Jossey-Bass Publishers, 1991 [1955]), p.xx.
[2] Edson, G., ed. Museum Ethics, p.19.

第八章　伦理与专业主义

伦理推理和知识推理都无法保证决策的成功。就像伦理一样，正确的推理引导个人或机构朝着正确的方向前进，以此确保做出成功的决策。好的伦理判断是仔细评估实践、认真审查专业和公共义务的产物。博物馆伦理必须自专业中发展而来，它不仅是专业实践的指南，而且还将为实践和专业赋予责任感（见图 8-1）。

（133）

伦理原则的未来应用
（Future applications of ethical principles）

伦理原则的当前应用
（Current applications of ethical principles）

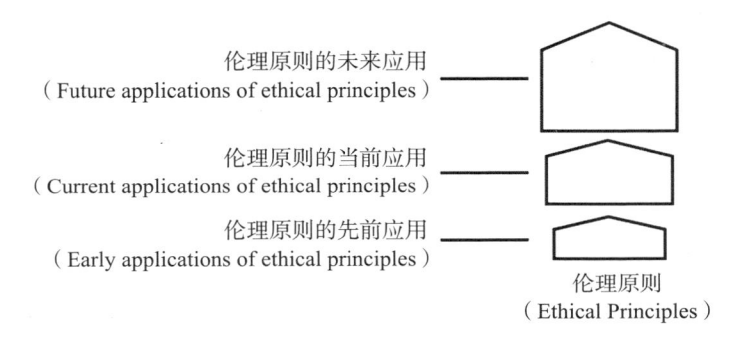

伦理原则的先前应用
（Early applications of ethical principles）

伦理原则
（Ethical Principles）

图 8-1　伦理原则的应用之所以会演变，其原因在于新知识对实践和技术有了更深入的见解，以及对更负责任和更具响应性的博物馆界的体认。

伦理的连续性

我们不禁要问，为何一个行业非要在能够为实践经验提供指导的伦理原则中寻求真理？亚里士多德（Aristotle, 384—322 BC）将伦理学定义为对实践知识的追求。他坚持认为："……当且仅当为了能够采取行动——以正确且合理的方式过好自己的生活——而质疑和反思时，我们才能说这个人是正确地、充分地、合理地从事伦理学研究。"[1] 如此看来，伦理的价值在于思考、质疑和反思与行为或决策有关的一切。伦理能够为"为什么"提供答案，这在今天和亚里士多德的时代同样重要。

专业活动面临的规范和限制来自不同的方面，其中之一就是伦理。在这种情况下，博物馆专业伦理首要关注的是作为一个服务社会机构的博物馆。作为这方面的

---

[1] Aristotle. Nicomachean Ethics, translated and edited by T. Irwin (Indianapolis: Hackett Publishing Company, Ltd., 1985), 1095a-6.

实践中的博物馆伦理

范例,《国际博物馆协会博物馆伦理准则》超越了个人的伦理原则,但是却没有涵盖整个社会。博物馆伦理旨在以他人或社会的利益规范某个群体的行动,但这并不要求全社会都要去尊重、收藏、保存和展示自己的遗产。需要注意的是,这种"不要求"对博物馆行业和公众来说是很重要的。如果某些社会价值与文化和科学遗产有关,那么就可以将其作为一种有目的的义务纳入博物馆伦理的范畴。

各行各业都以公认的传统惯例为指导。如果原则过于抽象,有关特定主体的可用信息又比较有限,那么"做正确事情"的初衷就有可能导致伦理困境。虽然伦理原则是合理的,也是符合实际情况的,但是特定情形下的伦理实践有可能会超出个人的理解范畴。与其他行业一样,博物馆行业也非常依赖个人的专业知识。惯常思维通常更加看重公认的实践和做法,并期望他人也要以同样的方式行事。在善意和伦理的加持下,遵循公认做法的动机得到了强化。然而,没有伦理基础的善意有可能会导致灾难性的后果。

随着有关世界遗产、人类和环境的信息激增以及公众期望的提升,博物馆行业内的专门化程度也在不断提高。目前来看,博物馆预想的范畴和机构活动的多样性史无前例。博物馆活动越是专门化,所需的专业技能就越高深,公众对其所从事的工作了解就越少,出现不合乎伦理的可能性就越大。在这种情况下,制定更高标准的行为准则势在必行。伦理不仅界定了工作人员之间的工作关系,而且还明确了专业人员与公众之间的关系。从这个角度来看,伦理原则还涉及责任的沟通。

随着专门化水平的提高,具备专业知识的工作人员与外行群体之间的距离进一步拉大。不仅如此,某方面的专家与其他工作人员之间也存在这种情况。基于此,博物馆必须在信任的基础上接受和理解博物馆专业人员(详见第六章)。出于这个考虑,为确定专业价值而制定专业伦理准则也是信任过程的必要组成部分。专业伦理准则规定了专家的角色,明确了其专业知识的限度,确保了伦理的一致性,并向公众保证其有能力履行必要的职责。

尽管已经拥有信任的概念,但是如果仅用如此笼统的概念来追问伦理或伦理

第八章 伦理与专业主义

行为,那么很难找到问题的答案。实践者对伦理正确性的认识通常受限于其所知道或经历过的事情。因此,他们很可能会认为不存在答案,更糟糕的是他们或许认为根本不需要答案。如果某行业不强调伦理准则所定义的责任理想,那么行业责任就会退化成为一种为维持最低标准的活动体系。这种体系虽然无法为正确行为提供理由,但是却提供了一份没有理论基础的指令清单,上面罗列了哪些是可接受的,哪些是不可接受的。

普遍的伦理原则提供了一个更广泛的视角,其具体表现形式根据行业的具体性质和环境而定。作为一种行为倾向,尊重的概念很难从正常的实践中觅得踪影,因此,这一抽象概念的实际应用就变得难以推断。然而,当作为一种伦理价值应用于博物馆行业时,尊重的概念反而获得了更具体的含义。利益冲突、尽职尽责、非法贩卖等概念也是如此。伦理准则不应该为了定义原则而不断创造新的术语,而是应该赋予现有术语以伦理形式。使用专业术语或模棱两可的术语来描述活动不仅会使人困惑,而且还会对目的和意图产生误解。

(135)

博物馆伦理萌生于既定的专业秩序中。就如同实践不是从抽象概念中发展出来的那样,博物馆伦理旨在用伦理理想评估和改进实践。理论与实践相互促进。具体而言,充分考虑伦理原则背后的意义有助于理解预期的实践;反之,只有仔细审查实践的影响,才能更好地判断伦理原则。

博物馆活动可能会受到趋势、信念或不计后果的经济动机的支配。升级博物馆活动的冲动往往会导致对实践的误解。例如,一家自然科学博物馆几十年来一直致力于标本的收藏,目前藏品数以万计。在财政拮据和不适合野外采集的趋势影响下,博物馆领导层决定减少藏品,从而只保留一部分有代表性的标本。虽然藏品数据可以数字化并在网上进行访问,但是,一旦被销毁或分散,那么每件标本所包含的科学和研究信息就会消失。随着技术的进步,除藏实践并没有预见到多个标本之于遗产研究和比较研究的价值。这种实践不得不促使博物馆制定一项伦理原则,即博物馆在除藏前应该认真考虑那些被视为多余或不必要的藏品。针对该问题,《国际博物馆协会博物馆伦理准则》规定:"博物馆收藏政策应该明确阐明藏品作为重

实践中的博物馆伦理

要证据的重要性。该政策不应仅受当前知识趋势或博物馆使用状况的制约。"[1]

规范性声明表达了一种价值判断,即某件事情是好还是坏,或者某件事情应该或不应该做。行动不仅要考虑其带来的正面和负面结果,而且还要考虑其可能造成的后续困难。某种情形下的正确行为可能在另一种情形下就是错误的。"善"始终是一个伦理难题,究其原因在于其没有一个普遍性的定义。因此,作为公认的实践指南的伦理准则所制定的原则为博物馆专业活动定义了何为善行。如上所述,减少自然科学藏品在博物馆领导层看来是好的,但是却给科学界产生了负面或不好的结果。

"因此,我们无法从对现有事物的研究中推断出任何结果的好坏。"[2]对任何情形的分析都会发现潜在的好结果,任何行动的结果都会使某些人或某些事从中受益。"高阶思维技能与我们在制定和应用伦理原则时所使用的推理方式之间有着密切的联系。我们需要培养的思维能力指的是在形式或抽象层面进行推理的能力……"[3]理性可以证明大多数行为的正当性,无论好坏。

一个行动的善意有时是有时间期限的,任其发展可能会产生难以接受的结果。因此,博物馆必须以"长远眼光"看待那些看似积极且充满善意的机会。接受有限制性条件的捐赠藏品看似不会立即产生问题,但实际上,这些限制性条件最终会造成困难。例如,某博物馆接受了一批与制糖业有关的藏品,制糖业是博物馆所在社区的主要经济资源。尽管捐赠者提出了这些藏品必须单独且永久展出的条件,但是博物馆还是很高兴地接收了这些藏品。展出社区遗产的展览在当时受到了观众的一致好评,并取得了良好的效果。但是几年之后,展览褪去了新鲜感而不再受观众欢迎。展览的积极价值降低之后,博物馆却受制于捐赠协议而无能为力。因此,在处理捐赠者的限制性条件时,博物馆应该制定适当的政策,以此来保持可持续的善

(136)

---

[1] ICOM Code of Ethics for Museums, Principle 3, section 3.1, p.6.
[2] Russell, B. "The Elements of Ethics," Chapter 3, Right and Wrong: Philosophical Essays§11, published in 1920 in the public domain.
[3] Facione, P. A., D. Scherer, and T. Attig. Ethics and Society, 2nd ed., p.1.

意。换句话说，机构政策不仅应强化伦理原则，而且还要提升实践的公平性。

伦理与"自我"

释迦牟尼佛（Gautama Buddha）曾说："我的思想游荡在世界的各个角落，但是我却从未遇到比自我更加珍贵的东西。"[1]每个人都会受到个人冲动和社会冲动的双重影响。义务感源于个人对效用的感知，即利己主义，而社会要素则属于利他主义。虽然在人类的正常行为中，情感或情绪往往会主导思想或知识，但是我们需要在利己主义和利他主义这两种极端冲动之间保持平衡。与责任相关的义务感可能会压倒社会责任，对人类的奉献或利他主义可能会取代专业责任。基于此，伦理实践就是要调节个人取向与社会倾向之间的关系。

为了有效参与行业的实践与发展，每个博物馆工作人员都需要具备必要的个人知识和能力。除此之外，他们还必须要发展规范个人或自我行为的能力。对自我的规范意味着个人要达到与行业期待相匹配的伦理水平。作为行动指南，伦理确定了正确行动的原则。只有涉及比服务自我更大的价值时，一项行动才能在伦理上站得住脚。当个人从更大的自我价值和更小的自我服务的角度思考问题时，普遍的伦理基础就得到了认可。

伦理应是个人行为或态度的重要组成部分，也就是说，我们需要关注与伦理相关的个人行为及其与伦理准则之间的关系。个人行为与那些需要做出伦理判断的活动有关，但却不适用于寻常的决定。

伦理行为不仅关乎自我认同和自我价值，而且还与个人从任何活动中获益的多少相关。个人心理层面上的自我具有强烈的追求快乐或利益的动机，因而会造成社会和专业责任的悬置。伦理行为则意味着在个人和社会动机之间达成某种平衡（见图8-2）。

---

[1] Conze, E. Buddhism: Its Essence and Development (New York: Philosophical Library, Inc., 1936), p.61.

实践中的博物馆伦理

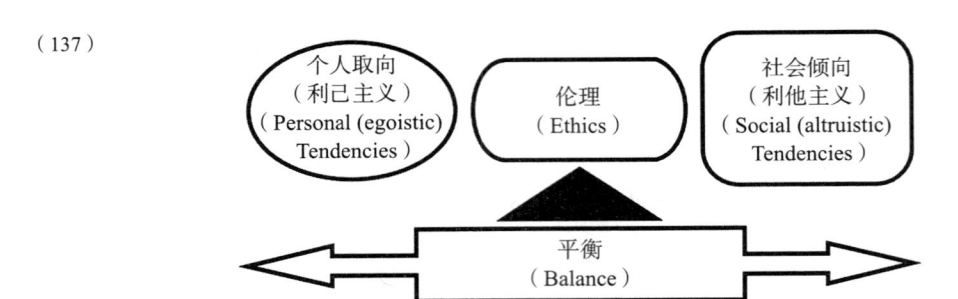

(137)

```
个人取向          伦理          社会倾向
（利己主义）      （Ethics）    （利他主义）
（Personal                    （Social
(egoistic)                   (altruistic)
Tendencies）                  Tendencies）

            平衡
          （Balance）
```

图 8-2 作为平衡个人取向（利己主义）和社会倾向（利他主义）之间关系的要素，伦理不仅是所有专业都不得不关注的议题，而且对博物馆工作人员来说尤为重要。如果将个人利益置于首位，那么这可能会对公众信任产生负面影响。

对于博物馆工作人员而言，自我满足感非常重要。他们不仅可以获得包括接触独特的物件和标本、学习相关技术和知识在内的个人利益，而且还能够体验到与其他工作场所截然不同的邂逅新奇和意外的审美乐趣。这种自我满足感对于激发专业意识和信任的热情、动力、奉献精神非常必要。

具备专业素养、恪守专业伦理不仅符合个人利益，而且符合博物馆利益。从这个角度来看，利己主义具有某种积极的作用。作为伦理体系中的价值单位，合乎伦理的个人除非意识到自己的价值，否则就无法从中获益。真正的伦理价值内在于个人之中，承认且培养这种品质符合个人的利益。

通常情况下，人们都有某种程度的自尊心，并珍视自己生活和工作的环境。从这个角度来看，伦理行为是一种内在驱动的态度，而非外部强加的思维或行为方式。个人的专业义务不仅应该被视为服务自我，而且还意味着造福人类和专业。无论是出自个人还是团队的努力，妥善保管藏品都是一件造福人类和个体的好事。由此来看，个人价值和社会价值是相辅相成的。

人类利益与自我利益往往密不可分。从心理学层面上讲，这不仅是一个有意义的命题，而且还是一个影响个人态度和实践的问题。合乎"为社会及其发展服务"[1]

---

[1] ICOM Statutes, Article 3 Definition of Terms, section 1. Museum. http://icom.museum/the-organisation/icom-statutes/3-definition-of-terms/L/0/#sommairecontent (accessed July 4, 2012).

第八章　伦理与专业主义

的伦理行动和原则并不意味着同样的活动会损害个人的自我利益。例如，一个人会为了维护自己的声誉而避免涉及不合乎伦理或非法的行为。这种自我驱动的态度对个人、机构和专业来说都是有益的。相反，抱着"管他呢，没人会知道"态度的人既不会给个人也不会给行业带来好处。

考虑自我利益的决策通常会以拒斥专业责任为代价，然而，实现个人目标或追求自我利益也有可能会促进专业责任。例如，某博物馆的研究员在参观过程中里发现了一幅待售的画作。通过这幅画的风格，研究员辨认出这是一位重要的区域艺术家的作品。目前，研究员所在的博物馆正在构建一个区域艺术家的收藏，这幅画作是该收藏的重要补充。然而，研究员认为，这幅画作是一项很好的投资，故而决定作为个人收藏而将其买下。很显然，该研究员自私自利的行为缺乏专业素养。

（138）

再举一例，为了寻找可以增加其所在博物馆的区域工艺品收藏的作品，某研究员利用周末时间走访了当地的画廊和商店。虽然区域或民间艺术并不是她的主要研究领域，但她正在考虑撰写一本关于该主题的书，以此来支持博物馆的收藏。因此，当发现一个代表该区域特定风格的篮子时，她感到异常兴奋。这件作品不仅会成为博物馆收藏的一大亮点，而且还会成为书中的完美范例。为此，她积极促成博物馆去购买这个篮子。很显然，该研究员的行为虽然自私自利，但具备专业责任。

第一个案例中的研究员的行为是自私自利而不合乎伦理的，他将个人利益置于首位，并决定为个人收藏而购买画作。在这个过程中，他利用工作中获得的知识为自己牟利，与博物馆争夺艺术品显然是不合乎伦理的。第二个案例中的研究员首先考虑的是其对博物馆应负的责任，与此同时，她也意识到了购买篮子能够给自己带来好处。对于第一个案例中的研究员来说，为自己牟利或自私自利的态度驱使他做出不合乎伦理的行为。而在第二个案例中，个人利益则退居其次。在任何情况下，一个人的所作所为都应该将尊重专业责任而非利己主义置于首位。这种态度体现了个人的自尊心，而自尊心对于自我责任来说意义重大。[1]

---

[1] Bowne, B. P. The Principles of Ethics (New York, Cincinnati, and Chicago: American Book Company, 1892), p.209.

实践中的博物馆伦理

博物馆是一个能够在服务社会和服务自我之间达成平衡的场所。然而，社会利益并不总是能够给个人带来好处，个人利益也可能以损害他人利益为代价。为了彰显自身价值，研究员将捐赠给博物馆的作品赠予他人，以提升自己的知名度，这种行为不仅是对他人利益的剥夺，而且还是不合乎伦理的，甚至是非法的。有些人也会为了获得工作、晋升或荣誉等个人利益而虚报资历。因为无法给他人带来好处，所以晋升是一件仅对个人有利的事情。

自私自利折射了意图和动机的概念。如果展览设计者的意图是制作一个公众和自己都喜欢的展览，那么这个意图和动机不仅是好的，而且也是合乎伦理的。这个积极的行为同时符合公众和博物馆工作人员的双重利益。但是，如果设计者的初衷是欣赏，但是展出的物件与设计者所说的不符，那么其动机就是欺骗（不诚实）。因此，欣赏的意图是可以接受的，但是欺诈的动机是错误的、不合乎伦理的。

(139) 此外，我们还应该注意以下情形，即以损害和牺牲博物馆伦理为代价而给观众带来乐趣。例如，在展览中使用模型、复制品和人造环境不仅可能会给观众传递虚假信息，而且还会让娱乐性凌驾于准确性和诚实性之上。同样，为了满足捐赠者的需求，博物馆可能会接收一件来源不明的物件。我们需要注意，利他主义的服务愿望必须受到博物馆专业的伦理义务或责任的约束。

从外在表现上来看，一些行为可能是利他主义的，实际上却是利己主义的。志愿者可能将志愿服务视为一种社会服务，但实际上是尽可能地为自己的利益而服务。只要两者能够达到某种平衡，那么意图和动机的双重性就是完全可以接受的。当博物馆志愿者为了个人的经济利益而收集藏品信息时，系统的平衡性就被打破了，随之就会出现不合乎伦理的行为。

善意也有可能导致意想不到的结果。比如，业余考古学家（amateur archeologists）经常打着为社会保存物证的旗号而将重要的历史出土物从遗址中拿走。事实上，这种发掘活动的价值微乎其微，甚至可以说弊大于利。无论用心多么良苦，业余考古学家通常都缺少对发掘现场进行仔细评估所需要的知识和经验。在发掘出土物时，业余考

第八章 伦理与专业主义

古学家往往会忽视与之相关的信息，而这些信息对于理解发掘现场和相关出土物之间的关系具有重要的参考价值。业余考古学家很少保存发掘记录，这不仅导致相关研究信息的缺失，而且还会使出土物沦为无证可循的好奇之物。业余考古学家既不效忠于任何机构，也不遵守专业伦理准则，无论其行为具有多大的破坏性，他们都不必为自己的行为负责（除非有法律规定）。即便打着服务社会的旗号，他们的意图和动机也都是自私自利的。

按照博物馆的标准来看，未经许可和不合程序地从历史遗址中拿走出土物不仅是不正确的，而且是不合乎伦理的，但是偷盗者没有义务去考虑博物馆的伦理。从伦理上来说，支持在公开市场销售包括在冲突期间被盗的物件在内的非法所得物件是错误的，这种做法很可能会导致这些物件永久地离开来源国。博物馆有时会购买非法所得的物件，在有些博物馆看来，这个错误微不足道，而且还能够实现为后代而保存的使命。博物馆决定接收非法所得的做法并不能改变非法行为不合乎伦理的性质。

《国际博物馆协会博物馆伦理准则》规定："本准则中的任何内容都不得妨碍博物馆成为其负有合法责任的领土上未经证实的、非法收藏的、归还的标本或物件的指定存放处。"[1] 该准则还规定："博物馆专业人员不得直接或间接地支持自然或文化财务的非法贩运或买卖。"[2] 这两项原则看似倡导相互冲突的理想，实则其根本目的指向的是保护遗产。

与非法所得或发现的文化财产有关的伦理议题非常复杂，仔细阅读并谨慎运用国际博物馆协会的声明是非常必要的。如果运用得当，那么博物馆从破坏与损失中抢救物件的"抢救观点"（rescue argument）就具有两面性。[3] 假设为了防止其在公开市场中售卖而抢救某个具有文化或科学价值的遗产，那么博物馆的"抢救"行为

---

[1] ICOM Code of Ethics for Museums, Principle 2, section 2.11, p.4.
[2] ICOM Code of Ethics for Museums, Principle 8, section 8.5, p.12.
[3] Messenger, P., ed. The Ethics of Collecting Cultural Property (Albuquerque, NM: University of New Mexico Press, 1989), p.3.

实践中的博物馆伦理

就可以被视为任何人以任何看似正当的理由抢救物件的先例。伦理议题不仅关乎对错，而且还涉及价值（专业价值而非经济价值）和效用。[1] "抢救"很容易成为各种以不合乎伦理的方式获取、非法使用物件的行动的借口。

博物馆工作人员有责任考虑与收藏、公众、专业相关的各项活动的意图和动机。他们有责任平衡自身利益与造福公众和人类等公共利益之间关系。恪守伦理体现在个人和机构的实际行动中。只有每位博物馆工作人员严格遵守伦理原则，整个博物馆行业才可能被视为合乎伦理的。当博物馆工作人员以合乎伦理的方式行事时，他们就会产生一种具有专业责任感和服务导向的集体且动态的行动。

将伦理原则应用于实际工作中需注意如下三个重要因素：首先，意图必须是好的；其次，动机必须是好的；第三，情形必须能够证明行动的正当性。[2]

伦理与经验

专业伦理的基础是经验、理性和尊重。伦理原则不仅要为了确定应该发生什么而充分考虑博物馆工作人员的经验，而且还要将此作为可接受的专业标准的基础。作为知识的来源，理性与有序思维（认知）的动机和力量有关。基于此，伦理知识远非熟悉原则那么简单，它还包括知晓与普遍做法有关的特定事实。考虑到博物馆行业的显著特征之一就是能力或专业知识，上述观点对其专业人员来说尤为重要。

当把"善"作为一个伦理概念来考虑时，不妨想一想，在谈及谁的"善"、哪种"善"时，大多数人习惯把"善"与某种形式的幸福或快乐联系在一起。"我们在博物馆玩得很开心"这句话的意思是，博物馆之旅并没有出现意外或不愉快的情

---

[1] Messenger, P., ed. The Ethics of Collecting Cultural Property (Albuquerque, NM: University of New Mexico Press, 1989), p.4.
[2] Beabout, G. R. and D. J. Wennemann. Applied Professional Ethics, p.71.

第八章 伦理与专业主义

况。作为一种社会价值,"善"的概念会随着条件的变化而变化。生病的人认为健康是好的,经济贫困的人则渴望财富,饥饿的人则认为食物是好的。亚里士多德曾写道:"很明显,'善'绝不可能是某种普遍的、单一的共性之物。因为如果是这样的话,那么就不需要谈论所有的十个类别,而只需谈论其中一个就好了。"[1]在博物馆领域,专业定义了"善"的价值。

只有当伦理标准成为实现"善"的更充分的手段时,它们才能得到改进。因此,理解"善"的含义尤为重要。[2]对于博物馆行业来说,"善"可以定义为通过保存、阐释、弘扬人类的自然和文化遗产而造福人类。[3]在这里,"善"意味着与公共责任相关的延伸价值。个人对实现作为所有活动结果的"善"负有全部责任,这种观念超出了人们的期望。相反,"善"是博物馆工作人员长期依据伦理原则行事的结果。在这里,"善"的积累来自合乎伦理的个人和机构。

通常情况下,"善"的价值是由共同体决定的,因此,错误的决定会对整个博物馆界产生负面影响。关于收藏实践的正确决定经常受到质疑,错误的决策也会被公之于众。某家博物馆因未经许可而收藏包括种子在内的植物材料以及信息记录不完整而被通报。另一家博物馆因其研究员故意无视一件艺术品的可疑历史而成为媒体关注的焦点。第三家博物馆因非法获取和运输生物标本而遭到指控。这些都是令人担忧的伦理议题。这些机构和个人做出了不合乎伦理的决定,这些决定使整个博物馆界的诚信遭到质疑。

对博物馆活动的管理不当属于不合乎伦理的行为范畴。不作为或冷漠可能会导致与故意无视伦理实践相同的结果。与错误地执行任务一样,不执行指定的任务也可能是不合乎伦理的。伦理态度不仅限于理论维度,因为几乎每项行动都涉及独特的情形。需要指出的是,情形的独特性有时会被过分强调,这导致人们对特定情形

---

[1] Aristotle. Nicomachean Ethics, 1096a-25, p.9.
[2] Patterson, C. H. Moral Standards: An Introduction to Ethics (New York: The Ronald Press Company, 1949), p.379.
[3] ICOM Code of Ethics for Museums, Principle 1, p.1.

实践中的博物馆伦理

下的伦理相关性产生混淆。无法在决策过程中确定适用的伦理原则通常表明对人们伦理理论缺乏理解。

  为了确定特定情形的核心要素，对决策过程中的相关问题进行分析是非常必要的。如果伦理只是一种没有实际内容或专业价值的抽象哲学，那么博物馆做出何种决定似乎都是可以的。换句话说，自伦理研究而来的信息必须是实用的，这些信息为关注博物馆学的正确基础提供了手段。亚里士多德在谈及伦理理论时说道："如果我们在形成欲望和采取行动时能够受到理性的指导，那么这种伦理理论的知识将大有裨益。"[1]这句话不仅彰显了伦理的理论基础，而且还积极促进该理论诉诸实践。

  之所以要将伦理应用于实践，其原因在于以此来确定一项行动或一系列行动的结果是否符合专业标准。例如，无论藏品性质如何，博物馆必须爱护和照料它们，这是博物馆行业普遍认可的理想。为此，应该由具备足够知识和技能的个人负责藏品的保管工作，或在正确监督下完成分配的任务。该行为的预期结果是藏品得到妥善保管，其理论基础是责任和尊重的原则以及知识和技能。

  如前所述，博物馆伦理是一种义务或责任导向的伦理。它不考虑行动的结果，而是重点关注促成结果的手段。因此，博物馆伦理首先要确定预期的结果（比如妥善保管近代哺乳动物标本），其次再研究并实施实现该目标的手段。实现预期目标的方法多种多样，因此，个人和机构有责任根据现有资源、本馆实践和个人能力确定实现预期结果的最佳方法。虽然方法有所不同，但是伦理目标是相同的。

  世界各地的博物馆工作人员都面临着伦理议题，它们有着共同的原因和解决方案。在现实世界中，博物馆工作人员会采取不同的行动，以不同的方法解决这些问题。然而，这些不同的对策中存在着某种共性，即对共同原则的认可。伦理共识的重要性有力支持了普遍适用的伦理标准的概念。

  伦理相对主义认为，由于来自不同地区的不同人群采取的行动标准存在差异，

---

[1] Aristotle. Nicomachean Ethics, 1095a-10, p.4.

第八章 伦理与专业主义

世界上不存在普遍适用的伦理。但是对于大多数博物馆而言，博物馆学实践的预期目标和结果是相同的。在此，"差异"在某种程度上是正确的，因为伦理旨在对意图进行指导，对实现目标的过程所言甚少。然而，这一指导原则恰好为实现预期目标的各种手段和实践留有余地。

在此，我将举一个与普遍性概念有关的例子。对于亚热带或热带地区的博物馆来说，湿度过高是一个持续存在的挑战。博物馆领域建议的相对湿度标准为50%—55%，这虽然不是所有材料的理想标准，但却是很多材料的一般标准。在亚热带或热带环境下，这一标准很难保持，因此博物馆需要不断寻找能够减少湿度的方法。相比之下，位于极度寒冷或干燥气候中的博物馆就需要定期在博物馆环境中加湿，以达到相对湿度的标准。虽然上述两种保持湿度的方法是对立的，但是预期的结果却是相同的。目前的保护方法倡导的是建立一个波动最小的稳定环境，而不是企图确定一个"固定"的温湿度。温湿度的剧烈波动对藏品造成的损害可能比保持高于或低于规定理想值几度或几个百分点的稳定环境更大。但是，环境条件的"变化"并不会改变藏品保管的伦理原则。伦理原则是照料，实现该目标的手段是过程，原则和过程之间无法互换。

伦 理 与 社 会

博物馆伦理不仅仅是伦理准则，它主要事关认识自我。此外，博物馆伦理还意味着负责任的管理、诚实和"做正确的事"，因此，它无法为博物馆日常活动中遇到的伦理问题提供简单的公式和良方。[1]

尽管伦理原则具有普遍性，但是这并不意味着具体的伦理判断具有普遍意义。（143）

---

[1] Edson, G., ed. Museum Ethics, p.xxiii.

实践中的博物馆伦理

任何原则的普遍性都倡导为个人或地方之外的更大利益而服务。在类似的情形下，我们应该平等地考虑伦理原则，即以多数人利益为重，从而摒弃个人利益。行为的性质可能会发生改变，但是伦理判断应该始终保持不变。从这个角度来看，伦理的适用性是普遍的。公众信任和信托责任等概念是对"为大多数人服务"理念的具体应用。伦理关乎人类福祉，与之相关的决定不是一蹴而就的，而是具有长期性和连续性；此外，伦理不仅关乎个人福祉，而且还事关社区和社会的福祉。

博物馆及其工作人员每天都会遇到各种挑战，因此，当前的博物馆伦理比以往任何时候都更加重要。当今社会，博物馆不仅在全球环境中扮演着重要角色，而且具备由物件、标本、思想和成就所定义的人类和自然之所的独特身份。自20世纪中叶以来，博物馆的社会意义一直在稳步提升。

无论当前面临怎样的挑战，博物馆都必须加大对其所服务的公众的投入，并开发和推广与当代价值有关的活动。例如，博物馆应该积极为老年人、护工、残疾人士提供项目。当今社会，老年人数量不断增加，发育障碍者和行动、听力、视力受限者的人数也在不断增加，博物馆应该为他们提供学习和自我表达的机会，很显然，这样的服务能够促进尊重和关爱的本质。

人口老龄化给大多数博物馆带来了伦理和社会的挑战。自20世纪中叶以来，世界人口结构持续发生变化。有鉴于此，博物馆应该通过开发刺激思考、社会参与、自我价值和服务的项目来为老年人提供服务。

由于博物馆与人类及其遗产息息相关，博物馆必须将知识和态度视为某种整体路径，不仅考察包括环境、科学、技术和艺术在内的生存状态，而且还要探究定义世界观、个人和群体观念以及生活方式的内在观念和价值体系。通常情况下，符号、情感、态度和技能的混合物被定义为文化，但是文化有时仅被视为娱乐和旅游业的一个要素，即一种休闲活动。作为人类兴趣范畴内的"特殊之所"，博物馆若想继续赢得公众的信任，那就需要做到真实、诚实且受人尊重。

伦理决策是一个不断发现问题、提出备选方案并从中做出选择的过程。

第八章 伦理与专业主义

博物馆所做出的选择既能最大限度地体现重要的伦理价值，又能够实现预期的目标。[1]

伦理是一个能够适应不断演变和发展的专业需求的生命有机体。伦理实践可能会降低对某一要素的重视程度，也可能会将之前不被认为是该专业必不可少的新要素吸纳进来。为适应实际和抽象的理想，当代博物馆处于不断变化中，其中就包括为那些在之前的实践中不被承认或接纳的活动或过程赋予价值。

由于人们的知识和理解能力有限，伦理很可能会在这种不断变化的环境中受到挑战。较之于花费时间去学习伦理原则，人们更愿意通过规则或法律来应对特定情形。伦理准则就是要强化思考的过程，因为对伦理来说，思考是首要的，其次才是行动。

我们应该以实用且方便的方式来阐释与传播伦理原则。要想取得成效，那么就必须将伦理原则转化为与博物馆及其工作人员相关的理念和实践。如此一来，个人才能成为具有伦理思维和实践能力的博物馆专业人员（见图8-3）。在专业主义的概念里，一个人声称认可和遵守伦理，并不意味着他具有了成为专业人员的资格。除此之外，个人还必须具备履行博物馆职责所需要的技能和培训。

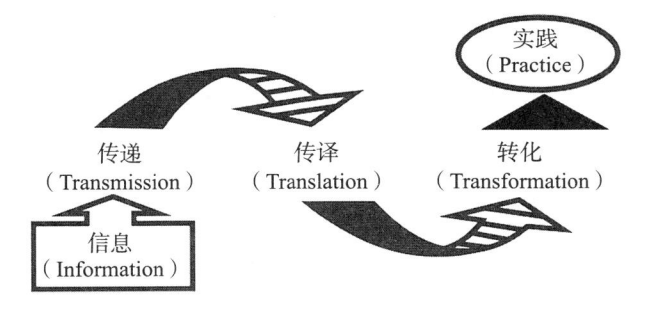

图8-3　只有在理解的前提下，信息的传递才是有效的，而理解的第一步就是沟通。观念以一种可以理解（传译）的方式从发送者传递给接收者。当信息被理解后，它就可以被整合到接收者的思维过程（知识）中，并最终促成态度和活动的转变。

---

[1] Guy, M. E. Ethical Decision Making in Everyday Work Situations (New York and London: Quorum Books, 1990), p.39.

实践中的博物馆伦理

伦理理论与伦理实践之间必须建立联系，并形成一个可理解和可接受的完整体系。举例来说，某家规模较小的博物馆试图通过改进展览来履行其伦理责任。为此，馆长邀请一位顾问来共同商讨展览的设计，顾问讲述了展览设计的理论和与展览安装有关的各种实践，并用纸板箱来演示了展厅布置的过程。经过两天紧张的讨论和演示后，顾问离开了博物馆。

几周后，博物馆馆长再次联系顾问，邀请她来博物馆看一下展览的安装。馆长表示，工作人员已经按照顾问的指示出色地完成了工作。顾问到达后发现，当地陶器的展览被认真地摆放在纸板箱上。[1]

虽然顾问解释了理论并进行了演示，但是博物馆工作人员并没有将这些要求联系起来。也就是说，理论与演示得到了传播，但却没有转化为具体的实践。在这种情况下，思维和实践也无法得到彻底的改进。

伦理准则必须转化为易于理解的术语。尽管以博物馆活动为规范对象的伦理准则生成于博物馆界内部，但是付诸实践之前必须得到正确的理解。公众期望那些受托照料和保护遗产的机构能够承担起高标准的伦理责任。由于与世界遗产有关的活动更加引人注目，社区委员会、捐赠者和观众也对博物馆抱有很高的期望。

正直而诚信的专业人员基于专业能力而开展活动。[2]日常活动的开展方式不仅决定了个人的诚信与品格，而且体现了机构的伦理性质。每个行为都折射出个人的伦理品质，但是任何特定类型的活动（而非态度或实践）都无法被描述为提高或降低了伦理意识。伦理是一个持续积累的过程，在此过程中，与博物馆专业人员有关的每个行为都有一个与之相关的伦理情形。

博物馆在保存遗产方面负有集体的伦理责任，这种责任的特殊性在于其回应了遗产所有者的期望。博物馆的保存（收藏与维护）行为能够在时间和情感限制下确保一致性和连续性。对于任何民族来说，遗产有助于在其与人类和自然的和谐相处中定义和投射自己。对博物馆界而言，保存遗产的行为绝不是经济或政治上的权宜

---

[1] Livesey, Tom. Personal conversation.
[2] Guy, M. E. Ethical Decision Making in Everyday Work Situations, p.53.

第八章 伦理与专业主义

之计。不了解事实和原则都会导致对责任的忽视。

伦理与社会交流

1997年，托米斯拉夫·索拉（Tomislav Sola）谈到："整个博物馆学概念始于两个问题——'是什么'"和'为了谁'。其他问题要么是对这两个问题的详尽阐述，要么是与之相关的方法和技术问题。"[1]在过去一个世纪里，"是什么"和"为了谁"这两个概念发生了巨大的变化，方法和技术几乎影响到了博物馆运营的方方面面。在这种情况下，这两个概念得到了拓展且更具包容性。新技术影响了收藏和保存过程、展览、研究、教育和项目的方法和技术。例如，随着多媒体的出现，展览方法发生了巨大变化，电脑也极大地改变了藏品的管理、保护与交流。不可否认，这些技术的进步对博物馆界产生了深远影响，但是却没有动摇或改变博物馆的社会或专业责任的伦理基础。（146）

新技术为展览增添了前所未有的维度，复制品使得博物馆能够灵活使用展品和展览。包括3D打印机在内的技术方法可以复制出高度完美的图像和物件。艺术品、考古出土物和化石的复制品不仅为博物馆提供了令人兴奋的机会，而且还增强了展览和项目的效果。然而，无论是来自博物馆内部还是外部，当数字或有形的藏品复制品无法得到正确辨认时，诚实和正直的问题就会对公众信任的概念构成挑战。

博物馆不仅可以利用新技术来激发展览兴趣，而且还可以为日益增长的公众意识而服务。社交媒体（Facebook、Twitter、Flickr、LinkedIn、Foursquare、YouTube等）是建立博物馆与传统观众和新观众之间关系的一种方式（详见第四章）。各种新技术日新月异，因此，前瞻性思维和更高级的技术和技能是非常必要的。然而，与这一传播系统相关的伦理却由来已久。诚实、尊重和社会责任是所有社会交流过程中不可或缺的价值，此外，使用社交媒体还必须遵守机构政策、知识产权法规

---

[1] Sola, T. "Museums, Museology, and Ethics: A Changing Paradigm," in: G. Edson (ed.) Museum Ethics, pp.168-175 (London and New York: Routledge, 1997), p.170.

实践中的博物馆伦理

(数字版权管理和《千禧年数字版权法》)、网络规则和专业原则。

与社交媒体有关的伦理议题涉及尊重、体面和民主进程(言论自由)等概念。虽然交流的发起机构可以控制所要传达的信息,但是传播过程的开放性和即时性默认了机构系统之外的各种力量对信息的随意使用。影响社交媒体的传播要素不仅包括荒诞不经、骇人听闻的内容,而且还包括深思熟虑、见解独到的内容。因此,技术的使用属于博物馆伦理的范畴。博物馆生产的信息和机构提供的服务也不可避免地涉及伦理问题,然而,他人的滥用却无法用同样的原则予以规范。与社交媒体相关的伦理问题通常包括两种:其一是信息是否适合公众获取;其二是如何控制公众的反应。该伦理问题涉及可及性。社交媒体的概念具有开放性,因此,信息和图像可以在不作任何声明的前提下进行下载和重复使用,这就带来了知识产权、版权和合理性等一系列问题。

在很多情况下,博物馆工作人员和观众的技术水平不足以有效操控所有可用的新技术。技术的理念是要改变或操纵人类或自然环境。然而,专业责任不能寄托在"机器"的身上。技术是中性的,无论是用来做正确的事还是错误的事,技术起作用的方式是一样的。正确使用技术的责任在于操作者,因此,无论情形如何,技术所产生的影响并不能证明不合乎伦理的活动的有效性。

《国际博物馆协会博物馆伦理准则》承认了博物馆与合适的个人共享信息(专业知识)的理念。对公众在线评论进行审查剥夺了言论自由,与此同时,未经审查的评论有可能会传递错误信息,从而歪曲博物馆的价值和使命。尽管"博物馆对尽可能自由地提供藏品和所有相关信息负有特殊的责任,但是也需要同时考虑因保密和安全所造成的限制"。[1]信息共享的方法并没有明确的规定,为此,各个博物馆都应该制定明确的社交媒体使用政策,并将其公之于众。博物馆必须对"社会媒体进行调查,以便于让整个机构的工作人员都能够了解其文化和伦理"。[2]

---

[1] ICOM Code of Ethics for Museums, Principle 3, section 3.2, p.6.
[2] Wong, A. S. "Ethical Issues of Social Media in Museums: A Case Study," Museum Management and Curatorship, Vol.26, No.2, pp.97–112, May 2011 (London and New York: Routledge, 2011), p.108.

第八章 伦理与专业主义

我们必须提醒博物馆工作人员，他们作为个人并不代表博物馆，因此不应该利用社交媒体来评论与博物馆政策、价值或信念有关的问题。

延伸思考

不同博物馆认可相同的伦理准则，但却以不同的方式履行职责，这是可以接受的吗？

在博物馆工作的所有人是否应该遵守相同的伦理准则？

个人利益与专业价值之间的冲突性质是否证明了主观决策的合理性？

当法律允许的活动违背博物馆伦理时，法律权威是否应该是首先考虑的？

作为个人的博物馆工作人员是否可以利用社交媒体宣传博物馆活动？

可供讨论的博物馆案例 12：博物馆礼品店引发的冲突

新改造的木材博物馆的工作人员对博物馆的变化感到异常兴奋。其中，库房区不仅进行了重组，而且还配备了密集存储系统（compacting storage systems），改造后的库房区至少可满足未来 25 年的藏品增长需求。公众区也从这次变化中获益匪浅：不仅重新规划和装修了展厅，配备了最新技术，而且还扩大了用于讲座和项目的教育区。博物馆的总体改造极具当代意味，充分考虑了藏品和公众的利益，并在保护藏品和服务公众之间取得了很好的平衡。对于一个致力于成为用户友好型且具有社区意识的机构来说，博物馆的翻修改造非常成功。

为了努力吸引新观众，博物馆特意增设了就餐区，满足那些希望在博物馆度过一天或来博物馆吃午饭的观众的需求。另一个备受关注的地方是博物馆礼品店，为了提供各种新产品，礼品店进行了扩建。

虽然餐厅和礼品店在负责藏品保管的工作人员中并不受欢迎，但是博物馆的管理部门却视其为重要的收入来源。研究员认为，餐厅会带来异味、空气污染和虫

（148）

实践中的博物馆伦理

害,礼品店则占用了宝贵的展览空间。此外,礼品店还与当地一家企业形成了竞争关系。大家对后一个问题颇有微词,因为某位博物馆研究员的妻子正在经营一家专卖店,出售与博物馆礼品店类似的商品。她经常抱怨,博物馆礼品店的扩建存在着某种不公平竞争的嫌疑。

经过反复讨论,博物馆馆长决定保留扩建后的礼品店,不过同意缩小餐厅的规模。这样一来,餐厅将无法提供全套菜单,而只能提供一些不需要复杂烹饪的菜品。这样便可以最大限度地消除异味、减少污染。虽然研究员们对最终结果并不满意,但还是选择尊重馆长的决定。

博物馆工作人员对展厅中举办的展览非常满意。改造之后的空间非常好:照明完全符合藏品保管员的要求,墙壁也非常适合悬挂解说材料。在布置展厅的过程中,研究员一边观看,一边相互谈论和分享他们的喜悦之情。

博物馆礼品店的一箱箱货物正在开箱,物品已经陆续摆放完毕。研究员们想一睹为快,并就每件物品发表自己的看法。研究员们在看完后一致认为,博物馆礼品店里的物品在材料、风格、技术上与馆藏原件极为相似。对此,他们非常疑惑,因为他们从来没有与艺术家达成任何允许复制艺术作品的协议。

接下来的一周,礼品店出现了更多与馆藏艺术家作品以及尚未开幕的展览中的展品极为相似的物品。针对这种情况,研究员们向礼品店经理询问了这些物品的基本情况,经理表示,礼品店会出售参展艺术家的签名作品。她说,在与馆长讨论将某些作品纳入展览的问题时,他们一致认为在礼品店举办小型展览或出售艺术作品是一个绝佳的赚钱机会。在她看来,这是一个值得在今后的展览中沿用的绝妙模式。

对此,研究员们却不这么认为。在他们看来,博物馆出售展出的个人作品是不合乎伦理的。考虑到艺术家和博物馆都不应从展览和销售中获得经济收益,这种销售行为违背了博物馆非营利的概念和基本的伦理原则。在他们眼里,博物馆正在变成一个赚钱的商业画廊。

研究员们与博物馆的其他工作人员讨论了这个问题,并决定找馆长谈谈。他们

第八章 伦理与专业主义

一致认为,沉默意味着对博物馆商业化的认可。几位研究员组成的代表团与馆长约定了谈话时间。　（149）

代表团率先向馆长传达了工作人员的关切,随后提到了《国际博物馆协会博物馆伦理准则》,并指出其中有禁止买卖文化遗产的条款。此外,他们还谈到了博物馆商业化的问题,如此一来,社区会将博物馆视为一家商店。他们随即表示,他们非常尊重博物馆,因此不希望其以任何方式堕落下去。

馆长表示,他非常理解他们的心情。他也读过《国际博物馆协会博物馆伦理准则》,并表示其中有关买卖文化遗产的声明与博物馆礼品店无关。在他看来,博物馆工作人员对此事反应过度了,因此完全没有必要撤走那些物品。

研究员们表示,他们不能接受这样一个没有任何解释的决定。为何馆长会一意孤行地坚持做出违背博物馆角色的决定呢?

馆长解释道,他这么做的原因很简单,也很容易理解,即博物馆需要钱。改造后的博物馆需要更多的开支,虽然捐款使改造成为可能,但是后期博物馆的运营资金却没有着落。迄今为止,董事会一直不愿提供额外的运营资金。在这种情况下,出售博物馆礼品店中的物品被视为赚取资金、支付开销的一种方法。

研究员们表示,他们非常理解博物馆的经济困境,但同时也认为,博物馆礼品店不是增加额外收入的途径。他们说,如果馆长不把这些物件从礼品店中撤走,那么他们就拒绝展出馆藏作品,并要向董事会表明他们的立场。

馆长说,现在的情形已经到了无力挽回的地步。他希望,每个人都应该仔细考虑自己说过的话,以免讨论走向不可控的局面。他不想被迫采取事后可能会后悔的行动。最后,他提议第二天召集全体工作人员,向他们解释博物馆的财务情况。如此一来,博物馆工作人员或许就会理解馆长在礼品店出售这些物品的决定了。

研究员们表示,虽然他们对该情况并不满意,但是会等到第二天。在他们看来,无论馆长怎么说,他们都不会同意在博物馆礼品店出售这些物品。他们声称,整个博物馆改造项目非常糟糕。以前的博物馆曾是一个舒适的工作场所,现如今,

实践中的博物馆伦理

这已不复存在。一位研究员甚至提议，馆长应该考虑辞职。

(150) **相关思考**

  该案例涉及的真正问题是什么？

  该问题是伦理、法律还是管理问题？

  在处理博物馆礼品店出售物品的问题上，研究员们或馆长的做法是否正确？研究员们是否应该参与有关礼品店物品出售的决策？

  在礼品店出售拟议的物品有何危害？

  研究员们试图拒绝在展览中展出馆藏藏品的做法是否正确？

  这种交锋和对抗符合博物馆的最佳利益，还是仅是管理层和工作人员之间的无端冲突？

  对运营资金的需求是否比伦理考量更加重要？

  考虑到博物馆的预算需求，馆长是否尽职尽责？

  馆长是否应该考虑通过削减工作人员工资的方式来弥补博物馆的资金需求？

  既然《国际博物馆协会博物馆伦理准则》没有具体涉及博物馆礼品店的出售问题，那么是否应该以研究员们的眼光来看待这个问题呢？

案例评论

  伦理不仅关乎正确的行为，而且旨在纠正实际或潜在的不当行为。通常情况下，不当行为的表象与行为本身一样具有破坏性。因此，理性思维建议要避免不当行为的表象。《国际博物馆协会博物馆伦理准则》中没有与特定问题相关的具体条款并不能成为免除博物馆伦理责任的借口。

  《国际博物馆协会博物馆伦理准则》"代表着博物馆的最低标准"[1]。该准则还规定："该文件的总体精神仍然是为社会、社区、公众及其各类群体以及博物馆从业

---

[1] ICOM Code of Ethics for Museums, Preamble, p.iv.

第八章　伦理与专业主义

者的专业精神而服务。"[1]

《国际博物馆协会博物馆伦理准则》规定："无论资金是来自机构自身的活动还是外部资助，博物馆管理层都应当制定一个关于其来源的书面政策。无论资金来源如何，博物馆都应该全权负责项目、展览和活动的内容和完整。换句话说，任何创收活动都不应损害机构及其公众的利益。"[2]

"博物馆专业人员有义务遵守机构的政策和程序。不过，他们可以适当地反对那些被认为对博物馆、专业或专业伦理议题有害的做法。"[3]

由于博物馆未出台针对礼品店销售的政策，行政人员和工作人员在缺乏适当的机构指导的情况下，不得不诉诸任意的决策。伦理和政策必须为博物馆及其观众的利益而共同努力。

（151）

可供讨论的博物馆案例13：发掘的困境

某家大型博物馆的人类学研究员参与了一个重要遗址的发掘工作，这个遗址是2 000—3 000年前原住民居住的地方。发掘工作进展顺利，在过去两个月的时间里共发掘出1 000多件出土物。出土物中既有显示人为加工痕迹的小型骨头碎片，也有用于祖先崇拜仪式的完整的大型雕像。这项发掘工作令人满意，研究员也倍感成功。几周的田野工作使她身心疲惫，不过，要等最后一批出土物物打包运往博物馆，她才能回到自己的公寓，这可能还要再等一两天。

研究员在观察出土物时发现了两个有趣的雕像。考虑这些木制品已经在地下埋藏了大约2 000年，能发现保存如此完整的木质雕像实属罕见。通常情况下，潮湿的土壤和害虫很快就会毁坏这些木制品。相较之下，这些木制品似乎处于一种石化状态。

---

[1] ICOM Code of Ethics for Museums, Introduction, p.vi.
[2] ICOM Code of Ethics for Museums, Principle 1, section 1.10, p.2.
[3] ICOM Code of Ethics for Museums, Principle 8, section 8.2, p.11.

实践中的博物馆伦理

这两件雕刻品非常引人瞩目，研究员马上就意识到了这两件作品对于其研究的重要性。虽然它们不是杰出的雕刻品，也没有非凡到可以改写原住民历史记录的地步，但是作为早期雕刻的典范之作，这两件作品将为原住民的历史记录增加新资料。此外，这些作品还将成为她个人研究的重要组成部分。

黄昏时分，研究员将这两件作品带回了自己的房间。当天晚上，她花费大半夜的时间来观察与研究这些作品，并做了笔记。她正在构思的文章随之在脑海中成型，这必将是一篇高质量的文章，会让她在自己的研究领域获得更多认可。

第二天早上，研究员因为睡过头而迟迟没有到达文物保管区。这是一大片有顶棚的区域，用于存放即将运往博物馆的出土文物。在此，每个人都忙着完成自己的任务。出土文物被打包装上卡车，准备第二天早上出发。卡车预计将在下午下班前抵达博物馆，研究员希望在当天晚上之前完成所有出土物的卸载工作。

（152）　工地上剩下的工作就是回填发掘区和收拾设备。完成这两项工作后，每个人就可以回家休息几天，然后再去博物馆报到。这是一次成功的发掘，每个人都对自己的努力和取得的成果感到满意。

当研究员在第二天早上收拾个人物品时，她发现自己没有把那两件雕刻品放回文物保管区。按道理来讲，这两件雕刻品应该与其他出土物一起运往博物馆。她决定将这两件雕刻品和她的个人物品一起打包，然后开车将它们送往博物馆。毕竟她是研究员，这两件雕刻品晚点到达博物馆并没有什么区别，而且没有人会知道发生了什么。当研究员离开工地时，这两件雕刻品与包括衣服、书籍、电脑、食品在内的各种东西一起被装进汽车后备厢。

当天晚些时间，研究员在博物馆中待了一段时间，以确保所有出土物都已卸载。卡车如期抵达，所有的箱子都安全地存放在了博物馆的接收室。她对这些工作感到满意，然后就回家休息了。

三天后，当打开汽车后备厢时，她发现了那两件雕刻品。当看到它们时，她仍旧被两件雕刻品的卓越品质和研究潜力所折服。考虑到这一点，她把它们拿回了自己的公寓。在那里，她可以更加仔细地进行研究，再过几天，她就会将其送

第八章 伦理与专业主义

到博物馆。

随后,研究员忙于博物馆工作,对两件雕刻品的研究被耽搁了。一周过去了,一个月过去了,她仍然没有时间写作。在从工地回来的第二个月,研究员突然意识到这两件雕刻品还在她的手里。由于发掘出土的其他材料都已处理完毕,因此,将这两件雕刻品放回博物馆就变得复杂起来。如果她把这两件雕刻品送到博物馆,工作人员一定会追问,她为何占有它们如此长的时间,这就尴尬了。她很可能会因为此事而被请到馆长办公室,并需要就占有博物馆财产而做出解释。

应该如何去做呢?研究员至少有如下四个选择:第一,她可以把这两件雕刻品送到博物馆,并就此做出解释;第二,她可以继续保留这两件雕刻品,并和第二年田野发掘的出土物一起运往博物馆;第三,她可以销毁这两件雕刻品,假装它们从未存在过;第四,她可以说这两件雕刻品是从礼品店购买的,因而是个人所有的。如果采取第四种方案,那么她就可以发表那些与这两件雕刻品有关的文章。之后,她再将这些作品捐赠给博物馆,一切看起来都非常完美。

相关思考

该案例涉及什么伦理议题?

研究员的做法是让个人利益凌驾于专业责任之上,还是说她只是健忘和不负责任?

研究员是否存在利益冲突?

是否存在与利益冲突相关的真实或有意的欺骗?

本案例是否涉及态度问题?

研究员是否应该将雕刻品从发掘现场的文物保管区拿走?

研究员的行为是否有失专业水准?

虽然撰写研究论文是分享藏品信息的重要方式,但是无视伦理实践的做法是否妥当?

研究员应该怎么做?

除了上述四个选择外,研究员还有哪些其他选择?

实践中的博物馆伦理

案例评论

如果研究员采取第四种方案来解释为何拥有这些雕刻品，那么她必须做些什么来确定和验证它们的来源。如果没有出处，那么这些作品不仅会失去研究价值，而且还可能因潜在的欺骗行为而加剧伦理问题。因此，诚实和尊重必须在决策中发挥重要的作用。

《国际博物馆协会博物馆伦理准则》规定："博物馆从业者、管理者及其家人、密友等人都不得侵占博物馆的收藏，即使是暂时使用也不允许。"[1]原则8还规定："博物馆工作人员应遵守公认的标准和法律，维护专业的尊严和荣誉，他们不仅应保护公众免受非法或不合乎伦理的专业行为的侵害。"[2]此外，该准则还有涉及利益冲突问题的内容："如果个人与博物馆之间发生任何利益冲突，那么应以博物馆利益为重。"[3]

无论是无意还是有意，无视伦理实践往往会损害个人价值和专业价值。大多数人都想做正确的事情，但是却从未考虑过自己的行为可能会受到质疑。然而，当特定情形下的行为遭到质疑时，诚实是避免本不专业的情形雪上加霜的最佳方法。

---

[1] ICOM Code of Ethics for Museums, Principle 2, section 2.26, p.6.
[2] ICOM Code of Ethics for Museums, Principle 8, p.11.
[3] ICOM Code of Ethics for Museums, Principle 8, section 8.18, p.13.

第九章

伦理与可预测性

某些活动可能早已不再符合专业标准，但是却因为经过了历史验证的过程而仍在继续使用。评估能够识别出这些不假思索的想当然的活动。历史会使惯例易于执行，因为按其行事通常不会产生致命的问题。然而，行动的对错是由工作性质而非历史惯例决定的。因此，过去可以接受的做法有可能不再适合当代博物馆界的伦理要求。评估任何行动的正确性是一个需要思考和分析的认识过程和实践过程。

新旧思维都有多种表现形式，不同的态度会对专业领域的活动产生不同的影响。较之于旧事物，新事物看起来似乎更好、更正确或更有趣。然而，大多数想法和做法都是旧的，它们都是建立在历史基础之上。没有"旧"的保驾护航就没有"新"的孕育。在博物馆行业，新实践是对旧做法的重塑。相应的，更新之后的伦理准则可能会突出不同的重点，也可能使用不同的术语，但是几乎没有什么是全新的或完全不同的。

近些年来，博物馆伦理成为一个备受国家和国际博物馆界关注的议题。在过去七十年间，博物馆数量大幅增加，这促使国际博物馆界积极呼吁博物馆实践的标准化。对问责制、公共服务和社会责任的关注进一步了增加了对按照伦理行事和不断完善伦理准则的需求。

作为合乎伦理的机构的组成部分，可预测性指的是在类似情形下，采用相同的标准和实践就能获得可接受（合乎伦理）的结果。结果不仅反映了博物馆的价值和信念，而且还意味着对伦理实践的认可。可预测性并不是说每个展览和项目都必须与过去一样，而是意味着博物馆要始终恪守伦理准则，尊重藏品、工作人员和观

实践中的博物馆伦理

众。此外，可预测性要求博物馆的所有活动都必须是诚实、开放且专业的。最后，可预测性还意味着博物馆做决策时所依循的客观标准也是其他人做出类似决定时需要遵循的。

专业伦理是指通过指导性的实践和原则来满足专业的可预测性、一致性和稳定性的需求。专业伦理不仅为博物馆行业的赋权提供了指导，而且还确定了博物馆专业化的基本前提。与此同时，伦理还进一步明确了博物馆的社会角色，并向其他专业和非专业组织的伦理和实践重申了博物馆的专业性。[1]成文的伦理准则所确定的原则不仅提升了专业标准，而且还确保了某种一致性。

机构内部的伦理可预测性与真实、可信的价值观非常契合。因此，在确定博物馆工作人员的原则时，可预测性就显得尤为重要。可预测性不仅承认了博物馆行业内部的统一逻辑，即认可共同的适用性原则，而且还主张要与国际伦理标准保持一致。这种专业化路径与一致性原则不谋而合，行动和程序的一致性意味着通过对类似情形做出可预测反应的方式来加强公众对博物馆的信任。

专业伦理准则所规定的原则是建立在实践知识和经验的基础之上。随着博物馆及其业务的拓展，人们对伦理实践的期望也越来越广泛。因此，专业伦理准则决不能以违背公众最佳利益的方式来追求博物馆利益。换句话说，博物馆不能只顾自己的博物馆身份，而忘却了其肩负的公共责任。

用抽象术语倡导正确的规则，并以此来规范机构行为并不难，因为这些抽象的概念并不适用于现实。然而，大多数现实情形都无法明界定绝对的对与错。专业伦理准则提供了一种在专业和公众关切的关键领域进行专业自律的手段。伦理准则不仅为全世界的博物馆工作人员制定了最基本的行为标准，而且还提供了指导博物馆实践的社会期望声明。

伦理准则无关乎博物馆的外部价值，而事关对博物馆实践基础的理解。[2]因此，博物馆界可以将伦理准则视为一系列理想的专业实践的原则。例如，《国际博

---

[1] Edson, G., ed. Museum Ethics (London and New York: Routledge, 2004), p.99.
[2] Edson, G., ed. Museum Ethics (London and New York: Routledge, 2004), p.xxi.

第九章 伦理与可预测性

物馆协会博物馆伦理准则》的基本信念是博物馆有责任或义务为公众服务。为了保护人类遗产,博物馆收藏、保存、展示有形、无形或数字藏品。

以下10项伦理原则强化了博物馆专业人员对可预测性的认识:[1]

1. 在处理与博物馆有关的事务时,博物馆专业人员不仅要以合法且合乎伦理的方式行事,而且还要履行公共信托所要求的责任和义务。

2. 博物馆专业人员应平等地满足所有博物馆公众群体的社会意识和文化需求,并在社区中保持积极的活力。

3. 博物馆专业人员应当获取、维护、研究、记录与博物馆既定使命相契合的物件,对所收藏的物件一视同仁,并以合适的方式保证公众的可及性。

4. 博物馆专业人员不得在工作过程中从与博物馆有关的职责、活动和/或信息中谋取私利,也不应该在处理与博物馆相关的利益时出现不当行为。

5. 在为博物馆挑选物件时,博物馆专业人员必须特别注意物件的伦理和法律地位、使命关系、可用性、需求、条件、捐赠要求,以及博物馆妥善保存和利用的能力。

6. 博物馆专业人员不得获取对其他土地或民族很重要的文化遗产,此外,还应特别注意博物馆收藏中是否有对他人具有宗教或神圣意义的物件。

7. 在除藏过程中,博物馆专业人员应该非常谨慎,决不允许博物馆在此过程中受到质疑或出现名誉受损的现象。

8. 在确定教育、展览、阐释和特殊项目的内容时,博物馆专业人员应该将诚实、正直、社会意识置于首位,确保不会出现伤害或贬低的态度或观念。

9. 博物馆专业人员应为包括董事会成员、研究员、技术和支持人员、志愿者在内的所有博物馆成员提供知识增长、教育培训的机会和支持。

---

[1] Edson, G., ed. Museum Ethics (London and New York: Routledge, 2004), pp.99-100.

实践中的博物馆伦理

10. 博物馆专业人员应提供出借（物件、标本与展览）、信息、技术或其他符合博物馆手段和使命的适当援助，以积极支持世界博物馆事业的发展。

这些伦理原则中所提及的藏品可能是有形的、无形的或数字的。无论其形式如何，与遗产有关的义务都属于专业伦理的范畴。当完成博物馆化后，电脑里和鞋盒里的收藏同样重要。

伦理准则应该同时关注物质元素和知识元素，并赋予其可信度和包容性。一些伦理原则涉及授权文件、健康和安全、资金、藏品保管、收藏购置和除藏，其他原则应致力于满足伦理驱动下博物馆的实际要求。伦理准则的性质应与博物馆工作人员的态度有关。作为博物馆活动的知识路径，工作人员端正的态度确保了伦理的认可度和可预测性。

（158）

除非博物馆行业认可伦理并将博物馆与社会之间的关系置于首位，否则，博物馆将就不再具备社会和文化的可持续性。将伦理概念与博物馆职能联系起来是意料之中的事情，因为两者之间关系密切。在当代世界，没有伦理基础的博物馆是无法想象的。作为对社会和文化负责的机构，博物馆必须从整体视角出发考虑其与所在社区之间的关系。此外，致力于追求卓越的博物馆也与伦理实践有密不可分的关系，因为它们与价值和信念有关。这些特点在博物馆提供的服务和机构的内部运作中展现得淋漓尽致。个人价值和机构价值相互关联，缺一不可。

为了应对资金紧张、人口迁徙和21世纪观众的习惯改变等挑战，博物馆需要采取新的策略和态度。整个博物馆领域都在呼吁以整体思维来应对这些挑战，密切关注社会、政治和环境的动态变化。这些问题的多面性导致了一些博物馆工作人员放弃包括伦理在内的传统价值，转而采取因地制宜、更加灵活的应对之策，如此一来，博物馆就能够以权宜之计解决某些棘手问题（详见第三章）。遗憾的是，灵活的概念有时候是不合乎伦理的、不专业的和不负责任的。幸运的是，大多数博物馆工作人员都能够理解伦理的理想，并认可伦理实践的一致性。换句话说，伦理原则始终保持不变，为了适应当代博物馆不断变化的要求，其具体的应用和手段可以不

第九章 伦理与可预测性

时更新（重新阐释或定义）。

与原住民有关的展览是基于尊重原则而不断变化与改进的典型案例。博物馆经常展出被原住民视为神圣的文化物件，传统上，博物馆更加关注物件的独特性（鬼衫、男子会所的盾牌、祖先雕像）和展示方式，但是对其所代表的原住民权利却考虑甚少。很快，博物馆界就意识到了这种做法潜在的社会和文化影响。自此以后，博物馆要么停止展出圣物，要么在充分考虑来源社区、族群或宗教团体的利益和信念的前提下进行展出。[1]

不断变化与改进的实践进一步强化了如下需求：第一，明确阐述的伦理准则；第二，博物馆工作人员和博物馆界倡导的学习态度；第三，无所不包的尊重理念。容忍不被接受的伦理行为不仅会导致机构的平庸，而且还会造成公众信任的流失。这种无限度的容忍行为对博物馆界非常不利。

已故的巴西教育家、哲学家和活动家保罗·弗莱雷（Paulo Freire, 1921—1997）写道："做人就是要与他人和世界建立关系。"[2] 博物馆也不例外，只有与其他人和其他地方建立联系，博物馆才能论证其存在的合理性。博物馆可以通过不同的方式建立与世界的关系。具体而言，它们可以从专业角度激励自己，选择合乎伦理的方式应对各种情形，并随时根据具体需要去验证、调整自己的思维和行为方式。博物馆可以有意识、有系统地这么去做，认真考虑传统做法。当然，博物馆也可以忽视与其相关的悠久价值，选择一种削弱专业信心的发展道路。

作为具有普遍价值的机构，博物馆不仅负责为人类保存受托藏品，而且还旨在造福人类。因此，博物馆是一个备受信任的地方，其价值是以服务质量来衡量的。专业知识和善意并不足以证明博物馆行业的正确性，也无法保证其履行这一特殊责任。为此，早在20世纪，博物馆就以伦理准则的形式确定了行业的价值和信任，并承认了自己的责任。

---

[1] ICOM Code of Ethics for Museums, Principle 2, section 2.5, Principle 3, section 3.7, and Principle 4, sections 3 and 4, pp.3, 7, 8.
[2] Freire, P. Education for Critical Consciousness (London and New York: Continuum, 2008 [1974]), p.3.

实践中的博物馆伦理

作为动态概念的伦理

　　收藏、研究和保存有形、无形或数字遗产的活动非常复杂，因为构成遗产的物件和观念因人、因国而异。对于一些人来说，遗产涉及一切；而对另一些人来说，遗产仅是满足特定群体基本要求的条件。具体到内容，遗产可能是一种象征、一首歌谣、一个故事、一种植物或其他东西。有形和无形元素的融合使得与21世纪博物馆职能有关的伦理议题更加复杂。这些挑战要求博物馆必须认真对待遗产和来源社区。

　　如果曲解了遗产对来源社区的社会意义，那么相关的展览就不会产生任何社会效益。在这种情况下，物件会沦为好奇之物。这样的展览不仅挑战了博物馆诚实正直的品格，而且还否弃了机构在履行其公共职责时应有的尊重和赞赏。博物馆的社会角色要求其肩负起对公众、博物馆专业和专业所确认并倡导的伦理原则的责任。

　　目前，博物馆正处于急剧变动之中。因此，博物馆界需要制定相应的策略（正确思维）来应对资金需求和不断变化的人口结构，以及新时代不断变化的文化倾向和态度。然而，为满足公众或社区的需求而做出的调整不能成为不负责任的借口。信任必须是每个博物馆无可争议的必要条件。

　　当代生活的复杂性和社会对博物馆活动的期望可能会触发与传统实践完全不同的伦理理念。有些人认为，情境伦理（理性主义）和变动不居的伦理参照点或许更合适当今的博物馆界。即便如此，伦理也必须被视为正确行动的指南，这是尊重和价值的核心所在。无论在什么情况下，伦理实践都是博物馆专业人员的组成部分，因此，伦理实践不仅对个人非常重要（自我价值），而且也是机构的义务所在。

　　大多数博物馆工作人员对伦理知识和伦理实践有所了解，但是了解程度却因人而异，因而无法简单地按机构、地区和国家来进行界定。伦理通常被认为是专业人

第九章 伦理与可预测性

员的重要组成部分。然而,伦理原则却无法通过理论知识或日常经验得到巩固。没有理论基础的伦理只在特定时刻、特定情境下才有意义。伦理的价值在于原则和实践,也就是我们所熟悉的知识和应用。

犹如在充分理解伦理原则的情况下依然选择以不合乎伦理的方式行事,我们也有可能在不明所以的情况下以合乎伦理的方式行事。第一种行为是错误的,第二种行为是正确的,但事实上,这两种行为都不应发生,因为这两种行为都缺乏对伦理的深入理解。

包括博物馆行业在内的任何专业领域都是由其伦理实践定义的。由于伦理是一个动态的概念,且反映了社会和专业环境的价值变化,伦理实践会继续影响专业领域的发展。"伦理理想的历史演变表明,随着接受准则的群体的扩大,专业领域的发展会取得新的进展。"[1]

与伦理理论有关的知识具有巨大的实践效益。它不仅可以将个人和机构从偏见和教条主义中解放出来,而且还建构了一个确定个人和制度判断的综合体系。伦理理论重新定位了伦理景观,使个人能够理解和使用某种模式来更清晰和更自信地思考问题。此外,伦理理论还有助于阐明原则和价值是如何相互联系的,最为重要的是,它为处于文明社会中的个人如何生活,作为专业人员的个人如何工作提供了指导。

博物馆行业要求那些负有会员职责的个人具备某种奉献精神、控制力和责任感。这些期望对所有会员一视同仁。伦理准则假定,博物馆工作人员共同致力于博物馆的专业化发展,共同的目标可以使他们免受社会、文化和政治要素的影响。

伦理理想是大多数博物馆活动的组成要素,然而,意想不到的情形往往会造成伦理的不确定性。例如,某家在研究方面享有盛誉的自然史博物馆的馆长很快就对工作人员展现出的敬业精神肃然起敬。一天,当地的一位政客打电话要约他见面,说有一件重要的事情要讨论。馆长首先想到的是她为博物馆扩建而提交的资金申请一事。为了迎接这位政客的来访,馆长提前收集了与建设项目有关的信息和规划。

---

[1] Patterson, C. H. Moral Standards: An Introduction to Ethics (New York: The Ronald Press Company, 1949), p.457.

实践中的博物馆伦理

然而，这位政客来访的目的不过是希望博物馆能够为其妹妹的画作举办展览。他解释道，因为这些画作是包括植物在内的静物画，所以自然史博物馆是举办画展的理想场所。

馆长也想满足政客的要求，但是这次画展显然与博物馆的使命背道而驰。可以想象，工作人员会对在其精心研究的标本中举办一场无聊的画展感到愤怒。为此，馆长重申了博物馆的使命，但是政客却认为画展能够为传统的标本展示带来新的变化。

这位政客随后表示，他的妹妹可能会在展览结束后将部分或全部画作长期出借给博物馆。当然，出借与否取决于她是否在展览期间出售这些画作。目前，这些画作存放在保险库里，因存放成本日益增加而不得不立即搬走。政客不仅要求馆长尽快安排展览，而且还要在博物馆内寻找存放画作的空间。最后，他提醒馆长要为画作购买保险。

该案例的伦理问题显而易见，却并非孤例。不合乎专业期望的外部需求通常会无视专业实践和伦理概念。不过，一个按照伦理行事的博物馆不会让自己陷入这样的尴尬境地。伦理原则是博物馆的指南。博物馆伦理不仅会强化专业化的发展，而且还会保护、解释和巩固博物馆的正常职能。

对活动正确与否的判断是伦理的现实来源。一个人自觉且自愿地开展活动，并主动为其负责的做法是合乎伦理的。在一个普遍认可伦理的群体中，这些行为的不断积累为伦理准则奠定了基础。因此，伦理和实践之间不应有任何的分离。

博物馆工作人员的行为会影响博物馆的伦理特性，与此同时，任何活动都无法确定其伦理敏感性的实际增减。可以假定，所有的博物馆活动都有相关的伦理基础。日常活动的开展方式不仅决定了个人的正直与品格，而且也表明了博物馆的伦理特性。就算是采取相同的衡量标准，合乎伦理的行为也远不如不合乎伦理的行为明显。

与博物馆正式员工一样，志愿者也有责任在项目和活动中提供真实且可靠的信息。看似无害的活动很可能会导致不当和不合乎伦理的行为。举例来说，某历史村

第九章 伦理与可预测性

落是以非正式方式传授传统习俗的绝佳场所,身穿戏服的工作人员以第一人称讲述过去的日常生活。游客非常享受这种从现在"穿越"到过去的感觉。这不仅令人愉悦,而且还能提供信息。有一次,志愿者正在给小学生讲述早期定居者是如何存储食物的,讲故事的志愿者身着早期的服饰,背诵着关于食物存储的解说词。孩子们被这个故事深深吸引,并在她讲完后报以热烈的掌声。在学生群体离开后,另一位志愿者对讲故事的人说,刚才听到的信息非常有趣,她表示自己从未听过这样的解释。讲故事的人回答说:"哦,那个故事没有任何意义,那只是我为了逗孩子开心而自己编造的,反正他们什么都不会记得。"无论环境如何、观众是谁,博物馆的教育项目中存在这种态度显然是不合乎伦理的。本案例涉及的伦理问题是向青少年讲述一个好玩但虚构的故事,无中生有的捏造并非博物馆的职责所在。

形成伦理问题的方式各不相同,不过,每种方式都旨在要求个人在对与错之间做出选择。一些简单的情形也会产生具有争议性的伦理问题。举例来说,某人多年来一直致力于收藏和修理古代乐器,他因其专业知识而被当地一家音乐博物馆聘为研究员。从伦理角度来看,他能否再将收藏乐器作为其业务爱好?他可以在其供职的博物馆里举办个人收藏的展览吗?

再举一例,一位知名的雕塑家同时也是一家艺术博物馆的馆长,该博物馆收藏了大量优秀的雕塑作品。从伦理角度来看,该艺术家/馆长受邀在商业画廊展出和出售自己雕塑作品的做法是否正确?艺术家/馆长可以在其供职的博物馆内举办自己的雕塑展吗?从伦理角度来看,这些实践中遇到的问题很简单,即利益冲突挑战着伦理实践。

在伦理准则及相关国家和国际法律、公约的指导下,包括志愿者在内的博物馆工作人员应当能够在任何情形下实事求是地考虑问题,并据此采取合乎伦理的行动。致力于追求卓越的博物馆不仅要倡导一种学习文化,而且还要营造一种氛围,鼓励博物馆工作人员将伦理视为专业生活的常规部分予以承认、理解和接受。

极具包容性思维的博物馆也会拥抱一种伦理态度,即同一问题存在多个不同但正确的解决方案。机构的价值、信念和使命在一定程度上会规范博物馆的活动范

实践中的博物馆伦理

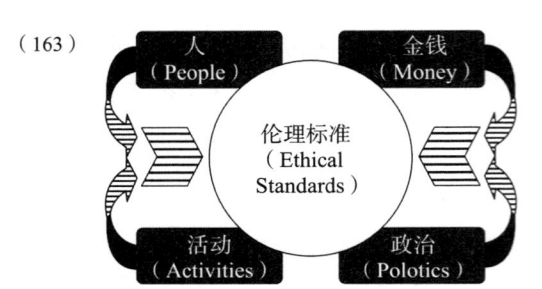

（163）

图 9-1 外部因素会不断影响博物馆的决策，保持伦理标准不仅是对社会和专业责任的认可，而且也会加强公众信任。

围，但是如果组织的观点是世界性的或普遍性的，那么机构就应当履行富有包容性的义务，并与整个行业的期望保持一致。为了满足国际博物馆界的基本要求，伦理态度衍生出了一系列行动。尽管包括财务、政治、环境和个人在内的日常关切可能会影响博物馆的决策，但是无条件地遵守伦理标准的要求是始终如一的（见图 9-1）。

伦理与正确的思考

马丁·海德格尔（Martin Heidegger, 1889 年—1976 年）写道："人类是一种理性动物。只要人类有需要，那么理性和行动就会从思考中发展起来。不过，有时人类的确想去思考，但是却做不到。"[1]思考的概念涉及许多不同的心理活动。从专业角度来看，思考不仅指的是意识到某些事情。

正确的思考能够使人理解世界，具体到博物馆领域，正确的思考能够使人以对博物馆专业目标非常重要的方式来解释世界。很显然，正确的思考会孕育正确的行动。当一个人的精神状态受到外部刺激的影响时，这些刺激会使其渴望并试图达成某个目标。思考与行动合二为一，即作为一种伦理态度，正确的思考能产生正确的实践（见图 9-2）。

图 9-2 正确的思考与合乎伦理的思考之间是相互关联的。正确的思考指的是在正确的时间做正确的事，此外，正确的思考还与态度有关。合乎伦理的态度会产生正确的思考，正确的思考则反映了伦理态度。

---

[1] Heidegger, M. What Is Called Thinking?, translated by J. Glenngray (New York: Perennial, an imprint of HarperCollins Publisher, 1968), p.3.

第九章　伦理与可预测性

作为一种思维过程，思考包括推理分析，这对于人们如何做出决策至关重要，因为一次思考只能孕育一个想法。作为过程的思考意味着既要考虑作为诱因的刺激因素，也要考虑预期反应。对任何情形的即时反应基本上都是冲动的结果，虽然这种冲动是可以理解的，但是却往往无法产生预期的结果。与此相反，基于伦理推理的正确思考往往能够针对特定情形做出正确的反应。

作为合乎伦理的思考（正确的思考）的基本要素，诚信可分为个人诚信和团体诚信。前者涉及个人潜能的发展水平，包括尊重、诚实、正确的态度和行动。这些都是指导个人行为的有效原则。作为一个伦理组织，博物馆行业的团体诚信取决于集体成员。在这种环境下，个人能够通过参与团队或专业活动而获得更大的意义。

正确的思考可以通过学习而养成。据此应该将伦理概念组织成为一个合乎逻辑的结构，并将其视为实践的指南。当正确的思考作为一种强化日常思维的元素而被整合进博物馆活动时，这种信息处理的概念不仅会提高获取相关专业知识的能力，而且还会提升做出伦理决策的能力。推理和思考过程密切相关，因为后者代表着一种理解情境的方法。相较之下，推理则需要依靠思考来评估因果、好坏和真假。（164）

马丁·海德格尔和其他哲学家对思考过程给予了极大关注，即人类为何以及如何思考。[1] 人类对思考的研究集中在两个领域：第一个领域涉及实践问题，即事物从何而来、如何产生以及如何相互作用。对这些要素的研究试图根据事物的独特属性对其进行组织，这种思考方式确定了定义和描述事物关系的一般规则。第二个领域涉及对智慧的追求，这种以思想为研究对象的领域涉及伦理问题。虽然对伦理理论的基本理解有助于延续伦理行为，但是在这种研究模式中几乎不存在绝对的判断。博物馆伦理是一种以专业价值为指导的哲学态度。

与博物馆和伦理有关的所有术语和理念之间是相互依存的。没有相应的实践，伦理准则就没有逻辑可言；只有参照伦理准则，实践才会变得更加清晰。之所以选择将伦理原则付诸实践，其原因在于鼓励行为的一致性，并借此改进博物馆的实

---

[1] Heidegger, M. What Is Called Thinking?, translated by J. Glenngray (New York: Perennial, an imprint of HarperCollins Publisher, 1968), p.3.

实践中的博物馆伦理

践。正确的思考对博物馆的未来至关重要，博物馆伦理和博物馆功能必须相互认可、彼此支持。

将正确的思考应用于博物馆实践，意味着将公认的原则渗透到博物馆界的信念体系中。这种渗透非常重要，不仅改变了博物馆界的规范，而且重新定义了博物馆行业的思维和实践。然而，伦理准则的可及性并不能确保伦理原则的可接受度。在应用过程中，人的因素始终存在。因此，该准则有必要根据具体博物馆的现实要求明确可资利用的基本原则，而不是简单地定义意识形态的实践。

(165) 为实现确定的目标，人们通常会寻找正确的手段。尽管人们一直在寻找正确行动的理想形式，但当代伦理仅与当代议题有关，其理想和实践已经发展到了如今这般地步，即符合人类和专业的实际状况。对理想形式的寻找不仅导致了对人类行为的审视，而且也促进了伦理理论的发展，从而促成切实可行的应对原则的出现。这种遍寻理想形式的方法与其说是对特定情形做出正确与否的回应，不如说是对指导合乎伦理活动的正确原则的不断探索。

伦理是博物馆责任的核心，正确的行为正是从这一基本概念中孕育而出的，因此，理解伦理原则至关重要。博物馆伦理离不开博物馆功能，每个博物馆的正式员工或志愿者的行为都与伦理、价值和信念有关，这些要素是正确思考的基本组成部分。

伦理的基础是人类做出理性选择的能力（正确的思考）。决策过程中人类的冲动是主观的、私人的，相较之下，伦理原则是客观的、公共的。负面且消极的思考是靠感情和情绪而非智慧滋养，正确且积极的思考则会摒弃偏见、自私自利和个人偏好，并试图以伦理原则指导个人和群体的行动。

延伸思考

博物馆工作人员为何要适应博物馆界不断变化的期望？

既然没有什么是永恒的，那么博物馆宣称永久保存藏品是否诚实？

为什么教育是推进普遍伦理的重要因素？

第九章 伦理与可预测性

为什么伦理的不一致会被视为重大错误？

当其他同事热衷于按照与公认的伦理准则不一致的传统方法来行事时，博物馆工作人员如何才能理解和推进伦理实践？

可供讨论的博物馆案例 14：公园里的强降雨

某地方历史博物馆位于一个景观公园里，该选址看起来非常理想：不仅有大树、空地和风景优美的景色，而且还有一条平静的河流。然而，每当春雨来临时，河水的流量和流速就会增加。这种季节性变化始终困扰着博物馆工作人员。

在建造博物馆时，建筑师主张将博物馆的地基放在一个高出周围地表约两米的土丘上。在他看来，两米的高度能够保证博物馆在河水泛滥时不受损害。他的计划可能适用于 100 年前的环境状况。然而，随着上游的建设、河道的变动和耕地的径流，现在的河水经常溢出河岸，并流到公园里来。

（166）

市议会曾讨论过将博物馆搬迁至城市中心地段的一栋建筑，但是公园强烈要求保持现有公园的建筑格局，最终，搬迁未获批准。留在老建筑里更加省事，工作人员熟悉建筑里的每个空间和不规则的结构。

该大楼由石头、砖块和灰泥建成。地下室用于存放大部分未展出的藏品，地上共有三层。一楼和二楼设有展厅、大厅、卫生间和礼品店，三楼是办公室，还有存放藏品的存储空间。地下室和三楼对环境的要求不是很高，地下室始终很凉爽，三楼存放的藏品主要是黏土、玻璃、金属和小型木制品，即便是较高的温度也不会对这些藏品产生负面影响。博物馆内没有安装湿度控制系统，因此，当湿度上升到工作人员担心的程度时，他们就会打开窗户，让微风吹散潮湿的空气。

目前，博物馆馆长对自己的职位非常满意，不过，向市政官员汇报工作让他感到苦恼，因为每次市政官员都会更换。官员的不断更换让博物馆的改变更加困难，博物馆有几项工作需要推进，即便馆长可以一项项推进，但是诸如工作人员和专业

实践中的博物馆伦理

培训不足等问题依然悬而未决。在这个春日，馆长站在办公室的窗前俯瞰河面。虽然河面距离河边的堤坝还有一段距离，但是肉眼可见的是河水更高了。城市北部的降雨让河水暴涨，不过，河水还在可控的范围内。虽然天气预报说会下雨，但是无须担心，每年的春天都会下雨。

馆长回到办公桌前，着手准备10天后要提交给市长办公室的年度预算。他会向市长表明，过去一年成绩显著，如果有更多的资金支持，那么博物馆可以为学龄青少年提供更多的项目。他还准备邀请市长及其夫人参加下月举办的展览开幕式。

雨是中午时分开始下的，到了下午开始变得特别大。当地气象预报员说，暴雨移动速度非常缓慢，而且每小时的降雨量已经超越3厘米。馆长看到，河水流速明显加快，大量的树枝和其他碎屑随着水流移动。他根据河流中的碎屑推断，上游的地面已经由于之前的降雨饱和了。

（167）他再次回到办公桌前，并对即将在当地商人俱乐部发表的演讲稿进行了修改。随后，他打电话给博物馆咨询委员会的主席，提醒她即将举行的活动，并就为一位重要捐赠人举办特别招待会征求她的建议。此外，他还给市长办公室打了电话，要求办公室助理在市长的日程表上标注展览开幕式的事宜。

在完成当天的工作任务后，馆长收拾一下办公桌就走到了窗前，顺带着想一下明天的日程安排。在工作时，他的耳朵里充斥着春天里熟悉的旋律——雷声、风声和雨声。公园里的树木被狂风吹得东倒西歪，现在的雨下得很大，他已经看不到河面了。包括前面停车场在内的博物馆周围的低洼地带都开始出现积水，幸运的，他早上把车停到了博物馆后面，那里的排水系统比较好。

当天傍晚，一位警察打电话告诉他，河水已经漫过河堤，并淹没了博物馆所在的公园。馆长对此表示感谢，然后就上床睡觉了，他决定明天再考虑这些事情。

第二天早上，警察打电话通知他，博物馆周围的道路因为有两个堤坝坍塌而封闭。警察告诉馆长，如果他想去博物馆，那么可以乘船前往。降雨还将持续一整天，城市中心地段面临着更大的危险，因此警察无法抽调人手来解决博物馆周围的

第九章　伦理与可预测性

积水问题。

馆长表示，他吃完早饭就去博物馆。他确信博物馆不需要援助，博物馆不仅建在高出公园地表的地方，而且之前从未有洪水威胁过这座建筑。在电话的最后，他向警察炫耀做好规划的重要性，并对为他省去很多不必要麻烦的建筑师表示感谢。

在准备好午饭后，馆长找出雨衣、雨伞和雨靴，准备搭乘警船前往博物馆。一小时后，馆长到达博物馆的前面台阶。雨似乎更大了，博物馆周围的大部分景色看起来就像一个大湖，湖面上树木丛生。停车场附近漂浮着树枝和垃圾桶，在本应是街道的地方可以看到一辆被遗弃的汽车的车顶。

馆长小心翼翼地走上台阶，来到博物馆大门口。他注意到，现在只有两级台阶露出水面，但他已经记不清一共有多少级台阶了。六级还是八级，如果是八级的话，那么水应该有五六英尺深了。

馆长走到前门，发现门是锁着的。通常情况下，他都是从博物馆后面的员工通道进入博物馆，因此他并没有前门的钥匙。他敲了敲门，一名安保人员在几分钟后打开了门。他见到馆长后说道，他和其他两名工作人员自凌晨以来就一直待在博物馆，时刻提防洪水泛滥。期间，他曾给馆长打电话，但是电话线因为降雨而中断，馆长的手机也关闭了。他不得已就发送了几条信息。馆长表示，他没有收到任何信息。实际上，他在修改俱乐部的演讲稿时就关闭了手机，不过，他认为没有必要向那位无名之卒说这么多。（168）

为了能够看到去办公室的路，馆长要求那名安保人员打开灯。安保人员表示，电力系统在凌晨一点后就停止供应了，从那时起，他们就只能靠手电筒来照明。现在，他们的手电筒也快没电了，所以，他们不得不摸黑以此来节省仅有的几节电池。安全灯虽然有用，但因其使用电池供电而无法持续很长时间。

馆长去办公室找到了一个笔形手电筒，凭借发出的微弱亮光，馆长在几乎完全黑暗的环境中找到了自己的手机。在开机后，馆长拨通了市长办公室的电话，结果电话占线。于是他又拨给了警察局，同样也是占线。此时，他并不担心，心想大不

实践中的博物馆伦理

了几分钟再试一次。

当他坐在椅子上思考接下来该怎么办时，楼下的安保人员上来告诉他，博物馆的地下室进水了。他说，必须立即采取措施，否则藏品就会受损。此外，屋顶和窗户也有多处漏水。他们正竭尽全力地控制局面，将藏品转移到博物馆的中心位置。

在接下来的 24 小时内，馆长和两名工作人员、一名安保人员将藏品转移到远离积水的地方。在此期间，雨一直在下，雨水马上就要从前门溢进来了。在侵蚀了博物馆周围的土壤之后，雨水正从旧地基的裂缝中涌入。大约在 19 个小时以后，屋顶出现了坍塌，雨水和垃圾冲进了楼上的仓库。博物馆工作人员却无力保护这些藏品。

第二天中午时分，雨终于停了。大概 6 个小时之后，警察赶到博物馆。

其他人乘坐警船离开后，馆长瘫坐在博物馆的大厅。望着满目疮痍，馆长在想如何从泥泞和废墟中重建博物馆。这真是一团糟，许多藏品都被雨水损坏了，光清理和修复就会花费一大笔钱。市政府肯定会将损失归咎到某人头上，而他是最可能的人选。当阳光明媚、积水退去后，市长不会记得河流和雨水，他脑子中装的都是重建博物馆的费用。

（169）暴风雨过后一周，一家当地电视台对博物馆受灾情况进行了报道。报道内容不仅包括堆放在走廊上的藏品、坍塌的屋顶等博物馆内部照片，而且还包括安保人员向记者展示的地下室墙壁上的水位痕迹。此外，电视台记者还采访了社区居民，询问其对博物馆受灾情况的看法。大多数人表示，博物馆的受灾情况虽然严重，但是家庭、学校和城市服务设施才是应该率先考虑的。换句话说，当这一切都恢复正常运转后，我们再考虑博物馆遭遇的困难。

第二天，市长宣布，城市的服务设施已经恢复正常运转，大多数家庭会在几天内用上清洁的饮用水和天然气，电力系统也将在几天内恢复。他表示，这座城市的居民应该为抗击洪灾做出的努力感到骄傲。一位报社记者向市长询问了博物馆的情况以及藏品的去向。记者说，据她所知，博物馆还没有采取任何措施来抢救藏品、

第九章 伦理与可预测性

修理受损建筑。市长说，博物馆是因缺乏紧急应对之策而导致悲剧发生的典型案例，如果做到防患于未然，事情就不会这样。市长表示，他正在调查导致这一悲剧事情的原因，并承诺在不久的将来会公布调查结果。他很遗憾地告诉记者，博物馆馆长已经辞职，并计划离开这里。

在此之后，记者曾多次试图联系博物馆馆长，但均未成功。

相关思考

该案例涉及的是伦理还是管理问题？

为了保护藏品，博物馆做了哪些重要的事情？

在本案例中，馆长存在过错吗？

博物馆馆长应该怎么做？

市长认为博物馆存在处理不当的情况，这种说法是否有误？为什么？

雨水退去之后，博物馆应该做什么？

馆长应该离开博物馆吗？

该案例中不合乎伦理的行为是否属于不作为的范畴？谁存在过错？馆长、市议会、市长还是社区？

是否存在防范自然灾害的方法？

对专业伦理的过多关注会影响本案例的结果吗？

案例评论

（170）

藏品保管是博物馆工作人员和管理部门应该优先考虑的。在本案例中，该博物馆的管理部门是市议会。自然灾害往往是不可避免的，因此，博物馆应该制定政策和计划来应对突发事件，以此来保护藏品和工作人员的安全。虽然任何规划都不可能预测到每一种潜在的危险，但是对博物馆内外状况的调查将提供一份潜在威胁的清单。在本案中，河流是一个明显的威胁，需要采取相应的预防措施。

"管理部门应该制定和出台政策，保护公众、工作人员、藏品和其他资源免遭天灾人祸。"[1]

"博物馆应该认真地制定政策，确保藏品在武装冲突和其他人为或自然灾害期间得到保护。"[2]

"涉及藏品保管的专业责任应当交给具有适当知识和技能的人，或在充分监督的情况下开展工作。"[3] 这项要求适用于馆长吗？

---

［1］ ICOM Code of Ethics for Museums, Principle 1, section 1.6, p.1.
［2］ ICOM Code of Ethics for Museums, Principle 2, section 2.21, p.6.
［3］ ICOM Code of Ethics for Museums, Principle 2, section 2.19, p.5.

第十章

作为一项准则的伦理

伦理的思考、谈论和书写往往是一个支离破碎的过程。《国际博物馆协会博物馆伦理准则》是分章节编写的，每个部分都代表着伦理理想的一个片段。伦理的应用通常与特定情形相关，这是造成支离破碎的又一原因。准则的任何一部分都可能会被单独分析和使用，另一部分则可能会在阐释的过程中被赋予完全不同的意义、服务于完全不同的目的。很显然，上述种种原因都导致了伦理思考的支离破碎。伦理准则的某一部分可能会被接受，与此同时，另一部分可能会被忽视或否认。这种支离破碎的现实不仅造成了某种不确定性，而且还产生了情境伦理。情境伦理武断地将行为划分为可接受的和不可接受的两种。一个人若想正确地理解伦理，那么就必须通盘考虑并接受整个伦理准则。

尽管伦理事关行为的对错，但是遵守已经确定的、制度性的原则却是每个人的责任。社会或法律制裁基本上都不会去规范专业活动，相较之下，大多数博物馆工作人员对在保管和利用藏品、满足公众需求、履行公众责任上的最佳做法非常感兴趣。

伦理所倡导的意图或原则代表着一种介入与应对类似博物馆活动的更广泛、更普遍的路径。用案例研究的方法来解释伦理似乎会给人造成一种错觉，即某项伦理原则只有一种应用方式，实际上却不然。文化、自然和科学遗产的保护方法多种多样，相应的，伦理原则所追求的"善"实际上可以通过多种不同的方式和手段来达成。伦理倡导一种正确的态度和目标，伦理原则所确定的价值普遍适用于博物馆的所有活动。

实践中的博物馆伦理

(172) 作为一种正确的行为体系，专业伦理是公众、专业和专业活动应当具备的尊重和价值的核心。专业伦理对每个专业人员来说都是非常重要的。人们通常认为，是机构或专业而非个人造就了正确或不正确，特别是不合乎伦理的实践。从根本上来说，个人有责任处理与伦理实践相关的问题。

技术和过程不仅改变了博物馆实现目标的方式，而且重新定义了博物馆的每一项活动。然而，博物馆的核心价值始终没变，即博物馆专业人员继续使用与物件、标本和思想有关的信息媒介来为公众的利益服务（见图10-1）。

图10-1 博物馆因藏品性质而得名，但是博物馆履行职责的关键在于人。作为工作人员的保管员、研究者和教育员主要关注"是什么"和"怎么做"的问题；作为接收者和欣赏者的观众主要关注"为什么"和"为谁"的问题。

目前，伦理态度已经从地方性的世界观扩展成为包容性的世界观（另见第三章）。对非物质文化遗产的关切也引起了公众和博物馆的注意力。非物质文化遗产多种多样，比如葡萄牙音乐法朵、中国书法、伊法占卜、昆加歌剧、尤鲁帕里美洲豹巫师的传统知识。联合国教科文组织所定义的这些遗产尽管不会全部被收藏在博物馆中，但是它们的存在充分表明了人类活动的普遍性和包容性思维的必要性。

伦理议题不仅具有超越文化、政治、数字和社会边界的特性，而且还具有多种表现形式。伦理行动的正确与否不仅与当代价值有关，而且也与传统价值密不可分，其不断变化的敏感性意味着对具体应用的认可。伦理态度的基础是社会和专业伦理，其立基之本是尊重的概念。

作为正确行为的原则，伦理准则不仅对专业人员进行有组织地指导，而且还阐明了某些情形下应该怎么做。自第一部博物馆伦理准则问世以来，博物馆伦理

第十章　作为一项准则的伦理

行为的核心始终未变，不过，其应用和阐释却时有变化。换句话说，伦理本身没有改变，即伦理原则始终保持不变，然而，原则的具体应用和预期结果可能会发生变化。

博物馆行业需要一套能够普遍适用于实际情形的伦理准则，照此理解，伦理准则不是作为规则，而是指南。无法付诸实践的伦理原则不仅是没有意义的，而且还可能会掩盖实际情形的需要。在现实中，手段和方法都与伦理有关。虽然伦理并没有给出如何解决问题的确切答案，但是它确实为激活伦理意识（思考）奠定了基础。个人必须对遇到的情形做出正确的回应，伦理无法也不应该取代人类的意识，即思考过程。然而，认真编纂的专业伦理准则可以帮助我们理清思路。[1]专业人员必须培养一种伦理态度，并通过正确的行为不断加以强化和证明。

专业准则似乎给人们留下了这样一种印象，即不仅个体成员的思维方式是真实的，而且他们还组成了一个真正的专业或行业。此外，专业准则还规定了该行业的领导层期望公众认可的实践伦理，这对于保持公众对专业实践的信任非常必要。[2]

作为一个集体，博物馆专业人员为博物馆行业注入了更大的权威，这显然凌驾于任何一个成员之上。这个由专业人员组成的协作机构必须有一个基本的结构或原则，以此来保证工作的正常运行。其中，理想和伦理不仅是该结构的基础，而且也是确定最高共同利益的手段，基于原则的实践是使该结构生效的重要手段。

合乎伦理不仅是指严格遵守机构伦理准则所规定的原则，而且代表着一种渗入个人信念和价值、专业实践之中的思维和行为方式。相应的，伦理思维是一种从内在（理智）生发出来的指导个人行为的整体心态。因此，伦理绝不是在开展博物馆或其他专业活动时必须穿上且在结束工作后就脱下来的"外衣"。正如专业是伦理准则的参考，伦理也为专业人员提供了参照标准。无论是专业还是相关的伦理准

（173）

---

[1] Gadamer, H-G. Truth and Method, 2nd ed., translated by Joel Weinsheimer and Donald Marshall (Taiwan: The Crossroad Publishing Company, 1989), p.314.
[2] Kultgen, J. Ethics and Professionalism (Philadelphia: University of Pennsylvania Press, 1988), p.212.

实践中的博物馆伦理

则，它们是无法彼此分开的。那些寻求指导和指引的个人或机构必须相信，遵守既定的实践原则不仅是重要的，而且还要力求公平、公正。相反，武断的策略往往会导致沮丧、冷漠和漠视的情绪。因此，必须保证那些认可专业原则的博物馆及其工作人员能够得到公平、公正的对待。[1]

伦理准则的作用超出促使专业人员按照确定的原则履行某种职责的动机。伦理准则旨在阐明，作为专业人员的个人必须以合乎伦理的方式去思考和行动。伦理原则生成于具体实践，因此，它们与其说是创新性的，不如说是适应性的。换句话说，伦理原则是为了满足机构和专业的需求而发展出来的。因此，一旦行业标准有所更新，那么某些做法在伦理上就会变得不可接受。

成文的伦理准则是一份具有机构指导性的文件。它不仅明确了博物馆专业人员保持个人诚信的责任，而且还规定了与博物馆工作人员有关系的其他人的相关职责。然而，伦理准则并不能取代个人诚信。[2]博物馆专业人员不仅应该心系公众和博物馆行业的福祉，而且还应当运用其专业知识造福人类。作为一种可识别的价值，个人诚信建立在自尊的基础之上，"自尊使人们认识到何种事情可以实现自我提升、何种事情会导致自我毁灭"。[3]

伦理准则不仅罗列了整个行业取得的共识性原则，而且还见证了行业内部的态度。《国际博物馆协会博物馆伦理准则》"反映了国际博物馆界普遍接受的基本原则"。[4]该准则的基本理念是服务。[5]

伦理准则传递出这样一种理念，即提升特定专业群体的专业活动的水准。[6]伦理准则旨在通过专业理想的确定、向公众和新入职者推广其服务目标等方式提升专业实践。此外，伦理准则还明确了实现组织目标和宗旨的一般性或共识性的

---

[1] Edson, G., ed. Museum Ethics (London and New York: Routledge, 2004), p.112.
[2] Edson, G., ed. Museum Ethics (London and New York: Routledge, 2004), p.114.
[3] Facione, P., D. Scherer, and T. Attig. Ethics and Society, 2nd ed. (Englewood Cliffs, NJ: Prentice Hall, 1991), p.133.
[4] ICOM Code of Ethics for Museums, Introduction, p.vi.
[5] ICOM Code of Ethics for Museums, Preamble, p.iv.
[6] Kultgen, J. Ethics and Professionalism, p.212.

第十章 作为一项准则的伦理

方法。[1]伦理准则有助于各行业主动分析自己的标准和实践,这涉及一种作为自我评估方式的创造性思维。

伦理准则的存在表明,人们已经意识到存在于专业活动中的伦理议题。"伦理准则所描述的关于诚信和能力的标准应该在法律要求之上。"[2]准则代表着专业人员对最佳的问题解决之道的综合判断。因此,准则不是理论推测的目标体系,而是基于研究成果的行动呼吁。为了能够让博物馆工作人员(和其他人)更好地理解专业的愿景,准则还规定了实践的基本原则。

博物馆的首要任务是为人类服务。因此,博物馆应该成为其所在社区的重要组成部分。基于此,博物馆不仅要做到正直诚信,而且还必须在伦理实践的基础上达成一定程度的相互信任。伦理准则有助于保护专业人员免受不称职或不诚实之人的侵害,但是却无法全然断绝。《国际博物馆协会博物馆伦理准则》确立了"所有博物馆及其工作人员期望达到的标准"。[3]最终,个人必须坚守专业标准,真正营造一个合乎伦理的博物馆行业氛围。准则为专业发展指明了方向,但是还需个人将原则付诸实践。

伦理定义了为公众利益服务的人们的正确行为。接受公共服务的动机是博物馆行业的重要特征之一。"专业组织的主要职能是保持高标准的能力和道德(伦理)宗旨,并将其视为迈入专业团体的门槛。"[4]为了识别成员和机构的能力强弱,专业的高标准是非常必要的。[5]

伦理准则不仅确定了评估行业内部人员的标准,而且还向行业外部人员展示了进入该领域所需的素质。伦理准则虽然不是法律文件,但是却往往具备法律效力,特别是在普遍认可的伦理实践被忽视的情况下。因此,法律体系可以利用该准则来

---

[1] Patterson, C. H. Moral Standards: An Introduction to Ethics (New York: The Ronald Press Company, 1949), p.398.
[2] Guy, M. E. Ethical Decision Making in Everyday Work Situations (New York and London: Quorum Books, 1990), p.19.
[3] ICOM Code of Ethics for Museums, Glossary, p.14.
[4] Patterson, C. H. Moral Standards: An Introduction to Ethics, p.380.
[5] Patterson, C. H. Moral Standards: An Introduction to Ethics, p.381.

实践中的博物馆伦理

（175） 判定公众的权利，以保证博物馆工作人员谨慎行事。

《国际博物馆协会博物馆伦理准则》是博物馆、人类自然和文化遗产未来发展的参考指南。

  1. 博物馆保存、阐释和推广人类的自然和文化遗产。
  2. 博物馆为社会及其发展而保管受托藏品。
  3. 博物馆拥有建构和增进知识的重要证据。
  4. 博物馆为人类提供了欣赏、理解与管理自然和文化遗产的机会。
  5. 博物馆拥有的资源为其他公共服务和福利提供了机会。
  6. 博物馆应与藏品来源社区和服务社区密切合作。
  7. 博物馆应以合法的方式运营。
  8. 博物馆应以专业方式运营。[1]

两个不同但相关的特征确定了博物馆专业的统一性：第一，所有的不同机构（博物馆）在多大程度上受一套相关价值观（伦理准则）的支配；第二，博物馆行业的个人在多大程度上会遵守这些价值观（伦理准则）。[2]

成文的伦理准则对行动的指导是建立在研究成果而非推测性目标体系的基础之上，它为博物馆界传达了如何行事的原则。伦理准则制定了实践的基本原则，这样，博物馆工作人员就能够很好地理解本行业的价值。

在不断变化的当代世界，伦理准则的必要性即使没有被完全理解，也可能已经被普遍接受。然而，在不完全理解的情况下就恪守伦理准则显然是不可能的。个人的关切、态度和优先议程会使伦理议题复杂化，这将导致无法对看似简单的伦理概念做出恰当的解释。[3] 如果对伦理准则缺乏理解，那么就很难指望博物馆

---

[1] ICOM Code of Ethics for Museums, Table of Contents, p.v.
[2] Edson, G., ed. Museum Ethics, p.108.
[3] Edson, G., ed. Museum Ethics, p.120.

第十章 作为一项准则的伦理

界会遵守既定的伦理标准。因此，沟通是博物馆行业的必要组成部分。伦理准则为加入该行业的人规定了"伦理义务"，信息的共享能够帮助个人理解为何要遵守准则。人们通过归纳过程进行学习，更具体来说，是通过获得专业认可的实践形式来进行学习。

生成于博物馆工作人员的伦理实践不仅是动态的，而且会随职责的变化而不断变化（见图10-2）。目前，博物馆界内部团结一致的局面表明，博物馆学实践在伦理标准的制定方面发挥着重要的作用。这种基于实践的生成逻辑显示，博物馆伦理不是一套任意而武断的原则，而是一种源于行业内部并得到充分认可的态度。博物馆伦理不仅以积累的知识、公认的实践、诚实的评估为基础，而且还对机构和公众的需求做出回应。这些专业需求已被编纂成文，并由专业组织公布于众。对伦理准则的认可不仅保证了准则的有效性，而且还承认了其对于专业团体的益处。这种对伦理准则有效性的确认使其成为一份动态的文件，其中罗列的原则随之演变成为公认的做法。

（176）

编纂成文的伦理准则承认不同的博物馆学的职责是现实责任。

1. 伦理准则明确了专业行为的边界。伦理准则不仅为新成员规定了预期行为和培训，而且阐明了本行业成员普遍认可的做法。

图10-2 编纂成文的伦理准则强化了对博物馆行业至关重要的价值和信念。每一个真正的专业都有相应的伦理准则，不仅指导专业人员的行为，而且还要印证专业的独特地位。专业导向的博物馆指的是一个拥抱伦理原则、理解和态度的博物馆。

实践中的博物馆伦理

2. 博物馆专业人员应遵守公认的标准和法律，维护专业的尊严和荣誉。他们不仅应保护公众免受非法或不合乎伦理的行为的侵害，而且还应竭力向公众阐述博物馆行业的目标、宗旨和抱负，以便于让公众更好地了解博物馆之于社会的价值。[1]

3. 伦理着重凸显专业责任，尽量减少外部监督和监管的干预。

4. 博物馆必须无条件地遵守国际、区域、国家和地方等不同层面的立法和条约。此外，管理部门还应遵守任何与博物馆、藏品和机构运作有关的、具有法律约束力的信托或条件。[2]

5. 伦理准则阐明了为作为文化和自然遗产中心的博物馆制定更高行为标准的重要性。

6. 博物馆藏品反映了来源社区的文化和自然遗产。因此，它们具有超越普通财产的特性，其中就包括与国家、区域、地方、种族、宗教或政治身份之间强烈的相关性。据此，博物馆政策必须对这种情形有所回应。[3]

7. 伦理认为，博物馆行业有责任为其他公共服务和公众福利提供机会。

8. 博物馆可以利用范围远超行业内部的各种专业知识、技能和物质资源。这不仅可以实现资源共享，而且还会提供博物馆活动之外的服务。不过，这些服务不应以损害博物馆的既定使命为代价。[4]

9. 伦理不仅验证了博物馆专业的教育导向，而且还强化了其促进公共利益的首要职能。

10. 博物馆的一项重要使命就是发挥其教育作用，充分惠及其服务的社区、地方或群体的更多观众。与所服务的公众进行互动并对其遗产进行保护与推广是博物馆教育职责中不可或缺的一部分。[5]

上述义务在《国际博物馆协会博物馆伦理准则》中均有所体现。

[1] ICOM Code of Ethics for Museums, Principle 8, p.11.
[2] ICOM Code of Ethics for Museums, Principle 7, p.11.
[3] ICOM Code of Ethics for Museums, Principle 6, p.9.
[4] ICOM Code of Ethics for Museums, Principle 5, p.9.
[5] ICOM Code of Ethics for Museums, Principle 4, p.8.

第十章 作为一项准则的伦理

伦理进一步确认了博物馆的角色，即博物馆是一个为建构和增进知识而保存原始证据的场所。"博物馆对妥善保管、阐释和开放其收藏的原始证据负有特殊的责任。"[1]

该准则指出，博物馆有责任保管受托藏品，并为社会及其发展服务。"博物馆有责任为守护自然、文化和科学遗产而获取、保存和推广相关藏品。作为重要的公共遗产，博物馆藏品在法律上具有特殊地位，且受到国际立法的保护。包括法定所有权、永久性、记录、可及性和负责任的处置等在内的保管概念是内在于公共信托之中的。"[2]

该准则强化了博物馆的特性和作为管理机构的责任。"博物馆对有形和无形的自然与文化遗产负有责任。管理部门和那些关心博物馆战略方向和监管的组织不仅对保护和促进人类遗产负有主要责任，而且还应当为实现该目的而提供足够的人力、物力和财力资源。"[3]

伦理准则不仅有效定义了专业愿景，而且还将其以一种易于向工作人员和公众传达的形式表达出来。此外，伦理准则还提请人们注意，专业伦理不同于个人或社会伦理，因此需要更多的关注。[4]这种差异折射了博物馆行业不断演变的特点，即复杂性、新需求、新期望和模糊性。这些变化不仅生成了特殊问题，而且还急需做出伦理回应。[5]

伦理准则是一份文件，旨在提醒博物馆行业和公众："博物馆是一个为社会及其发展服务的、向公众开放的非营利性常设机构，以教育、研究、欣赏为目的，获取、保护、研究、传播和展示人类及其环境的有形和无形遗产。"[6]尽管博物馆的定

(178)

---

[1] ICOM Code of Ethics for Museums, Principle 3, p.6.
[2] ICOM Code of Ethics for Museums, Principle 2, p.3.
[3] ICOM Code of Ethics for Museums, Principle 1, p.1.
[4] Edson, G., ed. Museum Ethics, p.115.
[5] Lewis, C. W. The Ethics Challenge in Public Service (San Francisco and Oxford: Jossey-Bass Publishers, 1991[1955]).
[6] ICOM Statutes, Definitions Article 3-3, Section 1, International Council of Museums, http://icom.museum/the-organisation/icom-statutes/3-definition-of-terms/#sommairecontent.

义可能会发生变化，但是为公众服务的核心使命始终不变。

延伸思考

是否应该用法律而非伦理来规范博物馆行业？

人类意识以何种方式在伦理行为中发挥作用？

博物馆应该如何向工作人员传播端正态度的理念？

当代博物馆环境的不断变化是否为情境伦理提供了正当理由？为什么？

伦理准则是否应该包括制裁违反伦理原则的博物馆及其工作人员的手段？为什么？怎么做？

可供讨论的博物馆案例 15：神圣仪式

某博物馆的新任民族学研究员之所以受聘，部分原因是他最近出版了一本书并制作了视频，详细介绍了亚马逊地区阿斯廷加人（the Asdinga people of Amazonia）的神圣仪式。视频展示了外人未曾拍摄到的仪式，著作则描述了迄今为止不为人知的仪式细节。根据亚马逊当地的报道，试图秘密记录仪式的外来者将会遭到杀害。这些报道是否准确尚不可知，但可以肯定的是，目前还没有其他关于这些仪式活动的图片。

基于此，研究员对自己的著作和视频颇感自豪。此前，他曾受邀讲述自己收集信息的经历。由于资料的独特性和趣味性，该视频广受好评。研究员计划申请资金重返亚马逊地区继续开展研究。他坚信，相关研究将帮助其迈向人类学研究生涯的道路。

一天，正在博物馆办公室工作的研究员收到了一封来自巴西亚马逊土著组织协调员（Coordinator of Indigenous Organizations of the Brazilian Amazon, COIAB）的挂号信。对此，他非常惊讶。由于田野工作的经历，他对该组织有所耳闻，但

第十章 作为一项准则的伦理

是却从未想到会收到该组织的来信。这封信指控研究员未经授权地记录和传播土著的神圣仪式，这种行为不仅违反了联合国教科文组织的《保护非物质文化遗产公约》，而且在国家法律看来也是非法的。这封信要求研究员为因对阿斯廷加人犯下的罪行免遭起诉而给出合理的解释，他有三个月的时间来准备证明其行为合理性的材料。

当天晚些时候，研究员被叫到博物馆馆长办公室谈论此事。馆长说他收到了这封信的副本，并就研究员的行为提出了质疑。馆长说这个问题非常严重，可能会让博物馆非常难堪。馆长想知道，研究员是否遵循了所有适当的程序，是否有书面形式授权的文件允许其对仪式进行录像和录音。

研究员解释说，在研究生期间，他与导师共同合作收集资料和制作视频。他的毕业论文主题是土著仪式，其后出版的著作和制作的视频也都是实地考察的结果，其中书里的内容主要来自他的田野笔记。他说，他的导师不仅获得了部落和当地政府的授权，而且还被允许参加仪式并进行录像。协议规定，拍摄的视频仅用于学术研究。随后，这些文件都上交给了导师。据他所知，这些文件在导师去世后依然保存在他的档案中。

研究员说，他没有授权文件的副本，但是有一份用于研究的视频副本。在完成毕业论文之后，他保留了这些材料，以备不时之需。与他合作共事的导师在其毕业不久就去世了，研究员认为，出版这项研究是对导师最好的纪念。这本以研究员的毕业论文和田野调查期间所获的材料为基础的著作是献给导师的。研究员认为，自己有权出版这些材料，因为这是他的研究成果。

馆长进一步追问，与阿斯廷加人签订的协议是否允许出版与神圣仪式有关的材料。研究员回答道，虽然协议没有完全允许出版这些材料，但是也没有明确要求不能出版。协议允许导师利用所收集的所有材料开展研究，但没有授权或限制进一步的使用。

研究员解释道："我观察仪式并进行录音和录像，随后便整理录音、剪辑视频，并在此基础上整理了我的田野笔记。我的导师对此并不过问，在我们从亚马逊回来

(179)

不久，他就病倒了。不过，他鼓励我充分研究这次田野调查，他想保留一份阿斯廷加人的仪式记录，防止这一独具魅力的遗产失传。我坚信，我的著作和视频完全符合他的要求，我也为自己的工作感到骄傲。"

（180）馆长同样认为，著作和视频是保护阿斯廷加人遗产的绝佳方式。不过，他提醒研究员，无论如何，保护或失去遗产都是他们自己的事情。馆长谈到："很显然，他们允许你的导师观看仪式，但没有就其与公众分享信息做出授权。你参与了材料收集的过程，但却无法共享导师获得的授权。你在书中写道，阿斯廷加人认为，外来者观看仪式、聆听圣言会带来厄运。尽管如此，你的著作和视频被阅读和观看实际上意味着神圣仪式正在被阿斯廷加人眼中的外人观看。这难道不是一个问题吗？"

研究员点头表示同意。"当然会有问题，但这只是一个故事和传闻，而不是真的。阿斯廷加人及其神圣仪式实际上并不会因为我的著作或视频而发生些什么。"

相关思考

本案例涉及伦理问题吗？

阿斯廷加人的遗产属于他们自己还是公众？

研究员是否有权在未经阿斯廷加人许可的情况下使用田野调查的记录和视频？

作为一位博物馆专业人员，研究员在田野调查和民族志写作的过程中是否做错了什么？

研究员对其与原住民合作的态度是否正确？

联合国教科文组织的《保护非物质文化遗产公约》是否只适用于在博物馆工作的人员？

研究员的活动和出版是否会损害其所在博物馆的声誉？

考虑到研究员在田野调查时还是一名学生而非博物馆工作人员，馆长对研究员的批评是否过于严厉？

第十章 作为一项准则的伦理

馆长应该如何处理这种情况？

研究员的态度是否足以成为将其开除的理由？

案例评论

包括调查在内的所有田野工作只有在获得许可的前提下才能进行记录和整理，通常情况下，许可权掌握在能够表征信息、物件、活动的个人、社区、民族或宗教团体手中。在本案例中，神圣仪式是原住民非物质文化遗产的一部分。无论是以文本还是视频形式，使用或传播该仪式都必须尊重他们的意愿。外来者了解与观摩仪式的权利显然无法取代原住民的权利。

与发掘物质材料一样，收藏非物质资料也需要仔细记录，拍摄或记录神圣仪式和其他形式的田野工作非常类似。没有适当授权（许可）的发掘是不合乎伦理的，甚至在大多数地方是非法的。

（181）

《国际博物馆协会博物馆伦理准则》中有三处内容具体提及了具有神圣意义的物件。其中涉及收藏、存储和使用的不同方面。还有一处原则涉及田野工作，强调了尊重社区、当地人和材料的必要性。

"人类遗骸和具有神圣意义的物件只有在存放条件足够安全且得到充分尊重的情况下才能获得。具体工作的开展不仅要符合专业的标准，而且还要尊重来源社区、族群和宗教团体成员的利益和信仰。"[1]

"开展田野收藏的博物馆应制定符合学术标准与国家和国际法律和条约义务的政策。只有尊重和考虑当地社区的意见、环境资源和文化习俗、弘扬文化和自然遗产的愿望，方能开展田野工作。"[2]（无论田野收藏的是有形的还是无形的材料，伦理责任都是一样。）

"对人类遗骸和具有神圣意义的物件的研究不仅要符合专业标准，而且还要充

---

[1] ICOM Statutes, Article 2, Section 2.5, p.3, International Council of Museums, http://icom.museum/the-organisation/icom-statutes/3-definition-of-terms/#sommairecontent.

[2] ICOM Code of Ethics for Museums, Principle 3, section 3.3, p.7.

分考虑来源社区、族群或宗教团体的利益和信仰。"[1]

"对人类遗骸和具有神圣意义的物件的展示不仅要符合专业标准,而且还要充分考虑来源社区、族群或宗教团体的利益和信仰。在展示时,必须讲求技巧,尊重各民族的人格尊严。"[2]

---

[1] ICOM Code of Ethics for Museums, Principle 3, section 3.7, p.7.
[2] ICOM Code of Ethics for Museums, Principle 4, section 4.3, p.8.

后　记

　　行文至此，我已对本书伊始提出的四个问题进行了深入分析与思考。在此，我将简要总结如下：

　　1. 什么是博物馆伦理？

　　伦理既是一种指导标准，又是一种对超越最低限度的专业责任的提醒。

　　2. 专业伦理与社会伦理（道德）有何区别？

　　作为专业伦理，博物馆伦理确定了博物馆工作人员的专业标准，社会伦理（道德）则界定了与社会秩序有关的社会实践。社会伦理（道德）旨在规范影响他人的公共行为，尽量减少有害或罪恶的活动。作为一种公共管理过程，社会伦理（道德）涉及善恶问题；专业伦理则更为关注决策的对错（另见第二章）。

　　3. 与博物馆行业相关的伦理价值是什么？

　　专业伦理强化了诚实、正直、尊重和关爱的理想。伦理的基本价值在于指导并保护博物馆工作人员、观众和藏品。

　　4. 为什么专业伦理对博物馆行业如此重要？

　　专业伦理是一个详细规定行为原则、界定行业活动边界的体系。博物馆行业对人类遗产负有责任，因此必须成为一个合乎伦理的机构组织。

　　本书认为，不同的伦理准则之间存在差异，一种伦理准则可能比另一种更清晰、更简洁、更易于理解。在实践中，每个博物馆都应根据机构的角色和使命制定符合自身需要的伦理准则。《国际博物馆协会博物馆伦理准则》不仅确定了最低标准，而且还以此为基础制定了能够反映机构要求的其他标准。许多博物馆及其组织都颁布了优秀的伦理准则。本书认为，博物馆伦理的核心议题是，博物馆工作人员必须肩负起服务遗产和人类的理想所赋予的伦理责任。

　　伦理影响着博物馆的方方面面。因此，如果不了解伦理及其相关责任，那么个人就很难成为值得信赖的专业人员。当然，伦理的语义也会引发争议。无论如何，尊重、信任和一致性都是博物馆行业的必要元素，很少会有人对此提出异议。

　　伦理事关平等。涉及保存、保护和展示人类遗产的价值适用于世界各地的博物馆。不论规模大小，均一视同仁。

　　伦理准则不仅要定期审查，而且还要根据需求进行修订。重要的伦理议题会反复出现。任何可能会影响博物馆行业的问题都值得仔细讨论与评估。评估对作为专业发展指南的伦理来说非常必要。此外，关键问题需要谨慎对待。如果博物馆要继续维持有价值且值得信赖的机构定位，那么就必须定期评估博物馆关切的问题，比如博物馆为何存在、应该如何去做、为谁服务。需要指出的是，为了解决特定情形中的问题而随意改变伦理原则的做法是不对的，专业伦理的理想始终保持不变。

附录

《国际博物馆协会博物馆伦理准则》

《国际博物馆协会博物馆伦理准则》首次出版于 1986 年，经过 2001 年的增补，最终于 2004 年完成修订。较之于其他组织颁布的各种文件，该准则对国际博物馆界的影响最大。大多数博物馆不仅用《国际博物馆协会博物馆伦理准则》来指导他们的活动，而且还依靠伦理原则来确定与其他机构之间的关系。博物馆工作人员将《国际博物馆协会博物馆伦理准则》（目前有 3 个版本）奉为圭臬，以此来印证其专业精神和作为人类遗产保护者和守护者的独特角色。

序　言

《国际博物馆协会博物馆伦理准则》的概况

《国际博物馆协会博物馆伦理准则》是由国际博物馆协会编制的。它是对《国际博物馆协会章程》所提及的博物馆伦理的声明。该准则反映了国际博物馆界普遍接受与认可的原则，只要加入国际博物馆协会并限期缴纳年费，就意味着对《国际博物馆协会博物馆伦理准则》的认可。

博物馆的最低标准

《国际博物馆协会博物馆伦理准则》代表着博物馆的最低标准，体现在一系列由理想的专业实践指南所支撑的原则中。在有些国家，法律或政府条例规

实践中的博物馆伦理

(186) 定了博物馆的最低标准；在另外一些国家，最低标准的指导和评估可能是通过"认证""注册"等评估计划来推进的。如果不存在此类标准，那么，可通过国际博物馆协会秘书处、具体国家的博物馆协会、相关的国际博物馆协会委员会获得指导。此外，各个国家的博物馆专业组织还应当以本准则为基础，制定其他的标准。

《国际博物馆协会博物馆伦理准则》的翻译

《国际博物馆协会博物馆伦理准则》以国际博物馆协会的三种官方语言——英语、法语和西班牙语——出版、发行。同时，国际博物馆协会欢迎、鼓励将该准则翻译成其他语言。不过，只有在至少一个使用该语言（通常是第一语言）的博物馆协会认可的前提下，该译本才能被视为"正式的"。如果该语言在不止一个国家使用，那么最好还要征集其他国家的博物馆协会的意见。需要注意的是，正式译本的翻译不仅需要语言方面的专业知识，也需要具备博物馆的专业知识。此外，在翻译过程中还需要注明原语言版本和所涉及的博物馆协会的名称。当然，这些条件并不会限制为了教育或研究目的而翻译该准则的全部或部分内容。

前　言

目前这个版本是 2004 年修订的产物。在根据当代博物馆实践状况而全面审查《国际博物馆协会专业伦理准则》(*The ICOM Code of Professional Ethics*, 1986) 之后，国际博物馆协会于 2001 年在原先版本的基础上进行了增补。按照当时的设想，该版本已经焕然一新，不仅使其具有博物馆行业的感觉，而且还以专业实践的主要原则为基础，详细阐述了普遍的伦理理想。在与会员进行了三次磋商后，该准则最终于 2004 年在首尔举行的第 21 届国际博物馆协会大会上正式通过。

《国际博物馆协会博物馆伦理准则》的本质仍然保持不变，即为社区和公

附录 《国际博物馆协会博物馆伦理准则》

众、博物馆工作人员的专业精神而服务。虽然该版本通过采用新结构，突出了重点内容，使用较短段落等方法调整了文件的重点，但是几乎没有什么全新的内容和实质性改变。不过，2.11 的内容和 3、5、6 部分中所强调的原则成为该版本的新亮点。

《国际博物馆协会博物馆伦理准则》为博物馆的公共服务领域提供了一种行业自律的手段。在博物馆公共服务领域，各国的立法各不相同，也缺乏一致性。该准则不仅规定了全世界博物馆专业人员可以合理追求的行为或表现的最低标准，而且还提供了公众对博物馆行业的合理期望的声明。

国际博物馆协会于 1970 年颁布了《藏品获取伦理》（*Ethics of Acquisition*），随后于 1986 年出台了完整的《专业伦理准则》（*Code of Professional Ethics*）。目前的版本以及 2001 年的临时文件在很大程度上都得益于这些早期工作。然而，增补、调整和修订工作与伦理委员会成员的付出密不可分。感谢他们在线上和线下会议上所做出的贡献，感谢他们为推进进度和实现目标所做出的努力。我将在后文罗列他们的名字以示感谢。

（187）

在完成修订任务后，我们会将其移交给一个基本上由新成员组成的委员会。该委员会由伯尼斯·墨菲（Bernice Murphy）全权负责，其之前担任国际博物馆协会副主席和任职于伦理委员会的知识和经验会有所帮助。

与之前一样，该版本依然是一个全球使用的最低标准，各国和各专业团体可以在此基础上进一步提出各自的具体要求。国际博物馆协会鼓励各国和各专业团体制定符合其特殊需要的伦理准则，并乐于收到这些准则的副本。邮寄地址为：the Secretary-General of ICOM, Maison de l'UNESCO, 1 rue Miollis, 75732 Paris Cedex 15, France，电子邮箱为：secretariat@icom.museum。

2001—2004 年间国际博物馆协会伦理委员会的主席是英国人杰弗里·刘易斯（Geoffrey Lewis，英国）。委员包括加里·埃德森（Gary Edson，美国）；派·卡克斯（Per Kåks，瑞典）；金秉模（Byung-mo Kim，大韩民国）；帕斯卡·尔马坎比拉（Pascal Makambila，刚果，2002 年起）；让·伊夫斯·马林（Jean-Yves Marin，法国）；伯尼斯·墨菲（澳大利亚，工作到 2002 年）；特雷扎·席奈尔（Tereza Scheiner，巴西）；沙耶阿·奇卢伊拉（Shaje'a Tshiluila，刚果民主共和国）；米歇尔·范-普雷特（Michel Van-Praët，法国）。

需要国际博物馆协会伦理委员会关注和/或审议的伦理问题可通过以下方式与委员会主席联系：ethics@icom.museum。

杰弗里·刘易斯

国际博物馆协会伦理委员会主席（1997—2004）

国际博物馆协会主席（1983—1989）

术 语 表

评估（appraisal）：对物件或标本进行鉴定或估价。在某些国家，该术语指的是对为税收优惠政策而拟议的捐赠礼物进行独立的评估。

利益冲突（conflict of interest）：在工作环境中，私人或个人利益会实际或潜在地影响决策的客观性。

保护-修复人员（conservator-restorer）：有能力对文化财产进行技术检查、保存、保护和修复的博物馆工作人员或独立人员（另见 ICOM News, vol.39, n.1 (1986), pp.5-6.）。

文化遗产（cultural heritage）：任何被认为具有美学、历史、科学和精神价值的事物或概念。

交易（dealing）：为个人或机构利益而买卖物品。

尽职调查（due diligence）：在决策行动方案之前要竭尽全力查明事实，特别是在购买或使用之前，要查明物件的来源和历史。

管理部门（governing body）：根据博物馆授权立法，对博物馆的延续性、战略

附录 《国际博物馆协会博物馆伦理准则》

发展和资金状况负责的个人或组织。

创收活动（income-generating activities）：旨在为机构带来经济收益或利润的活动。

法定所有权（legal title）：有些国家对财产所有权的合法权利。在某些国家，这可能是一种授予的权利，无法满足尽职调查的要求。

最低标准（minimum standard）：合理地期望所有博物馆及其工作人员达到的标准，某些国家有自己的最低标准的声明。

博物馆*（museum）：博物馆是一个为社会及其发展服务的、向公众开放的非营利性常设机构，以教育、研究、欣赏为目的，获取、保护、研究、传播和展示人类及其环境的有形和无形遗产。

博物馆专业人员*（museum professional）：博物馆专业人员包括《章程》第2条第1和2款中所定义的博物馆工作人员（无论是有偿还是无偿）。具体指的是在博物馆管理和运营等相关领域接受过专业培训或具有同等的实践经验，以及遵守《国际博物馆协会博物馆伦理准则》并在博物馆工作的独立个体。那些推销或经营博物馆和博物馆服务所需的商业产品和设备的个人不属于博物馆专业人员。

自然遗产（natural heritage）：任何被视为具有科学价值或精神显现的自然事物、现象或概念。

非营利性组织（non-profit organization）：依法成立的法人或非法人公司，其收入（包括任何盈余或利润）仅用于造福该机构及其运营。"不以营利为目的"（not-for-profit）也有同样的含义。

来源（provenance）：一个物件从被发现或制造以来的全部历史和所有权信息，据此可以确定其真实性和所有权。

有效所有权（valid title）：以物件从被发现或制造以来的全部历史为依据的无可争议的所有权。

* 应该注意的是，术语"博物馆"和"博物馆专业人员"仅是用于阐释《国际　（189）

实践中的博物馆伦理

博物馆协会博物馆伦理准则》的临时定义。《国际博物馆协会章程》中的"博物馆"和"博物馆专业人员"的定义仍然有效,直到该文件的修订工作完成。

《国际博物馆协会博物馆伦理准则》

1. 博物馆保存、阐释和推广人类的自然和文化遗产。
2. 博物馆为社会及其发展而保管受托藏品。
3. 博物馆拥有建构和增进知识的重要证据。
4. 博物馆为人类提供了欣赏、理解与管理自然和文化遗产的机会。
5. 博物馆拥有的资源为其他公共服务和福利提供了机会。
6. 博物馆应与藏品来源社区和服务社区密切合作。
7. 博物馆应以合法的方式运营。
8. 博物馆应以专业方式运营。

1. 博物馆保存、阐释和推广人类的自然和文化遗产。

原则:博物馆对有形和无形的自然与文化遗产负有责任。管理部门和那些关心博物馆战略方向和监管的组织不仅对保护和促进人类遗产负有主要责任,而且还应当为实现该目的而提供足够的人力、物力和财力资源。

机构立场

1.1 证明博物馆合法地位的证据

管理部门应当确保博物馆具备一份符合国家法律的书面且公开的章程、法规或其他文件,明确阐述博物馆的法律地位、使命、永久性和非营利性。

1.2 使命、目标和政策的声明

管理部门应当制定、公布与博物馆使命、目标、政策以及管理部门角色、构成的声明，并以此为指导。

物力资源

1.3 前提条件
管理部门应该确保足够的馆舍和适宜的环境，以保证博物馆能够履行其使命所规定的基本职能。

1.4 可及
管理部门应确保博物馆及其收藏在所有的合理时间和正常时间段向所有公众开放，对于那些有特殊需求的人，博物馆应该给予特别的关照。

1.5 舒适与安全
主管部门应确保机构的舒适、安全和无障碍标准，满足工作人员和观众的需求。

1.6 灾害防护
管理部门应该制定和出台政策，保护公众、工作人员、藏品和其他资源免遭天灾人祸。

1.7 安保要求
管理部门应采取恰当的安保措施，防止藏品在陈列、展览、工作间或存储区以及在运输过程中被盗窃或损坏。

1.8 保险和赔偿
如果为藏品购买商业保险，那么主管部门必须确保保险范围足够充分，不仅包括运输中或出借的藏品，而且还要包括博物馆负责的其他藏品。在启动赔偿流程时，那些博物馆所有权之外的材料也必须包括在内。

财力资源

1.9 资金
管理部门应确保有足够的资金来实施和开展博物馆的活动。所有资金必须以一种专业的方式进行核算。

(191) 1.10 创收政策

无论资金是来自机构自身的活动还是外部资助,博物馆管理层都应当制定一个关于其来源的书面政策。无论资金来源如何,博物馆都应该全权负责项目、展览和活动的内容和完整性。换句话说,任何创收活动都不应损害机构及其公众的利益(另见 6.6)。

人力资源

1.11 雇佣政策

管理部门应确保与人事有关的所有活动符合博物馆的政策、正确而合法的程序。

1.12 馆长或负责任的任命

博物馆馆长或负责人是一个关键的职位,在任命时,管理机构应该考虑有效胜任该职位所需的知识和技能。这些素质除了包括足够的知识能力和专业知识外,还应该具备高标准的伦理操守。

1.13 与管理部门的关系

博物馆的馆长或负责人应对管理部门直接负责,并与其保持直接的沟通关系。

1.14 工作人员的能力

必须招聘具备履行所有职责所需专业知识的合格人员(另见 2.18;2.24;8.12)。

1.15 工作人员的培训

博物馆应为所有工作员提供继续教育和专业发展的充足机会,维持高效的工作效率。

1.16 伦理冲突

管理部门不得要求博物馆工作人员以可能被视为与本准则、任何国家法律或专门伦理准则相冲突的方式行事。

(192) 1.17 博物馆工作人员与志愿者

管理机构应制定与志愿者工作相关的书面政策,确保志愿者和博物馆专业人员之间关系的良性、积极发展。

1.18 志愿者和伦理

管理机构应确保志愿者在开展博物馆和个人活动时，完全熟悉《国际博物馆协会博物馆伦理准则》和其他的应用性规范和法律。

2. 博物馆为社会及其发展而保管受托藏品。

原则：博物馆有责任为守护自然、文化和科学遗产而获取、保存和推广相关藏品。作为重要的公共遗产，博物馆藏品在法律上具有特殊地位，且受到国际立法的保护。包括法定所有权、永久性、记录、可及性和负责任的处置等在内的保管概念是内在于公共信托之中的。

藏品的获取

2.1 收藏政策

博物馆的管理机构应通过公布书面的收藏政策来规定藏品的获取、保管和使用问题。收藏政策应该明确不进行编目、保存或展出的藏品的状况（另见 2.7；2.8）。

2.2 有效所有权

除非博物馆确信持有有效所有权，否则任何物件或标本都不得通过购买、赠与、借用、遗赠或交换的方式获得。法律所有权的证据在一些国家未必是有效所有权的证明。

2.3 来源和尽职的调查

在获取藏品之前，博物馆必须竭尽全力确保即将购买、赠与、借用、遗赠或交换的任何物件或标本不是从任何来源国或可能合法拥有的中间国（包括博物馆所在国家）非法所得或出口的。尽职的调查指的是要梳理和确定物件自发现或生产以来的全部历史。

2.4 自未经授权或非科学的田野工作中获取的物件和标本

如果有合理的理由证明藏品的发现过程涉及未经授权、非科学或蓄意损坏或破坏古迹、考古或地质遗址、物种和自然栖息地，那么博物馆就不应该获取这些藏

（193）

品。如果土地所有者或使用者、相关的法律或政府当局对藏品的发现并不知情，那么博物馆同样不能进行收藏。

2.5　具有文化敏感性的材料

人类遗骸和具有神圣意义的物件只有在存放条件足够安全且得到充分尊重的情况下才能获得。具体工作的开展不仅要符合专业的标准，而且还要尊重来源社区、族群和宗教团体成员的利益和信仰（另见 3.7；4.3）。

2.6　生物或地质标本

如果生物或地质标本在采集、出售或转让的过程中违反了有关野生动植物保护或自然历史保护的地方、国家、区域或国际法律或条约，那么博物馆不应该进行收藏。

2.7　活体藏品

当藏品涉及动植物等活体标本时，博物馆应特别考虑其所处的自然和社会环境，以及与野生动植物保护或自然历史保护有关的地方、国家、区域或国际法律或条约。

2.8　过程性藏品

收藏政策应该特别考虑不是物件本身的过程性藏品，其重点是保存了文化、科学或技术过程，有些是为常规操作和教学目的而收集的物件或标本（另见 2.1）。

2.9　收藏政策之外的藏品获取

只有在非常特殊的情形下，才可以在博物馆既定政策之外获取物件或标本。在这种情况下，管理机构应充分考虑其可获得的专业意见以及所有相关方的意见。综合考虑的因素包括物件或标本本身及其在文化或自然遗产情境中的重要性、其他收藏此类藏品的博物馆的特殊利益。即使在这种情况下，博物馆也不应该收藏没有有效身份的物件（另见 3.4）。

2.10　管理机构和工作人员所进行的藏品获取

无论是出售、捐赠还是减税的礼物，博物馆应当特别谨慎地对待管理机构成员、博物馆工作人员或他们的家属和密友提供的物件。

附录 《国际博物馆协会博物馆伦理准则》

2.11 最终的存放处

本准则中的任何内容都不得妨碍博物馆成为其负有合法责任的领土上未经证实的、非法收藏的、归还的标本或物件的指定存放处。

藏品的移除

2.12 处置的法律和其他依据

博物馆拥有处置或获取符合处置条件的藏品，其相关行动必须充分遵守法律或其他要求和程序。如果最初的藏品获取存在强制性或其他的限制，那么博物馆必须遵守这些条件。如果有证据表明这些限制具有不可操作性或对机构造成重大损害，那么博物馆可以妥善地通过法律途径来寻求帮助。

2.13 博物馆藏品的除藏

将一件物品或标本从博物馆收藏中移除，必须在充分地考量其价值、属性（可再生的还是不可再生的）、法律身份以及任何这项行动可能导致的公共信任的损失后才可以着手进行。

2.14 除藏的责任

除藏的决策是由博物馆管理层、博物馆馆长和相关藏品的研究员共同做出的，在除藏过程中，有些工作性藏品可能需要特殊的安排（另见 2.7；2.8）。

2.15 处置从收藏中移除的藏品　　　　　　　　　　　　　　　　　　　　（195）

每个博物馆都应制定一项政策，不仅规定通过捐赠、转让、交换、出售、归还或销毁等方式将藏品永久地从收藏中移除的规范性程序，而且还要保证藏品接收方获得不受限制的藏品所有权。博物馆必须保存所有与除藏决定、所涉藏品和藏品处置有关的完整记录。当考虑除藏物件的去向时，首要考虑其他博物馆。

2.16 藏品处置所得的收入

博物馆收藏是以公共信托的方式而持有的，因此不可被视为可变现的资产。从博物馆收藏的物品和标本的除藏和处置中获得金钱或补充，应只能用于对博物馆收藏有益的方面，通常是用于获取相同类型的藏品。

实践中的博物馆伦理

2.17 购买除藏的物件

不应允许博物馆工作人员、主管部门或他们的家人、密友购买从其所负责的收藏中除藏的物件。

藏品的保管

2.18 藏品的永续性

博物馆应制定和落实政策，不仅确保藏品（永久和临时的）和正确记录的相关信息能够满足当前需求，而且还要在充分考虑现有知识和资源的情况下，将藏品以尽可能完好和安全的状态传递给子孙后代。

2.19 藏品责任的委托

涉及藏品保管的专业责任应当交给具有适当知识和技能的人，或在充分监督的情况下开展工作。

2.20 藏品的记录

博物馆藏品应按照公认的专业标准进行记录。记录内容包括对藏品、关系、来源、状况、所做处理和存放位置进行全面地鉴别和描述。这些资料应该保存在一个安全环境中，并提供一个有效的检索系统，方便博物馆工作人员和其他合法用户获取相关信息。

2.21 预防灾害

博物馆应该认真地制定政策，确保藏品在武装冲突和其他人为或自然灾害期间得到保护。

2.22 藏品与相关信息的安全

在向公众提供藏品信息时，博物馆应采取控制手段，避免向公众披露敏感的个人或相关信息以及其他机密事项。

2.23 预防性保护

预防性保护是博物馆政策和藏品保管的重要组成部分。无论藏品是在礼品店、展厅还是运输途中，博物馆专业人员的基本职责之一就是为其所照料的藏品创造和保持一个安全的环境。

2.24 藏品保护与修复

博物馆应仔细观察藏品的状况，以确定何时由合法的保护-修复人员对藏品提供服务。修复的主要目标应是稳定藏品的状况。所有的保存程序都应记录在案，并做到尽可能可逆，所有的改变都应与原件有所区别。

2.25 活体动物的保管

收藏活体动物的博物馆应对动物的健康和福祉承担全部责任。为此，博物馆应制定并实施经兽医专家批准的安全准则，以保护工作人员、观众和动物。此外，任何的基因改造都应是可识别的。

2.26 博物馆藏品的个人使用

博物馆从业者、管理者及其家人、密友等人都不得侵占博物馆的收藏，即使是暂时使用也不允许。

3. 博物馆拥有建构和增进知识的重要证据。

原则：博物馆对妥善保管、阐释和开放其收藏的原始证据负有特殊的责任。

重要证据

3.1 作为重要证据的藏品 （197）

博物馆收藏政策应该明确阐明藏品作为重要证据的重要性。该政策不应仅受当前知识趋势或博物馆使用状况的制约。

3.2 藏品的可用性

博物馆对尽可能自由地提供藏品和所有相关信息负有特殊的责任，但是也需要同时考虑因保密和安全所造成的限制。

博物馆收藏与研究

3.3 田野收集

开展田野收藏的博物馆应制定符合学术标准与国家和国际法律和条约义务的政

策。只有尊重和考虑当地社区的意见、环境资源和文化习俗、弘扬文化和自然遗产的愿望，方能开展田野工作。

3.4 重要证据的非常规收藏

在特殊情况下，一件出处不明的物件或许对知识建构和增长非常重要，对其进行收藏和保存符合公众的利益。博物馆是否收藏不仅应该视相关学科的专家的决定而定，而且还不应当损害国家或国际的利益（另见2.11）。

3.5 研究

博物馆工作人员所开展的研究不仅要与博物馆的使命和目标相关，而且还要符合既定的法律、伦理和学术惯例。

3.6 破坏性分析

在采取破坏性分析技术时，应该完整记录所分析的材料、分析的结果和包括出版物在内的研究成果，以此作为该物件永久记录的一部分。

3.7 人类遗骸和具有神圣意义的材料

对人类遗骸和具有神圣意义的物件的研究不仅要符合专业标准，而且还要充分考虑来源社区、族群或宗教团体的利益和信仰（另见2.5；4.3）。

3.8 研究材料的权利保留

当博物馆工作人员为展览准备材料或记录田野调查时，必须与所在的博物馆就这些作品的所有权达成明确的协议。

3.9 共享专门知识

博物馆专业人员有义务与相关领域的同事、学者和学生分享其知识和经验。博物馆专业人员不仅应尊重和认可那些从其他领域学到的东西，而且应将可能对他人有益的技术和经验传递下去。

3.10 博物馆与其他机构的合作

博物馆工作人员应承认并支持在具有相似兴趣和收藏实践的机构之间开展合作是非常必要的。对于高等教育机构和公共事业单位来说，彼此之间的合作尤为重要，因为这些机构因其研究性质而可能产生无法长期且安全保存的重要藏品。

4. 博物馆为人类提供了欣赏、理解与管理自然和文化遗产的机会。

原则：博物馆的一项重要使命就是发挥其教育作用，充分惠及其服务的社区、地方或群体的更多观众。与所服务的公众进行互动并对其遗产进行保护与推广，是博物馆教育职责中不可或缺的一部分。

陈列与展览

4.1 陈列、展览与特别活动

无论是线下还是线上，常设展和临时展不仅要符合博物馆的使命、政策和目的，而且还不能影响藏品的品质或适当的照料和保护。

4.2 展品的阐释

博物馆理应确保其在常设展和临时展中展出的信息是翔实的、准确的，同时还要考虑被表征群体及其信仰。

4.3 敏感材料的展览

（199）

对人类遗骸和具有神圣意义的物件的展示不仅要符合专业标准，而且还要充分考虑来源社区、族群或宗教团体的利益和信仰。在展示时，必须讲求技巧，尊重各民族的人格尊严。

4.4 从公开陈列中移除

必须以尊重和敏感的态度，迅速处理来源社区提出的将人类遗骸和具有神圣意义的物件从公共陈列中移除的要求。同时，博物馆还应积极处理关于此类藏品的归还议题，博物馆政策应明确制定回应此类请求的程序。

4.5 来源不明材料的展示

博物馆应避免展示或使用来源可疑或缺乏出处的材料。博物馆应意识到，这种展示或使用可能会纵容和助长文化财产的非法贸易。

其他资源

4.6 出版物

无论以何种方式，博物馆公布于众的信息应该有据可循、准确，并对所呈现的学术、社会或信仰负有责任。博物馆的出版物不应损害该机构的标准。

4.7 复制品

在制作藏品的复制品时，博物馆应该充分尊重原件的完整性。所有这些副本都应永久性地标明为复制件。

5. 博物馆拥有的资源为其他公共服务和福利提供了机会。

原则：博物馆可以利用范围远超行业内部的各种专业知识、技能和物质资源。这不仅可以实现资源共享，而且还会提供博物馆活动之外的服务。不过，这些服务不应以损害博物馆的既定使命为代价。

鉴定服务

（200）　**5.1　鉴定非法或非正当所得的物件**

如果博物馆能够提供鉴定服务，那么他们不应该以任何被视为从中受益方式采取行动。在未通知相关权力机构前，博物馆不得将被认为或怀疑是非法或非正当获取、转让、进口或出口的物件公布于众。

5.2　鉴定与估价

可以出于购买保险的需要而为博物馆藏品估价。只有在其他博物馆或法律、行政或其他负责任的公共权力机构提出正式要求时，才能对藏品的经济价值进行评估。如果博物馆本身就是受益人，那么物件或标本的估价必须独立进行。

6. 博物馆应与藏品来源社区和服务社区密切合作。

博物馆藏品反映了来源社区的文化和自然遗产。因此，它们具有某种超越普通财产的特性，其中就包括与国家、区域、地方、种族、宗教或政治身份之间强烈的相关性。据此，博物馆政策必须对这种情形有所回应。

藏品的来源

6.1 合作

博物馆应积极地与来源国和来源社区中的博物馆、文化组织共享知识、文献和藏品。此外，博物馆还应探索与大量遗产流失的国家或地区的博物馆建立伙伴关系的可能性。

6.2 文化财产的归还

博物馆应时刻准备就文化财产归还给来源国或来源社区而开展对话。博物馆应以公正的方式，根据科学、专业、人道主义原则和地方、国家和国际的法律规定开展这项工作，在政府或政治层面采取行动是不可取的。

6.3 文化财产的返还

当一个国家或民族要求返还物件或标本，且有证据表明（1）它们是在违反国际和国家公约原则的情况下出口或转让的，（2）它们是该国家或民族文化或自然遗产的组成部分时，博物馆应该在法律允许的情况下迅速采取负责任地行动，积极就返还物件或标本而开展合作。

6.4 来自被占领国的文化物件

博物馆不仅应该避免从被占领的地区购买或获取文化物件，而且还要充分尊重有关文化物件或自然标本进出口和转让的规范性法律和公约。

尊重所服务的社区

6.5 当代社区

当博物馆活动涉及当代社区及其遗产时，收藏活动不仅要在知情同意和互相许可的基础上进行，而且还要充分尊重遗产所有者或信息提供者。博物馆必须把尊重相关社区的意愿置于首位。

6.6 为社区活动筹措资金

在为社区活动寻求资金时，不应以损害它们的利益为代价（另见 1.10）。

6.7 使用来自当代社区的藏品

当使用当代社区藏品时,博物馆应当尊重人类尊严、藏品承载的传统和文化。通过倡导多元社会、多元文化和多元语言的表达,博物馆利用藏品来促进人类福祉、社会发展、容忍和尊重(另见 4.3)。

6.8 社区中的支持性组织

博物馆不仅应为社区支持(如博物馆之友和其他支持性组织)创造有利的环境,而且还要承认他们的贡献,以此来促进社区与博物馆人员之间的和谐关系。

7. 博物馆应以合法的方式运营。

原则:博物馆必须无条件地遵守国际、区域、国家和地方等不同层面的立法和条约。此外,管理部门还应遵守任何与博物馆、藏品和机构运作有关的、具有法律约束力的信托或条件。

法律架构

7.1 国家和地方立法

博物馆应遵守国家和地方的所有法律,当影响到运营时,博物馆还应尊重其他国家的立法。

7.2 国际立法

博物馆政策应承认以下国际立法,并将其作为阐释本准则的标准:《关于在武装冲突情况下保护文化财产的公约》(《海牙公约》第一协定书,1956;第二协定书,1999);《关于禁止和防止非法进出口文化财产和非法转让其所有权方法的公约》(1970);《濒危野生动植物国际贸易公约》(1973);《生物多样性公约》(1992);《关于被盗和非法出口文化物件公约》(1995);《保护水下文化遗产公约》(2001);《保护非物质文化遗产公约》(2003)。

8. 博物馆应以专业方式运营。

原则:博物馆专业人员应遵守公认的标准和法律,维护专业的尊严和荣誉。

他们不仅应保护公众免受非法或不合乎伦理的行为的侵害，而且还应竭力向公众阐述博物馆行业的目标、宗旨和抱负，以便于让公众更好地了解博物馆之于社会的价值。

专业行动 （203）

8.1 熟悉相关的立法

每个博物馆专业人员都应熟悉相关的国际、国家、地方立法，以及获得雇佣的条件。他们应该避免那些可能被视为不当行为的情况。

8.2 专业责任

博物馆专业人员有义务遵守机构的政策和程序。不过，他们可以适当地反对那些被认为对博物馆、专业或专业伦理议题有害的做法。

8.3 专业行为

忠于同事和工作的博物馆是一项重要的专业责任，必须以忠于适用于整个行业的基本伦理原则为基础。博物馆工作人员应遵守该准则的条款，并主动了解与博物馆工作相关的任何其他准则和政策。

8.4 学术和科学责任

博物馆专业人员应该积极对藏品中的内在信息进行调查、保存和使用。因此，他们应避免任何可能导致学术和科学数据丢失的活动或情形。

8.5 非法市场

博物馆工作人员不得直接或间接支持自然或文化财产的非法贩运或买卖。

8.6 保密性

博物馆工作人员必须保守在工作中获得的机密信息。此外，被带到博物馆进行身份识别的物件的信息也是保密的，未经所有者的特别授权，任何人不得公布或传递给其他机构或个人。

8.7 博物馆和藏品安全 （204）

博物馆工作人员必须严格保守与博物馆安全系统有关的信息，以及在官方职责情况下探访的私人收藏和位置信息。

8.8 保密性义务的例外情况

保密人员有法律义务协助警察或其他相关当局调查可能发生的财产的被盗、非法取得或转让。

8.9 个人的独立性

虽然专业人员有权享有一定程度的个人独立性，但他们必须认识到，任何私人事务或专业利益都不可能完全脱离其聘用机构。

8.10 专业关系

博物馆专业人员与其所在的博物馆内外的许多人建立了工作关系，他们有责任为他人提供高效率、高标准的专业服务。

8.11 专业咨询

当博物馆现有的专业知识不足以确保做出正确决策时，咨询博物馆内外的其他同事是一项专业责任。

利益冲突

8.12 礼物、优惠、贷款或其他个人好处

博物馆工作人员不得接受与其博物馆职责相关的礼物、优惠、贷款或其他个人好处。可能包括赠送和接受礼物在内的偶尔存在的行业礼仪应始终以有关机构的名义进行。

8.13 馆外任职或商业利益

虽然专业人员有权享有一定程度的个人独立性，但他们必须认识到，任何私人事务或专业利益都不可能完全脱离其聘用机构。此外，他们不应接受与博物馆利益相冲突或可能被视为相冲突的其他有偿工作或外部委托。

8.14 自然或文化遗产的交易

博物馆专业人员不得以直接或间接地方式参与自然或文化遗产的交易或以营利为目的的买卖。

8.15 与经销商的互动

当涉及购买或处置博物馆藏品、是否采取官方行动时，博物馆工作人员不应接受来自经销商、拍卖行或其他人的礼物、招待或任何形式的酬劳。此外，博物馆工作人员也不应向公众推荐某个特定的经销商、拍卖行或鉴定家。

8.16 私人收藏

博物馆专业人员不应在藏品获取或个人收藏活动方面与他们的机构竞争。在私人收藏方面，博物馆专业人员应与管理机构之间达到共识，并严格遵守。

8.17 国际博物馆协会的名字和徽标的使用

该组织的名称、缩写或徽标不得用于推广或认可任何营利性经营或产品。

8.18 其他的利益冲突

如果个人与博物馆之间发生任何利益冲突，那么应以博物馆的利益为重。

参考文献

AAM Board of Directors. *Code of Ethics for Museum Workers*. Washington, DC: American Association of Museums, 1925.

Allen, Barry. *Truth in Philosophy*. Cambridge and London: Harvard University Press, 1993.

Anderson, Elizabeth. *Value in Ethics and Economics*. Cambridge and London: Harvard University Press, 1993.

Aristotle. *Nicomachean Ethics*, Translated and Introduced by D. Ross. Oxford: Oxford University, 1980.

Aristotle. *Nicomachean Ethics*, Translated by Terence Irwin. Indianapolis and Cambridge: Hackett Publishing Company, 1985.

Arroyo, L. *Fisk U. to Sell Paintings, Primarily for Operating Expenses*. Washington, DC: AAM Adviso, 2005.

Baghli, Sid Ahmed, Patrick Boylan, and Yani Harreman. *History of ICOM (1946–1996)*. Paris: International Council of Museums, 1998.

Banner, William A. *Ethics: An Introduction to Moral Philosophy*. New York: Charles Scribner's Sons, 1968.

Barratt, Alfred. *Physical Ethics or the Science of Action*. Bristol: Thoemmes Antiquarian Books Ltd.; reprint of London: Williams and Norgate, 1991 [1869].

Baum, Robert J. "Engineers and the Public: Sharing Responsibilities," in: D. E. Wueste, ed. *Professional Ethics and Social Responsibility*, pp.121–138. Lanham, MD and London: Rowman and Littlefield Publishers, Inc., 1994.

Beabout, Gregory R. and Daryl J. Wennemann. *Applied Professional Ethics: A Developmental Approach for Use with Case Studies*. Lanham, New York, and London: University Press of America, 1994.

Beck, L. Adam. *The Story of Oriental Philosophy*. New York: Cosmopolitan Book Corporation, 1928.

Bedekar, V. H. *New Museology for India*. New Delhi: National Museum Institute of History of Art, Conservation and Museology, 1995.

参考文献

Belcher, Michael. *Exhibitions in Museums*. Leicester and London: Leicester University Press, 1991.

Bennani, Aziza. "Introduction," in: Jérôme Bindé, ed. *The Future of Values: 21st Century Talks*, pp.3–4. Paris: United Nations Educational, Scientific, and Cultural Organization and Benghahn Books, 2004.

Bindé, Jérôme, ed. *The Future of Values: 21st Century Talks*. Paris: United Nations Educational, Scientific, and Cultural Organization and Benghahn Books, 2004.

Bowne, Borden P. *The Principles of Ethics*. New York, Cincinnati, and Chicago: American Book Company, 1892.

Brandt, Richard B. *A Theory of the Good and the Right*. New York and Oxford: Oxford University Press, 1966.

Brandt, Richard B. "Two Tests of Ethical Principles: Consistency and Generality," in: H. H. Titus and M. T. Keeton, eds. *The Range of Ethics*, pp.58–64, New York: American Book Company, 1966.

Broadie, Sarah. *Ethics with Aristotle*. New York and Oxford: Oxford University Press, 1991.

Brody, Christine. *Unprovienienced Archaeological Collections in Museums: A Case Study of the Baumgardner Collection*. Unpublished thesis, Museum Science Program, Texas Tech University, Lubbock, 2002.

Brown, Marvin T. *Working Ethics: Strategies for Decision Making and Organizational Responsibility*. San Francisco and Oxford: Jossey-Bass Publishers, 1990.

Candilis, Philip J. *Psychiatric Times*, December 1, 2012. http://www.psychiatrictimes.com/articles/distinguishing-law-and-ethics-challenge-modern-practitioner.

Capra, Fritjof. *The Tao of Physics*, 3rd ed. Boston: Shambhala, 1991.

Chappell, V. C., ed. *The Philosophy of David Hume*. New York: The Modern Library, Random House, Inc., 1963.

Conze, Edward. *Buddhism: Its Essence and Development*. New York: Philosophical Library Inc., 1936.

Edson, Gary, ed. *Museum Ethics*. London and New York: Routledge, 1997.

Ellis, Brian David. *Truth and Objectivity*. Cambridge and Oxford: Basil Blackwell, Inc., 1990.

Encyclopaedia Britannica. *Encyclopaedia Britannica* Deluxe Edition 2005 CD. Copyright ©1994–2004 Encyclopaedia Britannica, Inc.

Facione, Peter, Donald Scherer, and Thomas Attig. *Ethics and Society*, 2nd ed. Englewood Cliffs, NJ: Prentice Hall, 1991.

Fagothey, Austin. *Right and Reason: Ethics in Theory and Practice*, 5th ed. St. Louis, MO: The C. V. Mosby Company, 1972.

Fowler, Don D. "Ethics in Contract Archaeology," in: E. L. Green, ed. *Ethics and Values in Archaeology*, pp.108–116. New York and London: The Free Press a Division of Macmillan Publishers, 1984.

Freire, Paulo. *Education for Critical Consciousness*. London and New York: Continuum, 2008 [1974].

Fried, Charles. *Right and Wrong*. Cambridge and London: Harvard University Press, 1978.

Fu Hsi (legendary author). *I Ching or Book of Changes*, Translated by Richard Wilhelm, London and Henley: Routledge & Kegan Paul, 1951.

Fuller, Benjamin Apthorp Gould. *A History of Philosophy*. New York: Henry Holt and Company, 1945 [1938].

Gadamer, Hans-Georg. *Truth and Method*, 2nd ed., Translated by Joel Weinsheimer and Donald Marshall. Taiwan: The Crossroad Publishing Company, 1989.

Gensler, Harry J. *Ethics: A Contemporary Introduction*, 2nd ed. New York and London: Routledge, 1998.

George, Alice. "Ethics in Management," *Museum News*, p.87, American Association of Museums, Vol.67, No.2, November/December 1988.

Gove, Philip B. editor in chief. *Webster's Third New International Dictionary*. Springfield, MS: Merriam-Webster Inc. Publishers, 1995.

Green, Ernestene L., ed. *Ethics and Values in Archaeology*. New York and London: The Free Press a Division of Macmillan Publishers, 1984.

Guy, Mary E. *Ethical Decision Making in Everyday Work Situations*. New York and London: Quorum Books, 1990.

Hardwig, J. "Toward an Ethics of Expertise," in: D. E. Wueste, ed. Professional Ethics and Social Responsibility, pp.83–101. Lanham and London: Rowman & Littlefield Publishers, Inc., 1994.

Heidegger, Martin. *What Is Called Thinking?* translated by J. Glenngray. New York: Perennial, an Imprint of HarperCollins Publisher, 1968.

Hudson, W. D. *Reason and Right: A Critical Examination of Richard Price's Moral Philosophy*. San Francisco: Freeman, Cooper & Company, 1970.

International Council of Museums, *ICOM Statutes*. http://icom.museum/who-we-are/the-organisation/icom-statutes/3-definition-of-terms.html#sommairecontent

James, William. *The Meaning of Truth*. Amherst, NY: Prometheus Books, 1997 [1911].

Jevons, Frank Byron. *Philosophy: What Is It?* Cambridge: Cambridge University Press, 1914.

Kant, Immanuel. *Ethical Philosophy*, translated by James W. Ellington. Indianapolis and Cambridge: Hackett Publishing Company, 1983.

参考文献

Kant, Immanuel. *Groundwork of the Metaphysic of Morals*, translated by James W. Ellington. Indianapolis: Hackett Publishing Company, 1983.

Kultgen, John H. *Ethics and Professionalism*. Philadelphia: University of Pennsylvania Press, 1988.

Lao, Tzu. *Tao Teh Ching*, translated by John C. H. Wu. Boston and London: Shambhala, [late 4th century BC], 1989.

Lewis, Carol W. *The Ethics Challenge in Public Service*. San Francisco and Oxford: Jossey Bass Publishers, 1991.

Lewis, Geoffrey. "Introduction to Museum Administration and Management," in: John Hodge, ed. *Proceedings of the Annual Meeting of ICOM International Committee for the Training of Museum Personnel*. Leiden: Reinwardt Academie, 1981.

Lewis, Geoffrey, Chair Ethics Committee, *ICOM Code of Ethics for Museums*. Paris: International Council of Museums, 2004.

May, Larry. "Conflict of Interest," in: Daniel E. Wueste, ed. *Professional Ethics and Social Responsibility*, pp.67–82. Lanham, MD and London: Rowman and Littlefield Publishers, Inc., 1994.

McKechnie, Jean L., ed. *Webster's New Twentieth Century Dictionary of the English Language*, 2nd ed. New York: Collins World, 1977.

Meijer-van Mensch, Léontine. "New Challenges, New Priorities: Analyzing Ethical Dilemmas from a Stakeholder's Perspective in the Netherlands," *Museum Management and Curatorship*, Vol.26, No.2, 113–128, May 2011.

Messenger, Phyllis M., ed. *The Ethics of Collecting Cultural Property*. Albuquerque, NM: University of New Mexico Press, 1989.

Mill, John Stuart. *Utilitarianism*. Indianapolis: Hackett Publishing Company Inc., 1979 [1861].

Montagnier, Luc. "Shaping a Universal Consciousness," in: Jérôme Bindé, ed. The Future of Values: 21st Century Talks, pp.248–249. Paris: United Nations Educational, Scientific, and Cultural Organization and Benghahn Books, 2004.

Moore, George Edward. *Principia Ethica*. Buffalo, NY: Prometheus Books, 1988 [1902].

Morin, Edgar. "Future Ethics and Politics," in: Jérôme Bindé, ed. *The Future of Values: 21st Century Talks*, pp.241–244. Paris: United Nations Educational, Scientific, and Cultural Organization and Benghahn Books, 2004.

Okita, Silas. "Community, Country, and Commonwealth: The Ethical Responsibility of Museums," in: Gary Edson, ed. *Museum Ethics*, pp.131–139. New York and London: Routledge, 1997.

Patterson, Charles H. *Moral Standards: An Introduction to Ethics*. New York: The Ronald

Press Company, 1949.

Pepper, Stephen C. *Ethics*. New York: Appleton-Century-Crofts, Inc., 1960.

Peters, R. S. "Respect for Persons and Fraternity," in: C. H. Sommers, ed. Right and Wrong: Basic Readings in Ethics, pp.43–50. New York, Chicago, London, and Toronto: Harcourt Brace Jovanovich Publishers, 1986.

Pojman, Louis P. *Ethics: Discovering Right and Wrong*. Belmont, CA: Wadsworth Publishing Company, 1990.

Rachels, James. *The Elements of Moral Philosophy*, 2nd ed. New York, London, and Toronto: McGraw-Hill Inc., 1993.

Runes, Dagobert D. *Pictorial History of Philosophy*. New York: Philosophical Library, Inc., 1959.

Russell, Bertrand. "The Elements of Ethics," Chapter 3, *Right and Wrong: Philosophical Essays*§11, published in 1920 in the public domain.

Sarup, Madan. Identity, Culture, and the Postmodern World, Edited by Tasneem Raja. Athens: University of Georgia Press, 1996.

Shaldahl, T. "A Logical Structure for Codes of Professional Ethics," *Working Paper Series* WP 79–18, Management Research Center. Syracuse, NY: Syracuse University School of Management, 1979.

Singer, Peter. *Practical Ethics*, 2nd ed. New York and Cambridge: Cambridge University Press, 1993.

Sola, Tomislav. "Museums, Museology, and Ethics: A Changing Paradigm," in G. Edson, ed. *Museum Ethics*, pp.168–175. London and New York: Routledge, 1997.

Solana. F. in: A. Bochi and S. de Valence, eds. *Proceedings of the 12th General Conference and 13th General Assembly of the International Council of Museums, Mexico City*. Paris: International Council of Museums, 1981.

Soloman, Hester McFarland. "Origins of the Ethical Attitude," *Journal of Analytical Psychology* Vol.46, No.3, 443–454, July 2001.

Sommers, Christina, ed. *Right and Wrong: Basic Readings in Ethics*. New York: Harcourt Brace Jovanovich Publishers, 1986.

Stanford Encyclopedia of Philosophy. "The Identity Theory of Truth," http://plato.stanford.edu/entries/truth-correspondence/#8.3

Stier, Serena. "Legal Ethics: A Paradigm?" in: Wueste D., ed. *Professional Ethics and Social Responsibility*, pp.139–159. Lanham, MD: Rowman & Littlefield Publishers, Inc., 1994.

Titus, Harold H. *Ethics for Today*, 2nd ed. New York: American Book Company, 1947.

Titus, Harold H. and Morris T. Keeton, eds. *The Range of Ethics*. New York: American Book

Company, 1966.

Van Wyk, Robert N. *Introduction to Ethics*. New York: St. Martin's Press, 1999.

Wheelwright, Philip. *A Critical Introduction to Ethics*, 3rd ed. New York: The Odyssey Press, Inc., 1959 [1935].

Winter, J. C. "The Way to Somewhere: Ethics in American Archaeology," in: Ernestene L. Green, ed. *Ethics and Values in Archaeology*, pp.36–47. New York: The Free Press, 1984.

Wong, Amelia S. "Ethical Issues of Social Media in Museums: A Case Study," Museum Management and Curatorship, Vol.26, No.2, 97–112, May 2011. London and New York: Routledge, 2011.

Wueste, Daniel E., ed. *Professional Ethics and Social Responsibility*. Lanham and London: Rowman & Littlefield Publishers, Inc., 1994.

图书在版编目（CIP）数据

实践中的博物馆伦理 / 中国博物馆协会区域博物馆专业委员会，陕西历史博物馆编；（美）加里·埃德森著；尹凯译. -- 上海：上海古籍出版社，2024. 11. -- （博物馆伦理研究译丛）. -- ISBN 978-7-5732-1344-0

Ⅰ. G260

中国国家版本馆CIP数据核字第202418F9W2号

Museum Ethics in Practice/by Gary Edson
Copyright © 2017 by Gary Edson
Authorized translation from English language edition published by Routledge, part of Taylor & Francis Group LLC; All Rights Reserved.
本书原版由Taylor & Francis出版集团旗下,Routledge出版公司出版,并经其授权翻译出版。版权所有,侵权必究。
Copies of this book sold without a Taylor & Francis sticker on the cover are unauthorized and illegal.
本书贴有Taylor & Francis公司防伪标签,无标签者不得销售。

实践中的博物馆伦理

中国博物馆协会区域博物馆专业委员会、陕西历史博物馆　编
［美］加里·埃德森　著
尹　凯　译

上海古籍出版社出版发行

（上海市闵行区号景路159弄1-5号A座5F　邮政编码201101）

（1）网址：www.guji.com.cn
（2）E-mail：guji1 @ guji.com.cn
（3）易文网网址：www.ewen.co

上海中华印刷有限公司印刷
开本700×1000　1/16　印张16.25　插页2　字数244,000
2024年11月第1版　2024年11月第1次印刷
印数：1—1,200
ISBN 978-7-5732-1344-0
K·3707　定价：98.00元
如有质量问题，请与承印公司联系